役職も部署もない
全員主役の
マネジメント

Joy, Inc.《ジョイ・インク》

How We
Built a Workplace
People Love

リチャード・シェリダン 著

原田騎郎／安井力／吉羽龍太郎／
永瀬美穂／川口恭伸 訳

SE
SHOEISHA

本書内容に関するお問い合わせについて

このたびは翔泳社の書籍をお買い上げいただき、誠にありがとうございます。弊社では、読者の皆様からのお問い合わせに適切に対応させていただくため、以下のガイドラインへのご協力をお願い致しております。下記項目をお読みいただき、手順に従ってお問い合わせください。

●ご質問される前に

弊社Webサイトの「正誤表」をご参照ください。これまでに判明した正誤や追加情報を掲載しています。

正誤表　https://www.shoeisha.co.jp/book/errata/

●ご質問方法

弊社Webサイトの「刊行物Q&A」をご利用ください。

刊行物Q&A　https://www.shoeisha.co.jp/book/qa/

インターネットをご利用でない場合は、FAXまたは郵便にて、下記"翔泳社 愛読者サービスセンター"までお問い合わせください。
電話でのご質問は、お受けしておりません。

●回答について

回答は、ご質問いただいた手段によってご返事申し上げます。ご質問の内容によっては、回答に数日ないしはそれ以上の期間を要する場合があります。

●ご質問に際してのご注意

本書の対象を越えるもの、記述個所を特定されないもの、また読者固有の環境に起因するご質問等にはお答えできませんので、予めご了承ください。

●郵便物送付先およびFAX番号

送付先住所　〒160-0006　東京都新宿区舟町5
FAX番号　03-5362-3818
宛先　(株)翔泳社 愛読者サービスセンター

※本書に記載されたURL等は予告なく変更される場合があります。
※本書の出版にあたっては正確な記述につとめましたが、著者や出版社などのいずれも、本書の内容に対してなんらかの保証をするものではなく、内容やサンプルに基づくいかなる運用結果に関してもいっさいの責任を負いません。
※本書に記載されている会社名、製品名はそれぞれ各社の商標および登録商標です。

Joy, Inc.
by Richard Sheridan

目次

3章 自由に学ぶ

4章 会話、儀式、道具

5章 インタビュー、採用、立ち上げ

推薦者まえがき

「仕事に喜びを感じていますか？」

本書は冒頭でこう問いかけてくる。読者が、経営やマネジメントに関わっているのであれば、こうだ。

「会社で働くすべての人が、仕事に喜びを感じられる環境を作れていますか？」

この本は、米国のメンロー・イノベーションズ社の経営について、その創業者かつCEOであるリチャード・シェリダン氏が書いた本である。この会社では、顧客向けにソフトウェアを開発している。「ちゃんと日の目を見る、楽しんで使ってもらえ、意図した人びとに広く普及するようなものをデザインし、(チームで)作り上げること。それが喜びである」

リチャード氏は、この喜びの定義をもとに、「喜びをもたらす知恵」を紹介している。それらの知恵のほとんどは、通常の会社では聞きなれないものだ。例をあげてみよう。

◎階層がない組織：上司はいない(リーダーがいる)

◎ペアプログラミング：常に二人一組で作業を行う

◎計画おりがみ：計画シート（二週間）上に見積り時間サイズのタスクカードを載せていく
◎ショウ&テル：二週間ごとに進捗と状況を報告する顧客との合同イベント
◎デイリースタンドアップミーティング：毎朝十時に行う全員参加の民主的会議
◎メンローベイビーズ：（詳しくは本書を読んで欲しい。驚くに違いない。）

これらの知恵は、エクストリームプログラミング、アジャイル開発、リーンソフトウェア開発と呼ばれるソフトウェアの開発手法を源泉としており、リチャード氏の会社で実践し成功しているものが紹介されている。本書は、ソフトウェア開発関連会社のみならず、少子高齢化が進み高付加価値産業を創る必要があるすべての日本の会社にとっても、示唆に富む内容となっている。

米国の先進的な会社のやり方だから日本の会社には関係ないのだろうか？

実際には、日本にも、こういう経営スタイルで仕事をしている永和システムマネジメントや、ソニックガーデンなどの会社が存在している。

私が経営しているソラコムでも似た取り組みをいくつか実践しており、共感することが多くあった。それと同時に、果たして自分はみんなが喜びを感じられるような経営ができているのか？と度々自問自答したことも白状しよう。本書には多くの学びがある。

ビジネスに喜びは関係ないのだろうか？

生産性、働きやすさ、アウトプット、顧客中心の仕事。

喜びに満ちたチームのほうがよい成果を出すのは当たり前に思える。

あなたが、喜びに満ちたチームと、喜びに満ちていないチームから働くチームを選べるとしたらどちらを選ぶだろうか？

答えはここで書くまでもない。

さて、私はいま、この本を読んだほぼ全員が感じることを心に抱いている。メンロー・イノベーションズ社のツアーにいってみたい！

株式会社ソラコム 代表取締役社長
玉川 憲

イントロダクション

1 なぜ喜び（Ｊｏｙ）なのか？

「喜び（Ｊｏｙ）」という言葉をビジネスの場で持ち出すのは、まるでバカみたいだ。たぶんそのせいで本書の執筆を始めた当初、喜びの文化を作るという話を曖昧に、ぼかして書こうとしたんだと思う。

喜びとは、現世では実現しえない、音楽と鐘が鳴りわたる、野望に満ちた夢だ。この言葉からは愛、幸福、健康、意義、価値が思い浮かぶ。喜びは家では結構かもしれない。教会や趣味でも有意義だ。だが、仕事場には関係ない。企業社会では出番がないんだ。儲かりそうな気もしない。

ビジネスの発想としては過激で、異常で、狂気と紙一重だ。それでも、バカげて聞こえるかもしれないが、僕たちの仕事の中心には「喜び」がある。「喜び」こそが僕の会社、メンロー・イノベーションズという、ソフトウェアのデザインと開発を手がけるアナーバーの一企業の、存在理由になっている。僕たちが何をするか、なぜそうするのか、喜びが規定する。チーム全員が一人残らず共有している、唯一の信条だ。その喜びのおかげで、あなたも僕を知ることになった。

そう、あなたがなぜ本書を手に取ったか、僕にはわかっているんだ。あなた自身も望んでいる。望んでも仕方ないと思いながらも、あなたの仕事に喜びをもたらしたいと願っている。

あなたは心の奥底のどこかで、もっといい形でビジネスやチーム、会社、事業部を動かす方法があるとわかっている。これまでもずっとわかっていたはずだ。そうした考えが頭をかすめるのは、眠りに落ちるときや、目が覚めた瞬間かもしれない。だが仕事の一日が始まれば変化なんて考えは押しやられ、つなぎ合わせることのできない夢の破片のように蒸発してしまう。

あなたは密かに（もしかしたら表立って）、いまの会社の腐った文化に苦しめられているが、まだ諦めきってはいない。変化はまだ間に合う。

僕もかつては同じだった。自分の仕事に不満でいながら、その状況をどうにもできないことに苦しんでいた。だが、状況というのはよくなりもする。僕の会社、メンロー・イノベーションズ社は喜びを手に入れた。会社で働くすべての人びと、僕たちのために僕たちと一緒に働くみんなに、喜びを常に与えられるようになった。

本書では僕たちがメンローで実際にやっている、とてつもない取り組みについてじっくり見ていこうと思う。メンローが、いま、際立った存在として注目されているのは、こうした取り組みのおかげだ。会社の話と一緒に、僕自身の旅についても書いている。若い頃の喜び、深い失望、そして底抜けの楽天主義を貫いて、仕事に喜びを追求し続けた話だ。

2 喜びを考えてみよう

思いどおりの組織を設計してそのとおりに変えるというのは途方もない仕事だ。さらにその上、あなたが夢見る会社は実際どんなふうに見えるか、どう運用すればいいのかも考えなければいけない。もし願ったとおりの会社が出来上がったとしたら、一言で表現するにはどんな言葉がふさわしいだろう？

成功？
利益？
活気？
楽しい？
達成？
生産的？
有力？
革新的？

ひっぱりだこ？

喜びに満ちた、というのはどうだろう？

あなたが人を集めてチームを作り、新しくて魅力的なものを作り出すのであれば、喜びの定義は簡単だ。

ちゃんと日の目を見られて、楽しんで使ってもらえて、意図した人びとに広く普及するものをデザインし、作り上げること。それが喜びである。

喜びを感じられるのは、プロダクトやサービスを世に送り出し、楽しんでもらえたときだ。道路で呼び止められ、文字どおりこう言われるんだ。「これ、あんたが作ったのか？　大好きなんだよ！」頑張っているチームの気分を高めつつ、こんな成果を達成できたら、と考えてほしい。地上に存在するこの世の企業のほとんどにとっては夢物語でしかない成果を、達成できたなら。

喜びに満ちた会社の一例がメンロー・イノベーションズ社であり、僕が自己中心的に、しかし高い志を持って作ってきたものだ。僕はとにかく、喜びが存在する場所で、喜びを知る人たちと、喜びの成果を出せる仕事をしたかった。仕事を楽しみながら、めざましい結果を出し、長続きするビジネスをしていきたかったんだ。

喜びを真剣に追求したのは、上場企業のR＆D（研究開発）担当VP（ヴァイス・プレジデント）として二年間働いていたときだ。そこではじめて、求めていた文化を実現し――インターネットバブルがはじけ、何もかも手放すことになった。そこで僕が二年かけて学んだことが、二〇〇一年にメンローとして結実する会社の原型となった。

設立以来、メンローは成長し続けてきた。五回もインク（Inc.）誌のグロース賞を受賞し、三回もオフィスの広さを物理的に三倍にし、そして市場で有力なプロダクトを顧客のために作り出してきた。僕たちの独特な企業文化もかなり注目され、デンマークのCHO（チーフ・ハピネス・オフィサー）による「地球上で最も幸せな職場トップ10」としても認められた。インク誌による今年の独創的な小さな会社25にも選ばれた。トレーシー・フェントンが設立したWorldBlu主催の、世界で最も民主主義的な職場に、毎年、メンローの名が挙がっている。

毎年のように世界中から、メンローを見学しに何千人もの訪問者がやってくる。その目で僕たちの文化を見て、触れるためだ。僕が毎晩ぐっすり眠れるのは、求めてきたとおりの喜びを手にしているおかげだ。そして毎年ちゃんと利益を出し、外からの投資にも依存しない会社で喜びを生み出したおかげだ。僕たちのカウンターカルチャー的な手法は複雑ではない。とはいえ、単純だから簡単にできるというわけにも、なかなかいかない。

3 喜び? ご冗談でしょう

喜びとビジネスの成功が一緒に語られることはあまりない。この業界ではとりわけそうだ。複雑なソフトウェアを設計し、構築し、リリースし、運用する業界だ。ソフトウェア業界は何しろ「デスマーチ」という言葉を生み出した前科がある。プログラマーは徹夜し、職場に寝袋を持ち込み、家族や愛する人との時間を犠牲にし、休暇を取りやめる。デスマーチの結末は得てして悲しいものになる。プロジェクトが中止され、永遠に日の目を見ることなくお蔵入りする。プログラマーはズタズタになった自分の生活を目にして、こんなに頑張ったのは何のためだったんだろうと考える。

またこの同じソフトウェア産業が世界に植え付けたのは、ユーザーはバカだという観念だ。「バカなユーザー」が我々の華麗にデザインしたテクノロジーを使おうと思ったら、「サルでもわかる○○」という本が必要だ。何しろ我々の作品を理解できるほど賢くないのだから。ソフトウェア業界は世界に向け、プログラムのひどいエラーや、大きなセキュリティホールといったものは、技術の進歩に伴う避けられない犠牲だと主張している。

僕も他の人と同じくらい思い知っている。信じられないくらい好調にキャリアをスタートしたあとは、喜びとはかけ離れた仕事をしてきた。塹壕《ざんごう》に立てこもるプログラマーの次は評判のいい上場企業の役員になった。その間ずっと、いくつものデスマーチでメンバーとして努力してきた。顧客と交わした約束や、チームに課した仕事と格闘しながら、僕は燃え尽き、不眠症になった。品質に問題のあるプロダクトをやむなく出荷し、ユーザーに山のようなトラブルを負わせた。僕が懸念を口にすると、同じレベルの役員が安心させるように、出荷さえすれば手当ての時間は十分あると言った。そんな時間、一度も見たことがない。数多くの問題が予想どおりに報告されてくると、上司には品質の悪いプロダクトを作れと指示した覚えはない、と言われた。

これは自分だけの問題だと思っていた。でも、いまは自分だけではないと知っている。たくさんの人が僕のところに来て、どうしたら職場に喜びを持ち込めるか聞いてくる。ヘルスケアシステム、学校、大学、教会、非営利団体、自動車メーカー、医療機器メーカー……こんな話も耳にする。勢いのある有名企業が企業文化の賞を受賞していても、なかを見れば喜びは影も形もない。

こんなふうではいけない。とらえどころのない喜びを追求するなかで、メンローは自分たちの手法や工程にまつわるすべてを変えてきた。その過程でマネジメントや文化、継続性といったものへの伝統的な考えをひっくり返してきた。過激な変化を通じて多くの学びがあった。そうした学びはソフトウェアチームに限らず幅広い組織に適用できる。僕たちが喜びをビジネスの中心に据えようと努力してきた経験が、あなたがずっと望み、欲してきた変化のヒントとなればいいと、僕は心から願っている。

本書で紹介していくのは、経営者やマネジメントが職場環境に喜びをもたらすために使える知恵だ。予測可能な成果を生む、シンプルで繰り返し可能なプロセス。従来の人事が必要なくなる、効果的な人事管理。意図した消費者のために、専用に設計したプロダクト。問題を知らせる電話が決してかかってこない品質プラクティス。Joy, Inc. は官僚主義の入り込まない組織構造や、会議なしで意思決定する方法を教えているし、「作られた恐怖」を職場から取り除く効果、曖昧さを取り除いて人にエネルギーを与える方法を学ぶことができる。基本的な人間の原則を守ることについても考えていこう。尊厳、チームワーク、規律、信頼、そして喜びだ。

僕自身の旅を例にとっているが、僕たちがとったやり方をそのままあなたに勧めるつもりはない。これまでの経験から、目で見て触れる例はとても役に立つし、ビジネス書ではめったにないのだとわかってきた。僕が生きてきた物語が本書に書いてあり、四十年以上のキャリアを語っている。本書は実験的な物語の本だと言っていい。文化を変える孤独な挑戦に、勇気と元気がもたらされますように。

メンローへの訪問者のなかには、頭のいい良心的な研究者も数多い。彼らは僕たちが作り上げたものを観察し、メンローがうまくいっている理由の理論化に熱心になる。作り上げていく段階では僕らが組織設計やチームワークについて、深い理論的裏打ちをしていなかったと聞くと、たいてい混乱してしまう。メンローにとって喜びの文化を作るのはシンプルだった。毎日仕事に来るのが楽しみでしようがなくなるような場所を作りたかったんだ。

4 喜びあふれる文化は共有される

喜びあふれる文化は人を呼ぶ。顧客もそうだし、地元のコミュニティやマスコミもそうだ。やり方やアイデアを人に伝えられるという点が、メンローの成功の土台の一つだ。

僕たちは二〇一二年だけで二百四十一団体、二千百九十三人の訪問者を迎え入れた。訪問者は世界中からやってきて、アナーバーの商業地区の立体駐車場にある地下スペースを訪れる。米国のなかでも、西海岸でも東海岸でもない、決して最先端とは言えない地域だ。

ツアーはほとんど口コミで広まった。僕たちのウェブサイトで話題に出す以外は特に宣伝していない。お金を払った人もいるが、多くの人は無料だ。

ツアーでは僕がたいてい直接案内する。参加者が求めているのは、僕が何年もかけて探してきたものであり、いまあなたが求めているものと同じだ。

僕の案内は、まずこのセリフから始まる。「メンローへようこそ。ここが喜びのビジネス価値にフォーカスした文化が作り出された場所です」

訪問者はメンローをこんなふうに紹介され、びっくりする。彼らは、僕らが興味深いソフトウェア会社に過ぎないと思っていて、自分のところの技術チームでも役立つお土産を見つけるつもりでいる。しかしいったんここに来れば、喜びに直面せざるをえない。喜びはそこかしこにあふれ出ていて、避けようがない。ビジネスにおける喜び、その僕たちの実例は、業界に関係なくどんな会社でも意味を持つ。

なぜ喜びをあえて取り上げる必要があるんだろう？「では」と僕は訪問者たちに聞く。「どう思います？ メンローチームのうち半分が喜びを持っていて、残りは持っていないとしたら。あなたの理想のプロジェクトにはどちらの人を入れたいと思いますか？」

もちろん、誰でも喜びにあふれるチームを選ぶ。

「でもなぜ喜びの半分のほうがいいんですか？」と聞く。「何が違うんでしょう？」

答えが次々に出てくる。

「生産性が高そう」

「きっと積極的」

「一緒に働きやすそう」

「いい仕事をしそう」

「結果のことをちゃんと考えてる」

誰でもすぐ当たり前だと気づくように、喜びに満ちたチームのほうがよい成果を出す。それに僕たちの喜びは内部だけに閉じない。僕たちのねらいはここでの仕事が世界に出て行き、広く普及し、期待どおりの人びとが喜んで使ってくれるところにある。喜びに満ちた会社が大事に考えるのは、自分たちがいかに世界を変えるかだ。外部にそうした喜びをもたらし続けられるのは、内部にも喜びがあってこそだ。

本書ではあなたにメンローのドアのなかを覗き見てもらう。そうすればあなた自身の喜びを見て取れるようになる。チームの全員がペアを組んで、活発に会話する様を聞いてほしい。部屋の壁に紙や毛糸、ピンや色とりどりのシールが貼ってある様子を見てほしい。僕たちがJoy, Inc.をどうやって作ってきたか、すべてを学んでほしい。僕たちと一緒に回答を探してほしい。質問はこうだ。

◎喜びにあふれる意図を持った文化とは何か？
◎どうすれば壊れた文化を作り替え、喜びにたどり着けるか？
◎そうした試みをしながらも利益を出せるのか？

5 喜びがあれば あなたとチームは空を飛べる

人間の組織を導く原則は、飛行機を離陸させる原則と似ている。現代の空飛ぶ機械と、古代の人びとが飛ぼうとして失敗し続けた様とを比べてみてほしい。僕のキャリアの始め、マネージャーとして働いていたときはちょうどそんな感じだった。イカロスのように羽根をくっつけた翼を身に着け、全力で羽ばたき、決して空に浮きはしない。僕は全力で努力し、何も成し遂げられず、疲れ果ててしまった。

ライト兄弟がブレイクスルーを起こし、人類で初めて有人動力飛行をしたのは誰でも知っている。それまで誰も成功しなかったのに、なぜ彼らは成功したのだろうか？　当時はライト兄弟も激しい競争のなかにいた。とりわけサミュエル・ラングレーは資金があり、高度な教育を受けた科学者チームを擁し、最初の有人動力飛行を目指していた。だが彼のチームは当時まったく無名だったライト兄弟に敗北し、飛行機の研究からただちに手を引いてしまった。

なぜライト兄弟が勝利しラングレーが敗北したかについては、たくさんの理論がある。僕の答えはシンプルだ。

ラングレーは飛行機を作ろうとしていた。ライト兄弟は空を飛びたかった。

ラングレーが追求していたのは歴史に名を残し、名声を得、儲けることだった。ライト兄弟が追求していたのは喜びだ。鳥のように空を飛んで、世界を見下ろしたかったんだ。(僕がパイロットの免許を取ったのは十九歳のときで、空を飛ぶ喜びはとにかく格別だ。)兄弟の喜びの追求、強固な理想が、勝敗を決した。僕がマネージャーの仕事に満足できなかった理由の一つもそこにある。一生懸命になって、上司の真似をしてばたばたと羽ばたいていた。目的が何だったのかは、よくわからない。

いまでは僕がビジネスに何を求めるのかわかっている——喜びだ。ビジネスで喜びを追求するのは、名声や利益の追求とは異なる。人間とはより高みを目指すものだ。チームは自分たちを超えるゴールを目指して働きたいと願う。世界に対して、価値があって長く残る仕事をしたい。自分たちのしるしを残したいと思うが、栄光のためではない。喜びをもたらしたり、苦痛を終わらせたりしたいためだ。ライト兄弟と同じように、メンローの人びとは空を飛びたいんだ。この道を進んでいくと、利益、名声、栄光といったものがあとから付いてくるともわかってきた。

6 喜びと幸せは同じではない

喜びを探索し続けてきたなかで、幸せの領域には踏み込まないよう気を付けてきた。幸せには何も問題ないし、幸せを求めるのも結構なことだ。ただ、喜びはより深く、意義があり、目的を持っている。幸せとはある時点における状態の話だ。幸せな状態が連続していなくても、喜びに満ちていられる。

メンローで僕たちは楽しみ、たくさん笑い、いつだってエネルギーが感じられる——だがいつも幸せというわけではない。僕たちは信条を共有している。僕たちは集中し、突き動かされる。ときには皮肉を言うことも、カンカンに頭にくることだってある。皮肉や怒りのエネルギーは仕事に向け、人類の苦痛を終わらせるという理想の実現に役立てる。僕たちがねらっている苦痛は、地球上で一番壊れている業界、IT業界が引き起こしているものだ。

あなたと同じように、僕たちは困難かつ重要なことをしている。たとえば僕たちのチームは、世界最先端のガンとAIDSの研究装置を共同開発した。包括的な臓器移植情報システムの構築にも関わった。こうしたプロジェクトにおいて、僕たちの会社は重要で有意義な仕事に何年も携わった。何年間もずっと幸せであり続けるのは難しい。むしろ、幸せが成功に必須なのであれば、仕事が難しくなったとき、すぐ手を引いていただろう。目に見える、喜びあふれる成果を目指したからこそ、仕事を続けられたし、いまでも続けているのだ。

喜びとはマラソンを目指して練習を積み重ね、そして完走したときに得られる、深い満足感だ。喜びとは自分の子供が理想の相手と結婚し、子育てのすべての労苦がたった一言の「誓います」に結実する様を目にすることだ。

訓練と準備を重ねてきた戦闘機パイロットが、強風と戦いながら嵐の海に浮かぶ空母に視界の悪いなかF－18戦闘機を無事着艦させたときに感じるのが、喜びだ。エンジンが停止し、車輪が固定され、機体も空母も、甲板のチームも自分自身もみんな安全だと確認する――するとパイロットはすぐに、もう一回やりたくなって、いても立ってもいられなくなる。

働いているときも、休んでいるときも、子供の学校にも、教会のコミュニティにも、家族のあいだに、国家に、誰もが喜びを求めている。人間は自身を超えるものを目指し、お互いにつながろうとするように、生まれついている。だからこそ僕たちはチームに参加し、会社に属し、必死に努力を重ねて困難なゴールを共有し、立ち向かう。

根本的で本能に根ざした追求心は喜びに向かう。あなたが本書を読むのはそれが理由だ。

―――――

Joy, Inc. へようこそ。

来てくれてありがとう。

僕が喜び（Joy）にたどり着くまで

1 章

一九七一年九月、僕は生まれて初めて恋に落ちた。

僕は高校に入学したばかりだった。人生を永遠に変えてしまうような恋に、一瞬で落ちたんだ。

でも女の子に恋したわけじゃない（それは何年か先のことになる）。僕は魔法の機械に恋したんだ。

テレタイプの前に座り、二行のプログラムを打ち込んだ。

```
10 PRINT "HI RICH"
20 END
```

そしてこう入力した。

```
RUN
```

するとコンピューターが返事をした。

```
HI RICH
```

僕はたちまち虜になった。その瞬間、これを一生続けていくんだと悟った。芸術家になるんだ。素材はソフトウェア。究極の材料だ。僕はまだ十三歳、だけど人生の目的を見つけたんだ。大切な心の歌だ。これが、喜びというものを知る、最初のきっかけだった。

翌年僕は毎日、学校が終わると宿題もほったらかしで、夜遅くまでプログラムを作っていた。ミシガンの長い冬のあいだ、仲間と一緒に野球をしたかったんだ。このプログラムはのちに「ファンタジーベースボール」と呼ばれるようになる。僕はゲームのルールを考え、野球年鑑を丸ごと全部コンピューターに入力した。当時ヒーローだった選手五百名以上が残した全データ……生涯成績、ポジション、右打ちか、左打ち右投げか、とにかく全部だ。プログラムを立ち上げると、チームを選んでラインナップを決め、お互いに試合で戦った。僕と仲間はこのゲームにも夢中になった。そのときの気持ちは、人生の目的をさらに強めてくれた。先生の勧めがあり、素晴らしいママとパパも後押ししてくれて、僕はこのプログラムを国際プログラミングコンテストに応募した。そしてゲーム部門で賞をとった。

受賞のおかげで、僕はプログラマーとして働けることになった。まだ車の運転もできないのに、人生初のコンピューターを使う仕事だ。これは高校一年生の僕を虜にした。僕を採用したのはミシガン州にあるマコーム郡特別学区のCBI（学習支援システム）部門で、その学区全体に初のEメールシステムを導入することになっていた。僕はその開発リーダーになった。学生プログラマーの大きなチームができ、起きているあいだは全員が夢中で、この大事業に取り組んだ。若い僕らはチームになり、仲間として一緒に学び、実験した。そこからほとばしる情熱、エネルギー、友情は、くらくらするほど素晴らしいものだった。大人たちには、何が起きているのか理解できなかった。天才少年や技術の神様のように扱われ、僕らはなおさら舞い上がった。何よりも、好きなことをやっているだけで給料がもらえるなんて信じられなかった。

喜びから恐怖へ 1

高校から大学のあいだ、僕の心には炎が明るく燃え続けていた。自分にとっても、世界にとっても未来は明るかった。コンピューターがすべてを変えようとしていたし、ソフトウェアはそれを実現する魔法だ。僕は大きなムーブメントのまっただなかに入りかかっていた。人類がこれまで経験した重要な大発見――火、車輪、電気、写真、大量生産、テレビ、半導体、集積回路に並ぶものだ。目指す将来を考えて、ミシガン大学で情報工学の学位を取った。

他の人から見れば卒業後のキャリアは完璧なものだった。毎年のように昇進し、昇給し、ストックオプションを手に入れたし、権限も広がり、オフィスも大きくなった。一九八二年から一九九七年にかけて、僕はアナーバーの小さなテクノロジー企業をいくつか渡り歩いた。そのなかで役職はプログラマーからVP（ヴァイス・プレジデント）になっていった。僕が一番長く務めたのはインターフェイスシステムズ社だ。一九九九年には、インターフェイス社はミシガン中で一番成長した上場企業となっていた。僕のストックオプションは四百万ドルになっていた。子供の頃に夢見たすべてを手に入れた。周囲からはきっと、そう見えていただろう。

よくなるばかりのキャリアを進みながらも、僕は逃げ出したくなっていた。選んだ職業に裏切られたんだ。幻滅に打ちのめされ、喜びのない仕事に縛り付けられ、辞めることもできなかった。

客観的に見れば僕は成功者だった。昇進と昇給、より重大な責任を得ていたのだから。しかし、僕自身にとってそうした成功は無意味だった。自分がひたひたと自暴自棄になっていくのを感じていた。僕も、僕の部下たちも、何日も家に帰れず、週末もなくなり、家族とも会えない日が続いた。休暇はありえなかった。プロジェクトは常にトラブル状態で、結局中止となる。会議は険悪で、お互いに失望して怒鳴り合った。こうしたマネジメントの泥沼から脱するには、チームを半分解雇するしかなかった。だが採用のプロセスもひどいものだったので、どうしようもなかった。品質の問題でリリースが遅れた。顧客はひっきりなしに文句を言い、遅れや出来映えを責めた。

ソフトウェアに対する愛と忍耐には、結局のところ限りがある。もはや仕事を辞めるか、それとも仕事そのものを変えてみせるか、選ばざるをえなかった。

僕は変えるほうを選んだ。

一九九七年、僕は四十歳で、インターフェイス社の研究開発部門の責任者としてVPに昇進した。昇進を決めたのは、社外からやってきてCEOになったばかりのボブ・ネロだ。ボブが来る以前、僕は恐怖のなかで働いていた。そんな上場企業の経営層として、責任者として無制限の貢献を求められても、到底受け入れる気にはなれなかった。ボブは社内調査をして、知識でも経験でも、組織内で信頼されているという点でも僕が適任だと判断していたのに、その一方で僕は昇進に抵抗していた。僕がそんな経営陣レベルの役職に、いくらお金を積まれたところで、乗り気になるわけがなかった。

ボブは会社の新たな指揮者として、大きく方針を転換するプランを立てていた。プランのなかで僕は重要な役割を担うことになっていたため、断られたボブは腹を立て、僕を部屋から追い出した。

夜、家に帰ってから、腰を落ち着けて彼の申し出や他の選択肢についてじっくり考え直した。もともと仕事に対して抱いていた深い愛について思いを巡らせた。初めてテレタイプに触れたときに感じた、圧倒的な喜びと発見への情熱もよみがえってきた。

こうしたことを思い返しながら、僕は大学時代の夢も思い出した。いつか、アナーバー随一のめちゃくちゃイカしたソフトウェアチームを作るという夢だ。

僕は自分が競走しているのだと、やっと気がついた。僕の心の炎は消えかかっている。私生活は、めちゃめちゃな仕事生活の言い訳になりつつある。ボブ・ネロが現れるまでのここ数年、僕は仕事に行くのにわざと遠回りして田舎道をドライブし、会社に遅く着くことが多かった。さらに半日はドアから見えないようフリーセルをするような有様だった。僕は気にかけるのをやめていたんだ。

怒ったボブに部屋を追い出され、こうしたことが頭に去来しながら、夜が過ぎていった。そして僕は決意した。より深い、止まることのない変化を追求し、仕事と業界を再び愛せるようなやり方を見つけよう。この世界をもっとよくするんだ。

きっとよりよいやり方があるはずだ。チームを運営し一緒に働ける、もっといい方法があるはずだ。このときにはまだ、はっきりしたアイデアはなかったが、それでも自分の存在意義を立て直す方法は必ずあるはずだと信じていた。目にすればすぐわかるとも、確信していた。僕はまず、ミシガン大学で受けたソフトウェアエンジニアリングの講座から探し始めた。協力して高い生産性を生み出しているソフトウェアチームがいるというデータコネクション社というイギリスの企業についても調べた。

調査を進めるにつれ、組織設計やマネジメント原則の本も読んだ。大きな影響を受けたのが、ピーター・センゲの『最強組織の法則』、ピーター・ドラッカーの『マネジメント』、トム・ピーターズの『エクセレント・カンパニー』、ジョン・ネイスビッツの『メガトレンド』だ。こうした本を読みながら、他のビジネス書と同じように、インスピレーションも得たがフラストレーションも感じた。素晴らしい組織について書いてあるのに、どうやったらそんな組織を作れるのかは書いてないのだ。

僕にはひとつ自信があった。僕は生来の楽天家で、粘り強くもある。堆肥の山があれば、僕はポニーを見つけるまで掘り続ける人間だ。[*1] そして僕は探し続け、読み続け、学び続け、考え続けた。いつか見つけてやる。見つけるしかない。

翌日になって僕はボブのところに行き、VP職を引き受けた。立場を利用して「めちゃくちゃイカしたソフトウェアチーム」を作るつもりだとも。ボブは僕が一晩で百八十度心変わりしたのに驚いたものの、新しい考え方に賛同してくれた。このときはまだ、極めて長い旅になることに二人とも気づいていなかった。

＊1…人の粘り強さを例える言い回し。「干し草の中から針を探す」と同じ。

少なくとも、簡単にいかないことはわかっていた。新しい職責を引き受けるのに当たって、心に残っている出来事がある。駐車場でのキンバリーとの会話だ。彼女は優秀なリーダーで、これから僕の部下となる人物だった。

「VP就任、おめでとう」キンバリーは言った。「あなたみたいないい人、他にいないもの」

彼女が心から祝ってくれていたのは間違いないが、言葉が意味するところはよくわかった。いい人だけでは務まらない。生きたまま食べられるのがオチよ。頑張ってね。彼女の「おめでとう」に、僕は胃が重く感じた。

それからの二年間は、自分を取り戻すための旅になった。僕は自分自身の価値観で仕事をし始めた。チームの一人ひとりと時間を取って、将来への希望を聞いたり、僕の希望を話したりするようにした。情報の透明化にも努めた。会社の経営レベルで何が起きているか常に伝え、仕事に期待されるレベルについても一人ひとりに説明した。状況は急激に改善されたものの、まだまだ十分なレベルではなかった。

僕ひとりが活力を取り戻しただけでは、文化全体を変えることはできない。何かが必要だった。まったく新たな手法、僕たちが変えてきた組織に向く、新しいフレームワークだ。

2 喜びふたたびカチッとはまる

仕事とチームのよりよいあり方を二年間探し続けていた、一九九九年のことだ。重大な発見が二つ、数週間のうちに立て続けてあった。まず見つけたのがあるWiki（のちにブログと呼ばれるもの）だ。ケント・ベックという人物が書いているWikiで、「エクストリームプログラミング」と呼ばれており書籍も近々出る予定になっていた。ベックの説明によれば、その革新的な手法はソフトウェアプログラミングを劇的に変化させる。作業スペースをオープンにする、プロジェクトマネジメントを手書きのカードで行う、大きなプロジェクトを短く計測可能なサイクルに分解する、チームはペアで作業する。

ベックのWikiを読んで数週間後、こんどはIDEOという会社がナイトラインというテレビ番組で取り上げられているのを見た。パロアルトにある、工業デザインで有名な会社だ。三十分間の番組ではIDEOでの仕事の様子を取り上げており、それはまさにベックがエクストリームプログラミングとして紹介しているやり方の実例だった。ベックの手法そのままではないとはいえ、IDEOは熱意のある会社であり、密接な協調によるチームワークと顧客との素晴らしい関係性を持ち、優れたデザイン思考を持っていた。

ベックの本もＩＤＥＯの番組でも、顧客やエンドユーザーとつながり、仕事に直接巻き込むようにしていた。一方で僕のチームが受け取る情報は、マーケティングからのまた聞き、またまた聞きになっていた。僕たちが開発していたソフトウェアは、壁に映る影のような仕様をもとにしていた。仕様もきちんと考えられていなかったし、プロジェクトのあいだに何度も、大幅な変更が起きていた。一度だって、マーケットの本当の要望を叶えられた試しがなかった。

だがこのときやっと、僕は理想の職場が実現可能だと知った。喜びにあふれる組織の見本を探す旅が、ついに終わったんだ。手元にはユーザーマニュアルと動画がある。

僕はナイトラインのビデオを同僚に見せた。くたびれた上場企業の経営陣のことだ。そしてこう宣言した。「これが僕がやろうとしていることだ」（ありがたいことに、ビデオを流した三十分間、みんな僕に調子を合わせてくれた）。全員、新しい手法の可能性に、僕と同じくらい興奮していた。経営陣のなかでも一番のうるさ方が「それで、いつ壁を壊すんだ？」と言うのを聞いて、僕は自信を持った。経営陣は乗った。僕のボスも乗った。全員、やる気になったんだ。

この試みがどう進んでいくのか、正確にはわからなかったが、僕には強みが二つあった。一つは、ほとんど消えかかっていた僕の心の炎が、再び明るく燃え上がったことだ。僕は再び、信じるようになった。

だがもう一つ、職場の改革を成功させる上で決定的に重大だった要素がある。ジェームズ・ゴーベルとの出会いだ。喜びへ向かう旅で起こった大事な物事はどれも、偶然から始まり、最初は重要さがわからなかった。ジェームズに初めて会ったときも同じだ。職場に革新を起こす活動を続けていくうちに、ジェームズの存在は欠かせないものになっていった。最初、彼は主席コンサルタントとして、アナーバーにあるアプネットという会社にいた。僕は新しいソフトウェア開発手法のトレーニングをチームに受けさせるため、アプネットと契約した。やってきたのがジェームズで、技術面での移行を支援してくれることになっていた。さらにアプネットから優秀なプログラマーを数名連れてきて、チームと歩調を合わせながらガイドしてくれることになった。

ジェームズは僕のような、多くの実験を真剣かつ大胆に行う人間に会ったことがなかった。僕のほうもジェームズほど、想像を超えた面白いアイデアを次々と提案できる人は初めてだった。変化のための一連の活動に、ジェームズは最後までパートナーとして付き合ってくれた。

CEOは味方になった。経営陣も乗ってきた。パートナーも手に入れた。最後に残ったのが、僕のチームのプログラマーたちだ。

3 流血、暴力、殺人

チームのメンバーも、僕が新しい手法を見つけて、差し迫った問題に対処しようとしていることは知っていた。問題そのものは、誰の目にも明らかだった。納期を過ぎても動作するソフトウェアはなく、だいたい完成と言える状態でさえない。ソフトウェアが完成したと思ったら、品質チームのところでは動作すらしない！　プログラマーは、もう次のプロジェクトに移っているが、「自分のマシンでは動いた」と主張して対応しようとしない。何か月もの品質テストを経てやっとプログラムが動くようになっても、顧客が本来望んでいたものとかけ離れている。まれに要求どおりのソフトウェアができたときでも、ユーザーには使い方がわからない。ユーザードキュメントを書き換えてトレーニングも追加して、「バカなユーザー」に教え込むことになる。

僕はチームのメンバーを全員集めた。十四名のソフトウェアエンジニアだ。そしてエクストリームプログラミングの話を聞かせた。彼らにとってはまったく新しい考え方だ。これまでの経験と蓄積とはまったく異なる手法で、ショッキングと言ってもいい。最後に僕は聞いた。「みんな、どう思う？」

誰も、一言も言わなかった。

チームは危険を感じ取ったのだ。ボスのリッチが何かヤバいことを考えている。すぐに止めないと、実際にやりかねないぞ。

「どう思う？」僕はもう一度聞いた。

部屋はさらに静まりかえった。死んだような静けさだった。

ようやくガイルが片手を挙げた。

「ガイル、どう思う？」

「流血、暴力、殺人」彼は落ち着いた声で、はっきりと言い切った。「リッチ、やめてください。僕たちにこんなことをさせないでください。個人のオフィスから引きずり出したりしないで。コンピュータを共有したりしないでください。それに、どうかお願いだから、コードを共有したりしないでください。僕のコードなんだ」

「ガイル、ここは上場企業だ。コードは株主のもののはずだよ」僕はそう返した。

「リッチ、そんなのは関係ないんです。僕のコードなんです」

何てこった。こりゃ一筋縄ではいかないぞ。

4 最初の実験

波乱含みだったミーティングが終わったあとで、ボブ・ジェイとクレアが僕のところへやってきた。二人とも熟練した開発者だ。二人はエクストリームプログラミングを実験してみたい、僕のアイデアを試してみたいと言ってきた。

ここ二年ほど、クレアはまた別の手法を導入してきたが、失敗に終わっていた。親しみを込めて「ソフトウェア開発ライフサイクル」（SDLC）と呼んでいたが、業界では一般的にウォーターフォールと呼ばれる手法だ。このプロセスでは、中央集権的な委員会、定められた会議体、経営陣の承認、フェーズごとの審査と継続判断、委員による中間成果物の数知れないレビュー、などなどが求められる。

ウォーターフォールを試した最初のプロジェクトで、苦労しながらすべてのサイクルを実践して、これはＳＤＬＣのライト版が必要だということになった。短期のプロジェクトであまり余分な手間をかけないためだ。しかし数か月後、ＳＤＬＣもＳＤＬＣライトも、ひっそりと終息した。必須とされているミーティングをいつもスケジュールし忘れたし、開催しても誰も参加しなかったためだ。クレアにとっては自分の子供のようなものだったので、かなり気落ちしていた。クレアの心の炎も、僕のと同じように、消えかかっていたんだ。

あなたも見たことがあるかもしれない。リーン、シックス・シグマ、ＩＳＯなどのマネジメント手法を情報不足のまま導入して、結果的に官僚主義が組織に蔓延してしまうところを。あるいは、状況を改善するためにプロセスや手順が増え、ミーティングが増え、委員が設立され、階層構造が複雑化していく様子を。このような善意の努力はたいてい、費用、作業量、事務仕事を増やすだけに終わる。品質や生産性、コミュニケーションの向上につながりはしない。

ＳＤＬＣが破棄されたところだったし――クレアとボブ・ジェイが乗り気になったので――僕はエクストリームプログラミングの実験をすぐに許可した。二人はあっという間に空いたラボを見つけ（小さな部屋だが、個室に区切られていないオープンな空間だ）、作業スペースとした。そして一台のコンピューターの前に並んで座り、自動ユニットテストを書き、手書きのカードを使い、毎週の計画ゲームで作業の検討とレビューをした。つまり、エクストリームプログラミングをエクストリームに実践したんだ。すべてのテクニックを一度に導入して、試してみたわけだ。ガイルや同僚たちがあっさりと拒否したテクニックをだ。

実験が始まって三週間ほどたったとき、クレアが僕を呼び止めた。そして、まだ給料を払うつもりかと質問した。

「どういう意味だ？」僕は聞き返した。

「すごく楽しいんです。働いているように感じないんですよ。その上給料までもらっていいものか、ちょっとわからなくなって」

エクストリームプログラミングを始める数週間前、実はクレアは会社を辞める相談をしてきていた。この実験で思いがけない金鉱を掘り当てたのは明らかだった。

「流血、暴力、殺人」と言われる一方で、「これならタダで働いてもいい」と言う人もいる。これは手応えのある反応だ。反応はM字型のカーブを描いている。両端にそれぞれ強い感情が表れているんだ。ベル型の、中央がゆるく盛り上がる形で感情が反応するようでは、大きな変化を導入しても長続きしない。僕はそう経験で学んでいた。中央ではなく、両極端からのエネルギーが必要なんだ。

5 場所も大事

クレアとボブ・ジェイが実験に参加してくれたおかげで素晴らしい可能性が見えてきた。だが、ここから広げていく必要もある。組織全体を僕のイメージどおりに変えていく上で重要になると確信していたのが、場所の問題だ。広々とした開放的な空間がほしかった。ベックが推薦しIDEOのビデオで見たような空間を、実現するにはどうしたらいいのだろうか？　三十年の歴史があるインターフェイス社の伝統的な研究開発部の、息が詰まるようなパーティション区画とオフィス仕様の空間を前に、ジェームズと僕は打つ手が見つからなかった。リフォームするのは時間的にも費用的にも不可能だ。

ある日の朝、ジェームズが興奮した様子で現れた。彼が案内してくれたのは、インターフェイス社が以前プリンタを製造していた、古い工場だった。薄暗い工場を見回すと、段ボール箱の山や、錆び付いた組立ラインの機械が見て取れた。ジェームズは言った。「ここだよ」。

僕は表情を変えなかった。がらんとした劣悪な部屋だ。がらんとした劣悪な、最高の部屋だ。ひらけた空間だけで、壁も、オフィスも、パーティションも、ドアすらない。巨大でオープンな、共同作業のための空間だ。いけるかもしれない！　僕たちはこの場所を乗っ取ることにした。

6 第二の実験

僕たちは早速、ジェームズが見つけた工場の準備を始めた。製造ラインを取り外し、しまってあった荷物を片付け、全体をホースで水洗いした。そして長さ二メートル半のシンプルな折りたたみテーブルと椅子を運び込み、デスクトップコンピューターが使えるように新しく電気系統を配線した。さて、どうやってチームをこの部屋に誘い込もう？

ジェームズが新しい実験を思いついた。「この場所で新しいプログラミング言語のハンズオントレーニングをしよう。インターネット言語として話題になってるJavaを教えるんだ」。そこで十四人全員に向け、エクストリームプログラミングのクレイジーなテクニックを教えてしまう。ペアプログラミング、ユニットテスト、コードの共同所有などだ。ジェームズが連れてきている三人のコンサルタントプログラマーが、チームのメンバーとペアを組む。ペアは毎日組み替えて、十四人全員がジェームズのプログラマーから直接トレーニングを受けられるようにする。これを一週間という期限を切って、やってみるのだ。

チームにこの実験を提案すると、こんどは「流血、暴力、殺人」のような反応はなかった。理由は二つある。まず、実験を一週間だけに限定した。仕事のやり方を変えるにしても、たかだか五日間なら大したことはない。もう一つの理由は、チームのプログラマーがJavaという最先端の技術を学べる機会を作ったところにある。一九九九年当時は、米国中のプログラマーがJavaを学びたがっていたんだ。

僕は自分の目が信じられなかった。新たな作業スペースはたちまちエネルギーと喧噪に満ちあふれ、協調と進化が見られ、作業も学びも、楽しさも立ち現れた。まさしく、喜びだ（もっとも、僕がこの言葉を使うようになるのは何年もあとのことだ）。

実験を続けた一週間のあいだ、会社の他の部署から人がやって来て、この間に合わせの作業場所を見学していった。一人ずつ来ることもあれば、グループで見に来たこともある。僕たちの即席の作業スペースは会社中の話題になった。ティムというメンバーがヘルメットをどこかから持ってきて、看板を作って入口に掲げた。看板にはこう書いてあった。「Ｊａｖａ工場…ヘルメット着用のこと」。それからは僕たち自身、そこを工場と呼ぶようになった。悪ノリは将来当たり前となっていくのだが、始まったのはこのときからだ。

あなた自身が文化を変えるときにも、他の人を巻き込んでエネルギーと興奮に接触させるチャンスはとても重要だ。見逃してはいけない。変化の活動をブラックボックス化してしまい、ステークホルダーの目に触れないように仕事のスタイルや組織を変えようとするチームはたくさん見てきた。こうしたやり方では、率先して活動していた人物がいなくなるとすぐに続かなくなってしまうんだ。

7 リーダーシップの試練

一週間の実験が終わり、チーム全員が集まってトレーニングの感想を言い合った。こんなふうに、賞賛で溢れかえったんだ。

「とっても楽しかったよ」

「こんなに学べるなんて思いもしなかった」

「信じられないほど多くのことが達成できました。しかも、最初は誰もJavaを知らなかったのに」

この一週間が重大な出来事になったのが僕にはわかった。これまで十年以上、こうした反応を探し求めてきた。だが次の一歩が決定打になる。二つの選択肢がある。チームが以前の仕事のやり方に戻るか、このチャンスを生かして、大成功した実験をこれからも続けるかだ。

僕がどちらを選んだか、きっとおわかりだろう。

「みんな、素晴らしい」僕は言った。「これからは、仕事もこのやり方でやっていこう」

以前にもあったように、部屋は死んだように静かになった。

そして全員口を揃えて、恐怖の面持ちで返事をした。「いやです！」

僕は、変化を阻む最大の壁に全速力で衝突した。未知への恐怖だ。この変化がどんな影響をもたらすのか、チームは以前よりよく知っている。にもかかわらず、古い、居心地のいいやり方に戻りたいと必死に願っている。実験は一週間限定だ。エクストリームプログラミングを毎日の仕事に導入するには、まだ心の準備ができていないのだ。

チームはついさっき、実験に肯定的な感想を言い合ったばかりだ。僕はそう指摘した。彼らは目を落とした。矛盾があることに、僕への返事だけでなく、自分たち自身のなかにも矛盾があると気づいたのだ。みんな、どうすべきなのかわからなくなっていた。

「いいかい、自分自身がなんて言ったのか、よく聞いてくれ。『こんなに達成できたことはない。こんなに楽しかったことはない。こんなに学んだことはない』」僕は彼ら自身の言葉を投げかけた。「これが、明日からの仕事のやり方だ」

僕の宣言に不満な者もいた。数日のうちに、特に古株のメンバーは、この新しいやり方ではうまくいくわけないと他の会社幹部を説得しに行った。役員に持ち込んだ者もいた。だが手遅れだった。僕は先回りして新しい手法を説明してあった。他部署のVPも、僕のボスも、役員や取締役も、主要な株主まで、もう納得していたのだ。もはや前進あるのみだ。

8 変化は簡単ではない

変化は決して簡単ではないし、僕だって簡単な変化がほしかったわけではない。有意義な変化を求めていたんだ。ジーンネ・ラマーシュが組織の変化について『Changing the Way We Change』などの本で述べていることが、直感的に理解できた。他の人に変化を受け入れさせるには、どんな変化であっても既存の報酬系の破壊を伴うのだという認識を持つ必要がある。こういった報酬系のおかげで、痛みに満ちたシステムが期せずして生きながらえている場合は特に。変化を持続させるには、古い報酬系をすぐに新しいものに置き換えなければいけない。新しい報酬系は、古いものと同等以上の価値を持たなければいけない（一番価値のある報酬は金銭と関係ないことに注意）。そうした新しい報酬を準備できないと、すぐに古い形式の古い報酬に戻ってしまう。

僕たちのチームの既存の報酬は何だったんだろう？

◎自分のオフィス。個人専用で、ドアを閉じられる
◎図書館のような静寂さ。集中して考えられる
◎ドアから覗かれないようにモニターを置ける
◎書いたコードを自分自身のものだと誇れる
◎会社のゴールに対して、自分が何を貢献したか明確に理解できる
◎業績評価と昇給と未来のゴールが、前述のすべてにフォーカスしている
◎同僚に返事をするかどうかは完全に個人の自由
◎技術的に面白くて困難なことに集中できる
◎品質保証は誰かがやってくれる

新しい手法ではどんな新しい報酬が考えられるだろうか？

◎プロダクトがちゃんと動き、期日どおりに出荷でき、トラブルも起きない

◎こちらの提案を対象ユーザーが楽しんで使ってくれる
◎組織図上の単なる部署ではなく、本当のチームに所属できる
◎毎日、何かしら新しい学びがある
◎長い休暇を簡単に取れ、休暇中に呼び戻される心配もない
◎技術上のトラブルに徹夜で英雄的な対応をする必要がない
◎仕事の成果を誇れる
◎知識の塔に幽閉される人はいない
◎新しくて面白そうな仕事が新人にばかり回されるのを、指をくわえて見ていなくていい
◎同僚から本当に支えられているという感覚
◎継続可能なやり方で、繰り返し高品質な成果を得られる
◎ビジネス側とのこれまでにない協力体制
◎「変化を受け入れる」部署。「できない・あとで」ではない
◎楽しい。エネルギーがある。エキサイティング。この職業に心から求めているものすべて
◎運さえよければ、自分たちや会社の仕事のビジネス価値が向上して、ストックオプションの価値も上がる

9 新たな一日

これからはエクストリームプログラミングで仕事をすると、僕は固く決意した。チームには変化を避ける言い訳がいろいろあったが、こちらには切り札がある。Ｊａｖａだ。ジェームズと僕はこう宣言した。新しいおもちゃで遊びたければ、たとえばＪａｖａの新しいアーキテクチャを考えたり、プロダクトをＪａｖａで書いたりしたければ、新しい手法で、新しい作業スペースでやるように、と。

宣告は期待どおりに効いた。チームは徐々に、古い仕事を選ばなくなった。みんな新しいおもちゃで遊びたがった――新しいやり方を我慢してでも、そうしたかったのだ。人の動きに新しいパターンが見られるようになった。朝一番、決められた自席に行くのではなく、まずＪａｖａ工場に顔を出すメンバーも増えてきた。六か月後、エクストリームプログラミングがインターフェイス社において転換点を超えた。メンバーたちが、古いオフィスはもういらないと言ってくるようになったんだ。

日々の仕事が変わっただけではない。進捗報告も変わっていった。僕たちは二週間サイクルで仕事を進め、二週間ごとに進捗と状況を報告する合同イベントを開催していた。イベントは「ショウ＆テル」[*2]と呼ばれていた。このイベントには会社の全員を招待していて、チームがやっていることをプレゼンテーションする。ビジネス側の人間たちはこのイベントに参加したがるようになり、自分の予定

＊2…自分のものを人に見せ説明する会。米国などでは、子供の頃に学校で教わっていることが多い。

を空けておくようになった。プロセスの重要な一部だと感じていたんだ。秘書、サポートチーム、会社受付まで参加し、チームのエネルギーを目にするだけでなく、会社として顧客に何をしているのかも学んだ。僕たちのやり方で、ビジネスそのものを誰でも理解できるようになってきたんだ。

技術チームが何をしているか、どんな状態なのかビジネス幹部が理解したのは、会社発足以来初めてのことだ。研究開発とビジネスとの橋渡しに成功したんだ。チームも参加者の興奮と期待を感じ取って、「ショウ&テル」イベントを面白く彩るようになった。キャンディを持ち込んで、質問した参加者に投げ渡した。とても印象深いショウ&テルがある。チームがバンドを組み――ドラム、ギター、マイクも用意して――進捗を会社全体に聞こえるように歌い上げたんだ。かつて恐怖と退屈があった場所に、いまは喝采と笑いがある。

CEOのボブ・ネロは僕たちの新しいシステムに喜んだ。その年度の株主総会では現場見学会を企画し、株主も変化を目の当たりにできるようにした。セールスチームが顧客を連れ、「工場ツアー」をしたんだ。

僕の炎はいままでになく明るく燃えていた。仕事に行くのが待ち遠しくて仕方なくなった。朝出勤するのに、田舎道をゆっくり回り道することもなくなった。ジェームズと僕は夜遅くまで残り、二週間イテレーションの各ステージがすべて準備できているか確認していた。いまや、すべてがうまく組み合わさり始めた。

10 小さな赤いワゴン

新しい作業スペースにはいろいろな課題があるが、いままでのオフィスの常識が通用しないというのも困りものだ。コンピューターを共有し、プログラミングのペアを頻繁に組み替えていると、個人のスペースがどこにもなくなってしまう。二週間ごとに席もコンピューターも移動するので、「自分の荷物をどこにやったらいい？」という問題が発生した。ティムはいつも元気で楽しい熟練メンバーだが、彼がある日小さな赤いワゴンを持ち込んできた。ラジオフライヤー製の、木製の囲いをつけたものだ。そして二週間ごとに、自分の荷物をワゴンに載せて新しい場所に引っ張っていった。

こういう、面白くてひらめきのある工夫はJava工場のあちこちで起きていた。みな自発的なもので、上から押し付けられたものではなかった。遊びのエネルギーによって防衛的な反応が減り、信頼が形作られてきた。チームの会話からもそれがわかった。「僕」「私」が減って、「僕たち」「私たち」が増えていた。誰かが困ったり行き詰まったりすると、助けを呼ぶより早く誰かが助けてくれた。ペアが黙ってコンピューターの画面とにらめっこしていれば、別のペアがやってきて「どうした？」と声をかけた。競争と緊張の代わりに、安心と育成が見られるようになったんだ。

11 同じままでいることのリスク

新しい手法の導入から一年もたたないうちに、インターフェイスシステムズ社はミシガン州で一番成長した上場企業となった。株価は二ドルから八十ドルまで跳ね上がった。（声に出して読んでみよう。「インターネットバブル」。すごかったのは確かだが、実態に即していたわけではない）

会社が急成長しているさなか、昔から僕の部下だったデイビッドが僕にこんなふうに聞いた。「リッチ、君だってこんなにうまくいくなんて思ってなかっただろう。どうしてこんな大がかりな変化のリスクを取ったんだ？」彼は不思議がった。「君はすべて持っていたじゃないか。VPの肩書き、身分、地位、権力、給料、ストックオプション、権威もあった」

「いや実に簡単だったよ」僕は答えた。変わらずそのままでいるリスクは、変化のリスクよりずっと大きい。僕がクビになるリスクはなかったし、地位も給料にもリスクはなかった。リスクは僕自身にあったんだ。僕のなかにある、仕事を愛し会社を愛している部分は、死にかけていた。子供の頃から愛した仕事をできなくなったら、残りの職業人生で何をすればいいだろうか？

この頃、シリコンバレーから人がやってきて、インターフェイス社を買収する検討と調査を始めた。査定チームは僕のチームのプロセスとプロダクトを評価した。二〇〇〇年九月一日、インターフェイス社は買収された。買収額は、僕がかつてこの街で初めての「めちゃくちゃイカしたソフトウェアチーム」を作ると決めたときの株価の十倍になっていた。同社が好条件で売却できた一番の理由は、僕のチームの変化のおかげだと、ボブ・ネロはいまでもそう言っている。僕たちはヒーローになった気分だった。それに書類上のお金持ちにもなった。お金持ちの方は、短い間だったが。

二〇〇一年初頭、インターネットバブルがはじけた。カリフォルニアの親会社は全国のリモートオフィスの閉鎖を決定した。僕たちのオフィスも例外ではなかった。美しく空高く舞っていた実験は、こうして終わりを迎えた。僕は技術キャリアを一九七一年から続けてきていたが、初めて失職した。

僕たち四人は——ジェームズ・ゴーベルと僕、ボブ・シムズとトム・メロシュ（ジェームズと一緒にアプネットで働いていた二人だ）——新しい会社をすぐに作ろうと相談した。僕たちは素晴らしい機関室の作り方を知っていた。喜びに満ちた素晴らしい文化で満たす方法も含めて。残念なことに、最初の機関室はタイタニック号のなかにあった。タイタニック号が氷山に衝突し、機関室は何の問題もなく完璧だったのに、一緒に海の底に沈んでしまった。でも機関室のせいではない。

だから僕たちはもう一度やることにした。二〇〇一年六月十二日、メンロー・イノベーションズ社が誕生した。最初は僕たちだけ、五～六人だけで、業界全体が壊滅し崩れ落ちていくなかプロジェクトを着地させようとしていた。みんな僕たちのことを頭がおかしくなったんじゃないかと思っていた。業界が最悪の不景気のさなかに、IT企業を設立したんだから。僕たちは妙な自信に満ちているように見えた。世界が知らないことを僕たちは知っている。会社の目的は僕たちの喜びを世界にもたらすことだ。喜びは、僕たちが設計し開発するソフトウェアを通じて伝える。さらに喜びに満ちた手法やシステムを人に教えることもしよう。自分たちのやり方を秘密にするつもりは一切なかった。この業界において根本的に重要なものを見つけたんだ。自分たちだけに取っておくことはない。

12 喜びは尽きない

僕の心の炎はかつてないほど明るく燃えさかっている。子供たちは、自分の父親は引退しないものだと決め込んでいる。子供たちはこう思っている。ある日、微笑んだまま命の火の消えた老人が運び出されてきて、これまでずっと喜びを彼自身に与え、彼のビジネスパートナーに与え、彼のチームにも、世界中にも与えてきた場所と、ついに別れを告げるだろうと。

僕が発見した「喜び」について、対話を通じてこの本で明らかにしていきたい。僕にとってうまくいったやり方が、あなたにもうまくいくとは限らない。あなたの世界に喜びの文化が創られたとしたら、どんなふうに見えるだろうか。あなた自身でそのことを考えてほしいと、僕は心から願っている。実際に起きた出来事のなかには辛いものもあるが、語っていこう。僕たちが世界をよりよくしようと試したたくさんの実例も教えよう。そうすればあなたも、僕たちと一緒に、仕事場に喜びをもたらすための探索と実験をできるはずだ。

「まず我々は建物を作り上げる。
すると建物が我々を作り上げる」
――ウィンストン・チャーチル、一九四三年

スペースとノイズ

2章

夏も終わりに近いある日の午後、僕は見込み顧客のオフィスをミーティングのため訪問した。受付係がCEOを呼びに行き、そのあいだ僕はロビーで待っていた。そこからはオフィスの様子が見えた。個人スペースを仕切る高い壁、標準的な高さのつり天井、無機質で明るい蛍光灯、壁は一面真っ白で、何もかかっていなかった。

音を聞いてみた。いや、何の音も聞こえない。図書館のような静けさ。耳が痛くなりそうな静けさで、僕は耳鳴りがしていた。午後も遅い時間だった。みんなどこかに出かけているのだろうと思った。

CEOが現れ、角にある彼女のオフィスに案内してくれた。オフィスまで歩くあいだ、幾十ものキュービクルの横を通り過ぎた。どれも完璧に同じ形をしている。それぞれのキュービクルには人間が一人収まっていて、とても静かに働いている。スペースはのっぺりとして退屈に見え、なかにいる人の仕事も同じくらいつまらないんだろうなと、感じられる。そのオフィスにはエネルギーもノイズもなかった。イノベーションなんてあるはずもない。メンローのオフィスとは対極的だった。

世の中のほとんどのオフィスは作り付けのままで、退屈で、エネルギーを奪い取ってしまう。物理的な障壁や閉じたドアのせいで、そのようなスペースでは人の交流が起こらない。その上創造性までもが、変化を知らないモダンなオフィス家具に閉じ込められ、しぼんでしまう。あらゆる点で静かな、動きのない、無機質で死んだようなスペースだ。そうそうたる賞をとっている企業の、ばかげたスペースでさえそうだ。賞がもらえるようなスペースは、賞の獲得を目的として設計されている。チームワークを支援したり、エネルギーを満たすためではない。そうした会社を訪れる機会があれば、受賞対象となったスペースがどう使われているかを見てみよう。何年かたっていても、その特別なスペースは真新しいのではないだろうか？　スペースは生産的だろうか？　それとも単に美しくデザインされただけだろうか？

メンローの喜びは、物理的な意味で身の回りから始まる。まず僕たちは、大きくてオープンな「ファクトリー」に入居した。おしゃべりと、いろいろな活動に満ちている。高いガラスのドアを開けてなかに入ると、エネルギーを感じるはずだ。そう、実感するんだ。光に満ちたオープンスペースが見えるだろう。一緒に働いている人たちが見えるだろう。笑い声が聞こえるだろう。さまざまな貼り紙やカラフルなポスターでいっぱいの壁が注意を引くかもしれない。僕たちのソフトウェアファクトリーは、人気があって、騒がしくて、その上楽しいレストランのように見えるかもしれない。

喜びの組織は、あらゆる方向からそう見えるべきだ。ビジネスに喜びのコンセプトを入れた会社を作ったと人に言うだけではしょうがない。スペースに初めて足を踏み入れた瞬間から、喜びが目に飛び込んできて、耳にあふれるようにしなければいけない。

壁を取り払え 1

メンローはエネルギーを生み出すスペースに集中する。これまでの四つのオフィスはすべて、広く開かれていた。二〇一二年、アナーバーのダウンタウンの地下駐車場であった現在のオフィスに移転してきたが、広さは一万七千平方フィート（約五百坪）ある。かつてはフードコートとして使われていたのだが、長年放置されていたため、僕たちがリノベーションするまではまるでダンジョンだった。僕たちのオフィス──ファクトリーと呼ぶのが好きだ──には、壁がない。個人オフィスも、キュービクルもドアもない（もちろん、例外はあるよ。セキュリティのためのとか、トイレとか）。天井の高さはまちまちだが、頭上には二十フィートから三十フィート（約六メートルから約九メートル）の空間がある。地下室に窓はないため、灯りをたくさん取り付ける。誰もが誰かの目の届く範囲にいる。これは人間のシンプルなコミュニケーションを邪魔するものはすべて取り除こうとやっていることだ。

実際の作業には、百五十センチ幅の軽いアルミのテーブルを一ダースほど使う。テーブル一つにコンピューターが一つ。一緒に働いている人が近くなるようにテーブルを近づけ、二人で一台のコンピューターを使うため距離はさらに近くなる。伸縮自在のケーブルが高い天井からぶら下がっているつなげば、有線のネットワークと電源はオーケーだ。

床はコンクリートで、磨かれ、防水加工済みだ。僕たちはめちゃくちゃ散らかすので、掃除しやすいほうがいいんだ。オフィスには犬もいる。防水加工が役に立つね。赤ちゃんも大歓迎だ。オフィスの真ん中に、子供の遊び場が設置されていることも多い。オフィス用品と言い難いのは間違いない。オフィスに一歩足を踏み入れれば、デザインが僕たちの文化を作り上げていることがすぐにわかる。壁は、色とりどりの紐や、シールだらけのピン止めされた紙で覆われている。プラスチックのバイキングのかぶとや、おもちゃがテーブルに並び、天井からはミラーボールがつり下がっている。壁の高いところにはポスターが貼ってある。トーマス・エジソンの古い石膏像の隣には、彼の電球のレプリカが光っている。そう彼のラボは、ニュージャージー州メンローパークにあったんだ。会議室は三つあるが、どれも天井までの透明なガラスの壁と、ガラスの重いスライドドアで区切られている。

2 フィクションから得た「身軽」というひらめき

好きなテレビ番組の一つに、アラン・アルダ主演の『マッシュ』がある。メンローは、第四〇七七移動野戦外科病院に似たところがある。すごく有能なのに、遊びごころを忘れてないところだ。病院自体が身軽で移動可能というアイデアにまず引きつけられた。朝鮮戦争の前線が移動したら、自分たちの作業場所をすばやく移動する。必要なら一晩のうちにでも。メンローでも同じようにやっている。作業場所は非常に柔軟で、軽量で移動可能な機器で作られている。過去三回、オフィスを退去する羽目になり、そのたびにアナーバーの他の場所のより広いスペースに移った。毎回、ファクトリーを全部（テーブル、椅子、ボード、コンピューター、本など）土曜日のうちに分解し、日曜日には、新しいスペースですべて組み立てて元どおりにした。月曜日の朝には、メンローニアンたちは普通に働き始めた。引っ越しで稼働日を一日も無駄にしたことはない。

マッシュは、遊びごころが戦場の緊張感を和らげる役に立つと教えてくれた。くだらないジョークといたずら、古くさい企業文化を鼻であしらう態度が、エネルギーをもたらすし、仲間意識を強くできる。オープンでフレキシブルで移動できるスペースにいれば質はさらに高まる。でも、マッシュの第四〇七七移動野戦外科病院から学んだ一番のことは、彼らの手術室での働き方だ。やっていることの質が世界一であるのは間違いない。怖い物知らずで遊んでいるようだが、同時に真面目でスキルに長けている。マッシュの人たちは、彼らの小さな移動病院にけが人を送り込んでくる戦争をありがたがってはいない。でも、傷ついた人びとを救うため、できることは何でもやるんだ。

メンローにも似たようなところがある。普通の人には理解不能なほど仕事に集中しつつ、でも仕事をするのは、遊びごころあふれる作業場でなのだ。普通オフィスにはないガジェットや家具がいろいろある。オフィスを訪問してくれたゲストにあとで聞いてみると、卓球台やサッカーゲームテーブルもあったよね、と言うことがある。本当はないんだけどね。僕たちのスペースがどれだけ可能性に満ちているかを理解すると、ゲストは自分の考えで空白を埋めちゃうみたいだ。スペースがすごいエネルギーに満ちているので、たまたま通りがかった人でも感じることができる。ある日、配達人がオフィスに入ってくるなりこう言ったのを覚えている。「ここで何をやっているのか知らないけど、何だとしても、ここで働きたい」

オフィス警察はいらない 3

ファクトリーはしょっちゅう模様替えされる。毎週、ときには毎日。注意深く配置された配線と軽いテーブルのおかげで、必要になったらチームの誰でもスペースを変更できる。施設管理専門の人はメンローにはいない。変更に許可を得る必要もない。チームはスペースを自分で好きなように、好きな形に変えてよい。メンローでそんなことが起こるとは思わないけれど、必要になったらキュービクルにしたっていいんだ。

レイアウト変更が起きる原因は大きく二つある。まず、必然性がある場合だ。新しいプロジェクトが始まったり、既存のプロジェクトが拡大したりすると、テーブルを並べ替えて新しい仕事を受け入れる。メンローのチームは、プロジェクトに関わる人はすべて、お互い隣り合って働きたいと思っている。プログラマーとハイテク人類学者（6章で紹介）がテーブルとコンピューターを持ってきて、たちまち席を作ってしまう。こんな変更にファンファーレは必要ないし、普通は数分で終わる。テーブルを動かして、コンピューターをつなぎ直す時間だけだ。

次に、変化のために変更するという理由がある。プロジェクトがファクトリーの同じ場所にとどまり過ぎたなと感じることがある。もう何週間この場所だっけ。金曜日の夕方、チームは十二缶入りの

図1：メンローの広くて開放的で明るい作業スペース

ビールのパックを持ってきて、数時間かけてプロジェクトで使っているテーブルとコンピューターの配置をやり直す。大改造だ。ファクトリー内にチームが所有する不動産を変えると、チームの視点が変わる。全員がまた元気になる。新しい場所に慣れていく最中には、チームの柔軟性を受け入れるメンタルキャパシティーも拡大する。チームは、ファクトリー全体のオーナーシップを感じるようになる。自分のプロジェクトだけの場所ではなくなるんだ。

僕の好きな「場所を変える」方法の一つは、実際には何も動かさない方法だ。現在のスペースに引っ越してきて初めての十二月、チームメンバーの何人かが週末に集まって、入口近くの十二フィートあるガラスの壁に冬の風景を描き上げた。エルフ、スノーマン、クリスマスツリー、そして**喜び**という言葉。誰も許可を求めなかったし、誰も自分が描いたと名乗り出ることもなかった。年一回のパーティに向け

図2：僕たちの喜びあふれる休日の壁画

た、素晴らしく賢くて奇抜な準備だったと思う。

チームにとっては、柱と壁は全部白いキャンバスに見えるようだ。特別に、もしくは奇抜に装飾したくなる。チームにとってここは自分たちの場所であり、オーナーシップを持って自分たちの望むような場所に変えていくというコミットメントでもある。

4 C?Oはどこにいる？

そんなオープンでルールのない場所で、CEOはどこにいるんだ？と気になる人もいる。多くの企業では、上級マネージャーには広大な部屋を割り当てて権威づけする。うちでは最高幹部になっても、角のオフィスはもらえない。代わりにスペースの真ん中あたりにあるテーブルがもらえる。古くて白いApple iMac付きだ。会社全体で一番遅いコンピューターだから、ちょっと目立つ。そこが、僕、CEOの座っている場所だ。

メンローのリーダーたちは、角部屋のオフィスや巨大な机による権威付けというこれまでの落とし穴にはまらない。僕の百五十センチのアルミのテーブルは、チームが使っているのとまったく同じものだ。オフィスで一番よくて速いコンピューターがもらえるわけでもない。遅いコンピューターがほしいわけじゃないけど、もっと速いのが必要というわけでもない。最速のコンピューターは、チームでコンピューターパワーが必要なメンバーに割り当てられるべきだ。CEOとして、僕はプログラミングはしない。オンラインで調査をして、ドキュメントを書き、メールをチェックする。部屋の真ん中に座っているのは、チームがそこに僕を割り当てたからだ。

チームが、僕が現場のより近くにいるべきだと判断する場合もある。特に難しいプロジェクトをやっているときなどは、僕を近くに置いて、プロジェクトの状況がより詳細に聞こえるほうがいいというわけだ。そんなときは、チームは僕のテーブルをプロジェクトのテーブルと人のあいだに移動させる。僕はだいたい数か月ごとに新しいデスクの場所に慣れ、歩き方のパターンを変えなければいけない。

5 ボス犬のディスカッションはどこでやる?

いつもの場所でやろう。ボス犬なんていないんだ。ほとんどの会話は、いつもの場所で行う。僕が顧客とどんな会話をするのか、チームにも聞いていてほしいからね。チームは僕と同じように顧客のことを大事にしてくれるし、顧客を助けられる重要な情報を持っているかもしれない。

盗み聞きじゃないかと言う人もいる。僕は、同じゴールに集中するための、チームの健全でシンプルな好奇心だと思っている。僕の会話のほとんどは、会社の将来の仕事についてだ。愛する会社で、食い扶持を稼ぐ場所でもある。ほとんどの会社では、顧客はキュービクルの森をくぐり抜け、プライベートな会議室に通され、ドアが閉じられる。大きな決定は秘密裏に行われる。扉を閉ざした会議室が暗黙に発信するのは、外にいる人は参加する資格がないという強いメッセージだ。また「お前のやっていることは、僕のやっていることほど重要ではない」とも伝えることになる。メンローでは、メンローニアンたちが会話から排除されているという印象を受けるようなことがあってはならない。

6 静粛に。仕事中です！

国内のあちこちの会社から、僕はよく招待を受ける。会社の環境を会社のリーダーと一緒に見て、チームのエネルギーと生産性を改善する方法を検討してくれないか、というのだ。テクニカルチームが働いている場所に、僕は案内される。薄暗いキューービクルの海を抜けると、会話はささやき声で始まる。「リッチ、ここがテクニカルチームの作業場所です」みんな黙って、入口に背を向けて仕事している。耳栓をしている人もいる。モニターは、覗き見できないよう方向を変えてある。

ＣＩＯやＣＴＯやＶＰの広々としたオフィスに戻ってくると、彼はドアを閉め、チームが直面しているコミュニケーションの問題について語り始める。上級マネージャーは、最近導入した高価な電子コラボレーションツールについて話し始めることが多い。ほんの数フィートしか離れていないのに、薄いパーティションに遮られ、不信感を生みやすい電子ツールのみの関係に閉じ込められているのだ。誰も他の人と話さない。声や口調、身振り手振りなどが会話から失われてしまったら、信頼を築くのはほぼ不可能だ。特にソフトウェア業界は感覚を遮断するキュービクルや、個人のオフィスによって内向性を高めてきた。このように隔離されると独房にいるような気分になり、寂しさや、同僚から支持されないという喪失感を感じるようになる。人間というものは人との接触を切望し、言葉だけでなく非言語的疎通にも強く依存している。僕たちのスペースは、多くの方法で人間どうしの関わりを促進しようとしている。

7 喜びは騒がしい

メンローソフトウェアファクトリーは生き生きしていて、会話や笑いのノイズに満ちている。仕事が動いているのが耳に聞こえる。僕たちのスペースと同じくらい、僕たちのノイズは目立つものだ。ウイリアム・プレッツァー（『Working at Inventing』の著者）は、僕たちの作業場と同じ名前の作業場所での似たような経験を記している。ニュージャージー州メンローパークにあるトーマス・エジソンのラボでの経験だ。「静かな図書館に象徴されるような落ち着いた知的な空間とは大違いで、エジソンのラボは混み合っていて、騒がしく、ちょくちょく大騒動が起こっていた」と彼は記している。

多くの業界において、理想の仕事の状態である「フロー」を実現するには静けさが必要だと信じられている。どんなに落ち着いたオフィスでも、図書館のような静けさはない。そんな環境では、作業者はヘッドホンを着けて、音楽やホワイトノイズを聴いている。これ自体が、「フロー」が図書館レベルの静けさを必要としないという証明になっている。

メンローにおける、僕たちの「フロー」は違う。僕たちの「フロー」はチームのフローだ。個人のフローではない。僕たちはみんな、騒々しく働く。数少ないルールの一つに、耳栓禁止がある。フローに入るのに耳栓が必須だったら、メンローで働くのにはきっと向いていない。

僕たちのような騒がしい環境では、決してうまくいかないと批判する向きもある。集中なんて不可能だと。何も完成しないと。そう言う人たちは、三つ向こうのキュービクルで、迷惑な同僚が先週末の試合について電話で大声で話していたのは、忘れてしまったのだろうか？　おしゃべり好きな人がコーヒーを取りに行くたびに、一人残らずオフィスにいる全員に声をかけていくのも、記憶にないんだろう。そうした振る舞いはみんなの気に障るし、僕の気にも障る。メンローではそんなことは起こらない。聞こえる会話は、問題解決だったり、設計課題についてだったりだ。敬意をもった有用なノイズの流れを扱うのはたやすい。僕たちのオフィスで聞くノイズは、仕事のノイズなのだ。

現代のビジネスプロジェクトは、チーム間の強い協調にもとづく複雑な活動である。ノイズとそのエネルギーが、協調とチームワークを育む。

8 ノイズが機会を作り出す

人を尊敬し、変更可能なスペースを受け入れられる文化では、セレンディピティ[*1]が起きやすくなる。僕たちのラボでのセレンディピティの源は、エジソンのラボと同じく、ただ単に人が他の人のアイデアを耳にすることだ。人と出会って、予想外の会話を促していると、定期的でシステマチックなイノベーションにつながる。広いオープンスペースの最大の利点かもしれない。

全員がストレスを受け疲労していて、ドアを閉めたり、耳栓を付けたりして、他の世界を遮断できる状態にしてしまったら、他人のよいアイデアを耳にするチャンスはなくなってしまう。新しいやり方やアイデアにつながるようなイノベーションは、生まれる機会をほとんど失ってしまうのだ。

物理的な配置や音の雰囲気の設定によって、大きなリスクが生じる可能性について考えてほしい。スペースとノイズは、チームがチームワークの魔術を引き起こす機会を作るための重要な要素だ。これらによって、競合に対する大きな優位を得ることもできる。チームは競合よりも速く学べるからだ。

＊1…幸運が偶然に起きること。何らかの行動から予想外のよいことが起こり、そこから価値を得ることを言う。

「長期的に見れば、競争力の唯一の源泉となるのは
組織が競合よりも早く学習する能力のみだ」

——ピーター・M・センゲ『学習する組織』

3章 自由に学ぶ

二〇一〇年、僕は技術カンファレンスに参加するため、ソルトレイクシティにいた。メンローのベテランプログラマーの一人であるケアリーも一緒で、ペア作業について発表することになっていた。会場には国中の企業からプログラマーが集まってきていた。昼食のとき、僕たちはプログラマー数名と同じテーブルになった。

ケアリーがメンローに来たのは二〇〇四年のことで、大学を卒業後すぐに入社した。メンロー流のやり方しか経験はないものの、業界にまつわる怪談もいろいろ知っていた。昼食のとき、ケアリーは他のプログラマーどうしが自己紹介している様子に気がついた。一人はＪａｖａ開発者、もう一人はMicrosoft .NET専門家と名乗った。Ｒｕｂｙプログラマーもいた。ケアリーはそれを聞いて、おかしな自己紹介だと僕に言った。

ところがプログラマーたちはそれを聞いていて、何がおかしいのか教えてくれと言ってきた。ケアリーは、テクノロジーで自分を定義するのが奇妙に感じたと、まじめに答えた。「それじゃあ、あなたはどういうプログラマーなんです？」そう聞かれてケアリーは、自分はソフトウェアプログラマーだと言った。だが彼らは納得しなかった——使ってる言語は？　Ｊａｖａ、Ｃ＃、Ｒｕｂｙ、Microsoft .NET？　「どんな言語でも使います。解こうとしている問題に最適なものを選びますね」。プログラマーたちはたじろいで、それじゃあどのテクノロジーを信奉するのかと重ねて聞いた。自分たちの顧客に一番適したテクノロジーです、ケアリーはそう答えた。彼女にとっては簡単な質問だ。プログラマーたちは苛立った様子で、肩をすくめると自分たちの会話に戻っていった。知っているプログラミング言語や好きなテクノロジーによって自己を定義しないというのが、理解できなかったのだ。

想像してみてほしい。それから数か月後、iPhoneとApp Storeが発表され、Objective-Cという言語が突如として世界で一番重要な言語のひとつとなったとき、彼らはどれだけショックを受けただろうか？　プログラミング言語への信奉は、まったく新しい世界でどのくらい役に立っただろうか？

僕らの業界は、他の多くの業界と同様、いくつもの専門領域に分割されている。それぞれの領域では専門的な知識が求められる。医療の世界にはかつて総合診療医という人がいたものだが、現代では放射線学泌尿器科腫瘍専門医が前立腺ガンの特定のステージにおける放射線治療を専門にしている。そうした専門家が世界の役に立っているのは確かだ。だが残念ながら問題の種類にかかわらず、ソリューションは常に専門分野に閉じたものとなってしまう。ほとんどの専門家は、一歩下がって広い視野を持つ能力もなければ、その気もない。

メンローでは誰も、特定のテクノロジーの知識で自分を規定したりしない。ソフトウェア開発者はさまざまなプログラミング言語を経験しているし、テクノロジーも最適なものを、目の前の問題に合わせて選択できる。特定のテクノロジーに偏向したり、不必要にこだわったりもしない。この業界では特異とも言える。

そのおかげで僕たちは、iPhoneとApp Storeがもたらした言語の変化にもすぐに対応できた。チームは出かけていってObjective-Cの本を買ってきた。数日後にはもう、顧客の要望を受けて、ペアでiPhoneアプリを書き始めていた。初めてのプロジェクトだったし言語にも不慣れで、そんなに速くも上手でもなかった。しかし協調的な、走りながら学ぶスタイルこそが、僕らの競争力の源だ。ペア作業を通じて、チームには学ぶ権利が認められているんだ。

1 頭が二つ、ハートも二つ、手は四つ、コンピューターは一台

ペア作業は僕たちの作業スタイルの基本であり、学習システムの基盤になっている。二人で一台のコンピューターに向かい、一日中同じタスクを、一緒に作業する。プログラマーなら二人でキーボードとマウスを共有する（ハイテク人類学者の場合はクレヨンとマーカーだ——彼らについては6章で紹介しよう）。ペアはプロジェクトマネジメントチームが決め、毎週入れ替わる。チームメンバーがパートナーを指名するのも許されているが、あくまで全員が他の全員と働く機会を持てるようにするのをゴールと設定している。

僕がペア作業に初めて取り組んだのはインターフェイス社のJava工場だったが、マネージャー的な心の声と戦い続けなければいけなかった。要員配置の戦略として効率が悪すぎないか？　一人ずつ作業するほうが生産性がよいのでは？　一つの仕事に二人分の給料を払うのか？　ところが僕が実際に学んだのは、ペア作業はいままで見たなかでも最高のマネジメントツールだということだ。ペア

作業により、従来あったたくさんの問題を解消できるようになる。ペア作業は学習システムを育む。また人間関係の構築、知識の塔の除去、新メンバーの立ち上げにも寄与し、生産性の問題を洗い出す役にも立つ。

メンローのペア作業環境にいれば、常にスキルが向上していく。ペアを組むパートナーはそれぞれ自分だけの経験と知識を持っていて、それを会話で提供する。ペアで一緒に働けば、何かしら新しいことをパートナーの経験から学べるんだ。他の多くの組織では、メンバーを知るのはまず業務経歴書からで、それが仕事の経験で狭められ、いい加減な能力評価で決めつけられる。実質的に、メンバーの隠れた能力を見つけられる可能性はなくなってしまう。

あるとき僕は、プログラマーとペアを組んで、ストーリーテリングというテーマのチームプレゼンテーションを準備していた。彼と一緒に作業するのは

図3：10組のペアが同じプロジェクトのために、テーブルを寄せ集めて作業している様子

初めてだったので、これまでどんなことをしてきたのか聞いてみた。短いやり取りのなかで、彼は音声認識ソフトウェアで有名な会社に勤めていたと教えてくれた。これはすごい偶然だった。ちょうどその頃、長い付き合いの顧客にその知識を求められていたから！　音声認識の知識がこのプレゼンで役に立つとは思いもしなかったので、彼が自分から言い出すことはなかっただろう。こうしたカジュアルな情報交換は、目の前のタスクとは関係なくても、いつの日か仕事の役に立つかもしれない。一人で仕事する環境では、こうしたセレンディピティ（偶発性）は失われてしまう。

学習は毎日毎日、毎分毎秒、仕事を進めるなかで発生する。ペアの片方がもう一人に、先週学んだことを教える。たとえば今週一週間、ミシェルはハイテク人類学者として義肢の合わせ方を学び、膝下切断者の義足の調整方法を学ぶ。翌週になると、ペアを組んだパートナーのローラを育成するために、これまでに学んだことを生かす。いま設計中の義肢用ソフトウェアに関係する、すべての知識を総動員することになる。自分が学んだことをすぐさま人に教えるなかで、ミシェルは自分自身でも理解を深めていく。ペアはお互いに教えたり質問したりしながら、それぞれの知識を広げていく。こうしたやり方を数週間、毎週ペアを交代しながら続けるだけで、たちまちチームの半分が頼れる専門家や支えてくれる先生へと変貌するんだ。

2 学んで親しくなる

ペアを決めて毎週交代することで、学習を阻害しかねない要素を取り除ける。あるメンバーの性格が他のメンバーと合わず、不仲になってしまうような事態も避けられる。性格の不一致などではなく、単に互いをよく知らないだけかもしれないのだ。チームの全員と一緒に働くチャンスがあれば、メンバーが固定したグループもできにくくなる。

四十時間ペア作業をした相手とは、その後もカジュアルな立ち話をしやすくなるものだ。一緒に過ごした時間のおかげで、数々の誤解や勘違いが消えてしまうんだ。相手が誰であれ、四十時間も会話し続ければ、第一印象よりはるかに踏み込んでその人を知ることになる。

ペア作業によって、感情面でのセーフティネットもたらされる。一人ひとりが自分の知識を広げていくなかで、どこまでが「安全」か試しながら、線引きができるようになるためだ。新しいテクノロジーやプロセスや業務分野に挑戦するとき、必ず恐怖感が忍び寄る。これは未知に対する自然な反応だ。

こんな風景を想像してほしい。六歳の子供が、一人ぼっちで歩いていると、暗く深い森の入口にさしかかる。子供はおびえて立ち止まり、先へ進めなくなってしまう。ここにもう一人、同じくらいおびえている六歳の子供がいたら、どうなるだろうか。きっと二人で手を取り合って、未知の森を自信を持って進んでいけるに違いない。子供の頃にスイミングスクールで習ったバディ制度のように、ペアを組むと未知の要素に対しても自信を持って、勇気を出して立ち向かえるようになる。ペアという仕組みが安全と安心を提供するんだ。

3 生産性向上を目の当たりにする

新卒でメンローに入社したプログラマーには、数週間後に友だちから電話がかかってくる。友だちは心配そうにこう言う。「最近チャットにも返事しないじゃないか。他のみんなは普通に返してくるのに」

「無理なのよ」プログラマーは返事をする。「ペアのパートナーをがっかりさせられないわ」

メンローの見学者からよく聞かれるのが、ペア作業で低下する生産性をどう穴埋めするのかという疑問だ。もちろん生産性の低下なんてないし、学びが加速するなかで生産性が大きく向上する。行き詰まればパートナーが別の解決方法を助言してくれ、すぐに解消できる。鋭い鷹の目が四つも見張っているなかで品質は高まり、素晴らしい成果を短期間で成し遂げられる。かつて同じ顧客をめぐって何年も競合していたある会社（いまではパートナーとなっている）は、メンローの十倍もコストがかかっていたと教えてくれた。僕たちのほうが同じ期間で多くの成果を出し続けるので、しまいに彼らは全面降伏したのだ。

ペア作業とは、一人がキーボードに打ち込んでいる間もう一人がひと休みするというやり方ではない。メンローに来て日の浅いメンバーは、一日八時間仕事すると疲れ切ってしまう。今日はどうだったと尋ねてみると、素晴らしい一日でした……だけど本当に疲れた、そういう答えが多い。メンローの作業時間が長いわけではない。一日八時間、本当に生産的に働くというのは、彼らにとって初めての体験なんだ。

非公式な調査結果だが、プログラマーの多くは一日四時間しか働いておらず、残りの時間はミーティングやワークフローの割り込み、またコンピューターのもたらす邪魔に取られている。ウェブの登場で状況は悪化し、スマートフォンでさらにひどくなっている。僕たちのスピードと集中力は、初めての人にはショッキングですらある。チームが働いているときは、邪魔は一切入らない——本当に働いているんだ。新人も二～三週間するとこうした集中に慣れてくる。ある程度自分を調整していかないと、高い生産性を一日中発揮するような会社で働けるようにはならないんだ。

4 学習のコストを担保できるのか？

我が社のチームはプロジェクトを進めながら学習します、そう見込み顧客に話すと、困惑されることが多い。十セント分であれ、発注者のお金で学習するというのは納得がいかないのだ。もちろん、チームがすでに持っている豊富な知識をプロジェクトに適用するのであって、そうした知識はこれまで十セント、二十五セント、あるいは百万ドル使うなかで獲得したものだ。僕はそう説明するが、やはりプロジェクトにはエキスパートだけをアサインしてくれと言う顧客が多い。彼らの要望は、業務について深い理解のある人、あるいは利用するテクノロジーに三年以上の経験がある人、というものだ。

こうした伝統的な考え方を取り除けないようなら、顧客にとって我が社は合わないかもしれない。経験と熟練に頼ってはイノベーションを起こせない、僕たちはそう信じている。顧客のプロジェクトのため新しいプログラミング言語やツールを学ぶ。まさにそのための組織になっている。学ぶ機会があれば、僕たちは躊躇しない。本を買ってきて、ページを開き、働きながら学んでいくんだ。

ある製本会社のプロジェクトでは、顧客がショックを受けた。チームは開始から何週間かあとには、顧客のビジネスを最初から最後まで把握してしまった。あまりに完璧に理解してしまい、創業何十年の老舗の顧客が抱える社員の誰もが敵わないくらいだった。僕たちはこれまで、好奇心を育て、発達させてきた。好奇心があれば、専門家が見落とすようなことも見逃さなくなる。そこにこそ最も重大な学びがある。これまでに深く関わってきたものは、臓器移植手術のプロセスと手順、ディーゼルエンジンの分析、ガンとＡＩＤＳ研究のフローサイトメトリー[*1]、印刷・製本業、トラックのトランスミ

＊1…細胞や細菌の特性を分析する際の手法のひとつ。

ッション検査など、多岐にわたる。好奇心とオープンに人から学ぶ態度のおかげで、顧客の業務分野をすばやく学べるのだ。しかも、ほとんどの人には想像できないほど深くまで理解する。すばやく、グループとして学習する方法を学ぶ。そこに僕たちが輝く強みがある。

5 知識の塔を突き崩す

一九九七年、僕がインターフェイス社で研究開発部門のＶＰになったときのことだ。初めて参加する役員会議の場で、他の役員から儀式的に迎え入れられた。休憩のとき、古株の役員が僕の肩をぐっとつかみ、僕の目をじっと覗き込んだ。そしてこう聞いたんだ。「リッチ、役員会へようこそ。デイブはどうしてる？」

デイブは僕のチームにいる、重要な知識の塔だった。他の誰も追いつけない、深い技術知識を持っている人物だ。その役員は彼の名前を知っており、僕にメッセージを送ったのだ。「デイブを大事にな」。会社全体の価値、ひいては僕の地位も、彼にかかっている。たった一人のプログラマーに会社全体の価値、一九九九年時点で四十億ドルの評価額が依存していたんだ。デイブが二週間の休暇でいなくなるたび、僕が不眠になったのも仕方がない。

知識の塔は周囲から大事にされているが、その人自身はそうした状況に満足しているだろうか？

そんなことはない。デイブは安定した立場というメリットを初めのうちは感じるものの、やがて牢屋に閉じ込められて逃げ出せないような気分になってくる。知識の塔は組織全体のボトルネックとなってしまうんだ。デイブは休暇の予定を組めない。現在のプロジェクトだけでなく、すべての顧客からの緊急事態に対して、彼は欠かせない人物となっているためだ。デイブがやっと休暇を取れても、ノートPCは手放せない。休暇から戻ってくれば仕事は山積みになっている。緊急性の低い仕事もすべて彼のところに回ってくるせいだ。

もしある日、デイブが新しいことに挑戦したくなり、未知の面白い分野を学ぼうと考えたら、どうなるだろうか。面白そうな仕事がすべて、自分より知識も経験も浅い人にアサインされていくのに、彼は気づくことになる。デイブには際立った得意分野があるのに、それ以外の仕事まで彼に任せる理由は会社側にはない。居心地のいい知識の塔が、突然ワナのように思えてくる。錆びついた鎖でデスクに縛られているように思えてくる。会社を辞めて知識の塔から逃げ出すのも難しい。この業界の雇用慣行のためだ。デイブの経歴書には、一つの分野の深い知識しか記されていない。雇ってくれるのはその知識を求める会社だ。したがって、新たに入った会社でも結局同じ塔に閉じ込められてしまう。これはもちろん、業界が彼の知識を必要としなくなるまでの話だ。デイブ、気の毒に。退職金の積み立てが十分だといいのだけど。

僕は講演で、知識の塔が会社に存在するか聴衆に質問する。そうすると大半の人が手を挙げる。次に、その知識の塔のファーストネームを教えてほしいとお願いする。ゆっくりと、緊張感のなか、多くの名前が挙がっていく。自分の会社の知識の塔が誰なのか、みんな知っているんだ。知らないなら、その人自身が知識の塔である可能性もある。

それから僕は、「塔」は宝くじを買っているかと聞いてみる。さざ波のような笑いが起きることが多い。知識の塔に全面的に依存しているにもかかわらず、その人がこれからもずっと会社のために働いてくれるとは限らないと、みんな気づいているわけだ。

僕は経営者と個別に会うときにも同じ質問をする。あなたの会社のデイブが、たとえば営業のナンバーワンで重要な顧客をつかんでいるとして、来週一千万ドルの宝くじに当たったらどうなりますか？　彼は翌日も会社に来ますか？　ほとんどのマネージャーは、「デイブ」は仕事と会社を愛しているので問題ないと答える。彼らはたとえ一千万ドルであっても、デイブが自分のデスクから去ってしまうはずがないと堅く信じているんだ。

ある健康保険会社の経営陣と会ったときに、本物の「デイブ」、その会社の知識の塔と話す機会があった。彼は同じ質問にこう答えた。もちろん次の日も会社に来ますよ……荷物をまとめ、友だちに別れを告げて、わざとらしく携帯電話を投げ捨てにね。彼の上司は少なからずショックを受けていたが、デイブ自身は上司の目の前で自分の忠誠心のなさを見せて、平気でいた。結局のところ、クビになる心配だけはないからだ。彼はとても大事にされているんだ。

こうしたチームの構造は多くの業界で見られる。すべての卵を一つの頭脳というカゴに入れておいて、そのリスクに気づかないふりをするマネジメントもまた、よく見られる。これがいかにバカげているかは、銀行の頭取一人しか金庫の開け方を知らないという状況を考えてみればわかる。銀行であれば、最悪でも金庫にドリルで穴を開ければ中身を取り出せだけまだマシだ。知識の塔が去ってしまえば、失われた知識は取り戻せない。知識の塔が辞めるとなったとき、何十年もの知識の蓄積を最後の二週間で少しでも引き継ごうとして、必死になる様子がよく見られる。

もしも航空会社が、どの航空機も種類が違い、パイロットはそれぞれ自分の担当する機材しか飛ばせないとしたら、どうだろうか。古くなったＤＣ－３が一機、ヘリコプターが一機、グライダーもあれば、ボーイング７４７もある。パイロットが一人いなくなったら、担当していた機材は飛ばせなくなってしまう。もしかしたら永遠に。あまりにも多くの業界で同じリスクが見られるのは興味深い。とりわけ、知的財産を創造しているところや、個人の知識と経験をもとに精細な仕事をしているところで顕著だ。

会社が知識の塔を守ろうとするとき、信じられないくらい強引になることもある。ある企業では、自分たちのミッションクリティカル[*2]なシステムを構成するソフトウェアのコードのうち、デイブにしか理解できない部分を「立入禁止」としていた。デイブはすでに転職してその会社にはいなかったが、チームの他のメンバーはデイブのコードを決して触らないよう指示されていた。デイブのコードは誰にも理解できず、もし壊れてしまっても誰も直せなかったのだ。

数年後、そうした会社の経営者と再会して、そのあとどうなったか聞く機会があった。デイブのコードを触れるようになっただろうか？　立入禁止エリアのコードは誰もいじれないままだろうか？

＊２…業務やサービスの遂行に必要不可欠で、間断なく稼働する必要があるもの。故障による中断が業務に深刻な影響を及ぼし、巨額の損害を与えるため、高い信頼性や障害に対する耐性が求められる。交通機関や金融機関などのシステムに当てはまる。

経営者は笑顔で、問題は解決したと教えてくれた。「デイブが会社に戻ってきてくれたんですよ」。これは幸運な例だ。あなたにとってのデイブが戻ってきてくれる保証はない。

ペアを頻繁に組み替えながら作業する職場では、知識を独り占めするのは不可能だ。ペア作業は本質的に、知識の集中に反する。僕たちが毎週ペアを組み替えるのは、毎週知識の塔を崩すためだ。チームの誰か一人だけがシステムのある場所を理解していたり、一人だけが精緻なアルゴリズムを把握しているということは起きない。

チームのメンバーにも利点がある。これまで十二年間、休みの申請が却下されたことは一度もない。知識の塔がなければ、よい仕事に向けたモチベーションはあっても、自分にしかできない仕事があるというプレッシャーは存在しない。

6 学びのためだけではない

メンローでは知識の塔を許していないものの、知識不足が許されるというわけでもない。いつも教わる一方で、そこから何も学ばず、毎週新しいパートナーにリードしてもらい続けるなんてことが許されるのだろうか？　そんなわけはない。メンローでは、おちこぼれ（ここでは仮にダニーと呼ぶ）は、すぐみんなに知れわたる。毎週ペアを組み替えるおかげだ。もしダニーが、先週学んだことを今週のパートナーに教えられなかったら、その事実はすぐ明らかになる。ダニーが毎回、二人乗りのソリに飛び乗り「引っ張って」とペアのパートナーに頼んでいたら、「ダニー」は長続きしない。とりわけ、後の章で説明するが、人の採用も解雇も昇進も、同僚が中心になって判断するのだから。よいパートナーとは、学ぶ生徒であるのと同時に教師でもなければいけない。

チームが自由に学べることにはまた、隠れた利点がある。チームが教えることにも時間を取るようになってくるんだ。知識は個々人が金庫に隠しておくようなものではない。チームの全員が、新しいことを学び、個人としての価値も高めていく。また同時に柔軟にもなっていく。こうしたやり方を危惧する人もいる。一人ひとりの独自性が失われて、ソフトウェア生産工場の歯車のようになってしまうのではないかと思うからだ。ついには、チームメンバーが幅広い技術と分野に熟達していて、一人ひとりが素晴らしい価値ある人材だと言い出す。そんなことは、チームのメンバー全員の価値、学ぶ能力、知識を得る能力がまったく同じでないと起こりえない。

ペアを組むやり方は、僕たちの学習する組織を構成する原子レベルの要素だ。ほとんどの人が何年も経験していない、もしかしたら小学校の頃、すべてが新しくすべてを吸収していたとき以来初めての、学ぶ喜びをもたらすんだ。

7 ラーニングランチ

ペアの仕事では双方が教師であり生徒だが、メンローではそれ以外にも学びの機会がある。週に少なくとも一回、ラーニングランチ（Lunch 'N Learn）という会を開く。長く続いている伝統で、始まりはインターフェイスシステムズ社のJava工場にさかのぼる。当時気づいたのは、ペアのなかでは新しい重要な学びが得られるものの、それがチーム全体に伝わるには時間がかかるというものだ。チーム全体での学習を促進するため、ランチをJava工場に持ち込んで、普通は正午になってから、より深く勉強するための会を開く。テーブルや椅子を並べ替えて、フリップチャートやホワイトボードを持ち込み、その日の先生の周りに集まる。ラーニングランチのセッションではたいてい、そのときの顧客の仕事に直結するトピックを取り上げる。アンドロイドアプリ開発のようなテクノロジーの場合もあれば、ブレインストーミングのようなチームの活動の場合もある。

メンローニアンは教えるのと同時に、人前でのプレゼンテーションや説得力ある資料作成についても学んでいる。チームにはよいプレゼンター、よい教師になってほしいし、カンファレンスで発表もしてほしい（そしてメンローを代表してほしい）。ラーニングランチというスタイルは、聴衆の前でプレゼンテーションする自信がつくよう、安全な環境で同僚を相手に練習するためでもある。

またメンローニアンは自分が興味ある分野について先生役を買って出ることが多い。会社のビジネスに関係するトピックが多いものの、興味の範囲は大変に幅広い。誰かが読んだビジネス書、たとえば『小さなチーム、大きな仕事』が僕たちにとって意味があると思えば、読んだ当人が先生になる。先生はその本をトピックとしてラーニングランチのセッションをスケジュールし、当日は教える側になる。メンバーが参加したカンファレンスがあれば、そこでの体験を共有する。たとえばキャロル・Mはカンファレンスから戻ってくると、プロジェクトの全体像を可視化できる強力なツールであるストーリーマッピングについて教えてくれた。ラーニングランチのスケジュールを一か月分、冷蔵庫に貼ってあるが、そこにあるのはインプロビゼーション、デザインツール、ストーリーテリング、犯罪捜査ワークフロー、対立と交渉、ドローイング・スケッチなど、幅広い。

なかにはチーム以外からやってくるものもある。コミュニティには多くの専門家がいて、知識と経験を喜んで共有してくれるんだ。たとえばミシガン大学の教授たちもそうだ。なかでもみんなの記憶に残っているのがジェームス・P・バジアン博士だ。博士であり、教授、エンジニア、ビジネスプロセス専門家で、宇宙飛行士でもある。彼は三三七時間に及ぶスペースシャトルでの宇宙飛行について語り、僕たちを魅了した。そしてリスクを取ることと、恐怖と戦うために彼自身の喜びを追求したことについても教えてくれた。スペースシャトルのパイロットと違い、僕たちメンローニアンは生命を危険にさらしているわけではない。だが彼の喜びに満ちた、大きなものの一部でありたいという願いから、僕たちもミッションと目的、犠牲について多くを教わった。

ラーニンググランチは、コミュニティも巻き込むようになってきた。あるセッションのテーマを社外の人が聞きつけて興味を持ったら、僕たちから招待する。メンローはテックアーブという、ミシガン大学の学生スタートアップインキュベーターとガラスの壁を共有していて、そこの学生は希望すればいつでも僕らに連絡していいことになっている。たとえばトピックがiPhoneアプリのユニットテストだったときには、テックアーブにはiPhoneアプリをやっているチームがいるので、彼らを忘れずに招待する。僕たちのこと、僕たちの物語を知っている人を増やす素晴らしい方法だ。それに、知ってくれた人が、僕たちの想像もつかない素晴らしいものをもたらしてくれるかもしれないんだ。

8 文化を世界に教えよう

ラーニンググランチをさらに超えて僕たちのプロセスと文化を広く伝えるため、一般向けの講座も開いている。メンローの設立当初、教えるのはジェームズと僕（それと以前パートナーだったトム）しかいなかった。いまでは、ジェームズも僕もめったに教えない。料金を払って講座に参加する顧客に向け、チームのメンバーが自分たちで担当を決め、カリキュラムを作り、講座を開いて自分たちで教えているんだ。講座に参加する生徒は世界中から集まってくる。ナイト財団、ボーズ、ゼネラルモーターズなど、数多くの業界、会社から来ている。

メンローニアンはいつも、知りたい人にならプロセスについてすべてを教える。相手が競合でも、それは変わらない。僕たちのプロセスに企業秘密はひとつもない。僕たちが真剣に考えているミッションはこうだ。「テクノロジーにまつわる世界中の人の苦しみを取り除く」。自分たちの苦しみだけではないし、メンローが携わったテクノロジーだけが人の苦しみを取り除けるという意味でもない。すべての人の仕事をよりよく、より有意義にしたいんだ。

通常の講座で扱うのは、「メンローウェイ」の全体像、デザインにおけるハイテク人類学アプローチ、プロジェクトマネジメント技法、ソフトウェア開発の細かいトピック（たとえば自動ユニットテスト）などだ。他にも、独自のブレインストーミング手法を教え、その場で参加者が効果的にブレインストーミングできるようにしたりもしている。顧客によってはコンテンツのカスタマイズを希望するので、それに合わせて個別の企業向けに講座を実施することもある。通常、年間売上の五〜十％がこうした教育から得られている。ビジネスモデルの柱ではないものの、ミッションのコアになっているんだ。

アクティブに学ぶ組織であるおかげで、チームは強くなり、メンローにとっても顧客にとってもより価値あるチームとなる。お互いに、そして会社の外までメッセージを共有する能力を、それを維持しつつ強化するのが僕たちの文化の芯だ。文化を徹底するため、人間のグループであれば必ずそうするように、僕たちにも儀式と成果物がある。

「二十一世紀における最も刺激的なブレイクスルーは、
技術によってもたらされるのではなく、
人間にとって技術とは何を意味するのか
というコンセプトの拡張によってもたらされるであろう」

――ジョン・ネイスビッツ『メガトレンド』

会話、儀式、道具

4章

メンローに参画する以前、僕のキャリアの始めの頃には、マネジメントのメンターを見よう見まねしていた。毎週月曜の朝九時に、よくあるような進捗会議をやっていたこともある。チームは進捗レポートをあらかじめ準備し、僕が週末に十分時間をかけてレビューしていると信じていた（僕はめったにやっていなかった）。会議では会議室の大きなテーブルの周りに全員で座り、各人の要約された報告を聞いた。そしてお決まりの質問が登場する。先週の達成事項は何？　ゴール達成は前倒しできそう？　それとも遅れている？　挽回の計画は？

生産的な会話ではなかった。好んで参加したいと思っていたメンバーは一人もいなかったと思う。同僚が報告するあいだ、ほとんどのチームメンバーは黙りこくっていた。会議の参加者が真剣になるのは、自分よりも遅れている人がいるか探って、自分がクリティカルパスになっていないか見分けるところだけだ。

ある月曜日、僕は家庭の事情で期せずして会議に遅れることになった。しかも、会議に遅れるという連絡もできなかった。その日、遅れて出社してから、チームに会議を実施したか尋ねた。「まあ、集まりはしましたよ」という答えが返ってきた。チームは九時に会議室に集まり、週末に何をしたとか雑談をしながら僕の到着を待っていた。九時二十五分になって、どうやらボスが現れなさそうだと気づいた。それからさらに十分たって、会議の中止を決め、仕事に戻った。会議を始めないという決断に、三十五分かかっていた。

これで、重要な真実が明らかになった。こんな会議は必要なかったのだ。もしもあなたが似たような会議をやっていて、僕の場合と同じようにチームが振る舞っているなら、その会議はやめてしまおう。撲滅するんだ。以前の僕のチームは、この会議には価値がないとはっきりと示してくれた。ボスに言われたから参加しているだけだったのだ。

メンローでは非生産的で喜びのない会議をプロセスから撲滅した。ルール、官僚主義、階層といったものを、予測可能な儀式とストーリーテリングをするイベントに置き換えた。理解しやすい構造を持たせ、何が期待されているか、参加者全員が明快に理解できるようにした。どんな目的で集まったのか、個人がどんな責務を持つのか、どうやって判断を下し、記録するか、全員が知っている。

会社にありがちな官僚主義では、ルールによって情報共有と判断力を制限する。越えられない境界を作り上げてしまうのだ。組織の大半の人は参加が許されていないと判断して、参加しなくなる。たしかに僕たちも強力なルールをいくつか持っている。儀式、ストーリーテリング、成果をかたちづくるためのルールだ。ルールは受け入れられているし、尊重もされている。信条を共有しているからだ。僕たちの文化にある人間の活力というものを、ルールによって強めているのだ。活力を弱めるようなルールはない。

デイリースタンドアップ 1

非生産的な週次の進捗ミーティングの代わりに、僕たちはデイリースタンドアップという儀式を設けている。デイリースタンドアップは毎日朝十時に行われる。誰が揃っていて、誰が揃ってないかは関係ない。僕やジェームズがいようがいまいが、十時に開始する。デイリースタンドアップはたいてい十三分以内に完了する。参加者が五十〜六十人いるにもかかわらずだ。

午前十時になるとダーツボードについているアラームが鳴って、デイリースタンドアップの時間を知らせる。全員立ち上がり輪になって、全員に対して報告する。誰かがバイキングのかぶとをつかんだら、ミーティングの始まりだ。かぶとを持っているペアは何をやっているか説明する。助けが必要であれば、それも伝える。かぶとは輪のなかの次のペアに渡していき、全員に回るまで続ける。最後のペアが「それでは、みんな気を付けて」

図4：全チームが輪になって、デイリースタンドアップに参加する

と言うと、デイリースタンドアップは完了する。

七ドルのプラスチック製のバイキングのかぶとが、メンローを象徴するシンボルになった。目的のある楽しみという精神のために、バイキングのかぶとを使っている。かぶとの二本の角を一人一本ずつつかめば、ペアでの報告が簡単になる。かぶとというモノが、デイリースタンドアップに秩序と構造をもたらすという重要なミッションを担っているんだ。同時に、デイリースタンドアップが真面目すぎにならないようにする役目も果たしている。そう、ときどきかぶとをかぶる奴がいるんだ。僕も一度かぶったことがある。メンローが新聞に出たときだ。

儀式は文化の価値を強化するべきだ。僕たちのデイリースタンドアップは、全員参加で民主的だ。誰もが会議で同じように声を上げられる。誰かが会議を仕切ったりはしない。マネージャーにとってだけではなく、全員にとって価値がある場にしようとしているのだ。自分の番が回ってきても、何かを強制されているわけではない。他の人より、言いたいことが多い日もあるだろう。職場で礼儀正しくしたいという気持ちから、誰が言うわけでもなく守られていることもある——話が長すぎないこと。

「おーい、メンロー！」 2

社内で同僚とコミュニケーションをとるのに、電子メールを始めとする電子ツールは使わない。メールのチェックに何時間も使っている企業もたくさんあるが、生産的でないことこの上ない。僕たちはずっと効率的な高速音声技術という方法を開発した。

ハードウェアには必要な機能がプリインストールされている。声帯、ボディランゲージ、声調、まゆ、表情などだ。受信機能も同様に、鼓膜、巧妙に設計された聴覚神経と、脳への刺激伝達接続が備わっている。

この革命的なコミュニケーション技術を訪問者にデモするために、誰かメンローニアンに手伝ってもらう。プロジェクトマネージャーの一人のエミリーに手伝ってもらおう。「おーい、エミリー！」と声を出す。

彼女は、「おーい、リッチ！」とすぐさま返事をして、アイコンタクトを交わす。こんなに簡単なやり取りだけで、高速音声技術が会議に使えることをデモできた。僕は一番大切な礼儀を守って彼女に感謝し、それで会議はおしまいだ。

このやり取りで、他の人はまったく動かないし、邪魔されることもない。正直なところ、聞こえてもいないと思う。脳には素晴らしいフィルターが備わっている。特に、脳幹網様体賦活系と呼ばれる領域は、必要のない会話を無視することに長けている。子供の頃、父親にはいっつもびっくりさせられていた。リビングのいつもの椅子に座って夕刊を読んでいた。何も聞いていないように見えるのに、兄がトレドに友だちと出かける計画を話しだしたとたんに、新聞を下ろして顔を覗かせた父親から「どこに、何しに出かけるんだい」という質問が飛んでくるのだ。ずっと会話を聞いていた？　ありえない。サイモン&ガーファンクルの古い歌がある。「人は聞きたいことだけ聞いて、他は無視するのさ」脳幹網様体賦活系が働いているということだ。

エミリーとの「会議」はバカみたいに単純な例だったが、多くの組織が抱える問題とのよい対比になっている。多くの組織では、会議の時間を決めるだけで大変なのだ。リーン生産方式の用語で説明するなら、これは無駄の排除の素晴らしい例となっている。打ち合わせを要求して、彼女が参加し、コミュニケーションを行って、元の仕事に戻るまで、七秒もかかっていない。会議室を予約する必要もないし、カレンダーを同期する必要もない。二人が空いているスケジュールを探して、延々とメールをやり取りすることもない。僕たちの会議で、動く必要はぜんぜんない。振り返って、目の焦点を調整するだけだ。

ノイズの有用性を理解している文化では、全社会議をやるのも、一対一の会議と同じくらい簡単だ。「おーい、メンロー！」と叫べばいいのだ。

「おーい、リッチ！」チーム全員から、ほぼ揃った反応が返ってくる。数秒もたたないうちに、オフィス全体がほぼ無音になる。僕らのチームにとっては、全社会議もこんなにシンプルだ。ディスカッションを数分で終えたら、僕はチームに感謝し（会議終了の合図だ）、みんなは仕事に戻る。たとえば、素晴らしいニュースを伝えるのに、僕たちはこの会議を使う。新しい顧客と契約を締結したとき、僕は「おーい、メンロー！」と言うことが多い。チームみんなで喜んで、一つ二つ質問をしたら、仕事に戻る。一日中、こんな即興会議が行われている。個人との会議は、もっと静かに行われる。「おーい、ジェームズ！」みたいに。チームの場合は、「おーい、グラスホッパー！」とやればいい。グラスホッパープロジェクトに参加しているチームの注意を引くことができる。

3 ノイズなだけじゃない絶え間ない会話

当たり前の話だが、ペア作業によって体系だった会話の機会が頻繁に発生する。ペアのパートナーは声に出して思考し、アクティブな聞き手にならなければいけない。なにしろ、メンローでは朝から晩まで絶え間なく会話が続くからだ。

ペア作業をする環境では会話が必須なので、僕たちのスペースはノイズで埋め尽くされている。ノイズはエネルギーを高め、部屋のなかでペアの間の新しい会話を促す。逆に、静かな環境というのは、自ら静けさを強化する傾向がある。静かな環境では、人に接触するのはマナー違反と考える。ありがちなキュービクルの環境は、ステレオタイプの内向性の持つぎこちなさを強化してしまう。内向性のメリットは生かせていないのに。

メンローを訪問してくれた人のほとんどは、メンローのペア作業は外向的な人にしかできないと思うようだ。僕は人格や気質についての専門家というわけじゃない。でも、僕たちのチームのメンバーのほとんどは、尋ねられたら、自分を内向的と答える人がほとんどだと思う。僕がそれがもっともだと思う理由はいくつかある。

◎内向性は、複雑な問題を解くのに必要な深い思考に役立つ
◎内向的な人は、少数の深い関係を好む
◎内向的な人は、アクティブな聞き手に向いていることが多い

僕たちの環境では、相互の会話が絶え間なく続くことが、仕事の効率を高め、明確に判断を下すことに役立っている。

4 会話が関係を作り関係が価値を作る

このような会話は発生した問題の解決に役立つ。このような会話の応用として、会議の儀式で構成要素として使うと、僕たちは本当にチームとして機能し始めるのだ。

ジンガーマン・ロードハウスというもってこいの例がある。アナーバーの西にあるレストランだ（ジンガーマンのビジネスコミュニティの事業の一つだ）。ジンガーマンは、その食事、サービスそして文化で

名声を得ている。レストランでは、ウィークリーハドルを行っている。ウェイターからマネージャーまで全員集まって、どうやってビジネスを運営するか、一時間にわたって議論する場だ。あるときのハドルで、販売している食事のコストが高すぎるという問題が議題となった。皿洗い担当者が、フレンチフライが毎日大量に廃棄されていることを指摘したのだ。ビジネスの無駄のメトリクスを観察するのに、彼はこの上ないポジションにいた。結局のところ、皿洗い以上に無駄を目にする役目はいないのだ。

その会話を始めてから、ジンガーマン・ロードハウスのチームは、美しく、しかも彼らのおもてなしの心にも合致した解決策を考えついた。一皿あたりのフレンチフライの量を半分にするのだ。食事のコストも下げられる。そして、おかわり自由にすることで、顧客価値も下げないようにした。顧客はこのやり方を気に入った。フレンチフライのおかわりを頼む顧客は実際にはほとんどいなかったようだが。こうして無駄はなくなった。

会話を続けることから、ジェームズと僕はチームのなかの関係を深め、本当に変化を抱擁し、意味あることを成し遂げられるチャンスを見つけた。難しい会話を一緒に続けながら、人を議論の対象にするのではなく、問題そのものに向けたいと考えている。

テーブルの同じ側に座り、共通のゴールに向かっていると感じられる会話は、僕たちの関係構築プロセスに不可欠だ。僕たちの品質管理のプラクティスで特に重要な位置づけにあるテスト自動化フレームワークが、最大の顧客プロジェクトで実行に三十分以上かかるようになったことがある。二万六千件もの自動化テストを実行していることを考えれば、それほど長い時間とは思えないかもしれない。でも、プログラマーたちはテストの遅さに参っていた。テストの実行中はプロセスのいくつかが完全に止まってしまう。技術チームは、パフォーマンス改善が進まないことに苛立っていたが、彼らの嘆願が聞き届けられることはなかった。顧客は、機能開発にすべての時間を使うよう望み、プロダクトとして出荷されないテストツールの改善に時間を使うのは望まなかったのだ。

チームは、テストの改善にも時間を使うよう、顧客を説得してくれと僕に懇願した。テスト性能の改善にどれだけの時間がかかるか、僕は見積りを頼んだが、彼らも見積りにあまり自信はなさそうだった。そうか！　顧客は、プロダクト開発以外の努力について自由裁量権を与えたくなかったのだ。僕たちは、顧客が価値を理解できるように、僕たちの仕事を説明する必要があったのだ。顧客が優先事項に照らして把握できるよう、会話を組み立てるべきだったのだ。

僕はチームに頼んで、遅いユニットテストのせいでチームの機能開発時間がどれだけ失われているか調べてもらった。この情報があれば、テストの速度問題が顧客の重要視している要素、機能開発にどう影響しているか、顧客にも理解できるようになる。テストの作業を表現する言葉が顧客にとって意味のあるものであれば、顧客が自分で評価できるし、一緒に会話できるようにもなる。速度問題の改善にコストと時間をかけるのが、顧客にとっても価値があると説得できたのだ。

何回か会話を交わした結果、僕たちは自動的な仕掛けを計画ゲームに組み込むことにした。自動ユニットテストフレームワークの実行に十五分以上かかるような週があったら、次の週、必ず一ペア四時間分を、テストの性能改善に割り当てるのだ。テストが十五分以下で終わるようになるまで、この割り当ては継続する。この本を書いている時点では、二万六千テストケースは十分以下で実行できるようになっている。いま、ビジネススポンサーと技術チームの間で意味のある会話を促進することで、僕たちはこんな生産性を達成したのだ。

ビジネスの両側（ビジネスチームと開発チーム、開発者と顧客など）の間で、定期的かつ健全な会話が行われ、お互いをパートナーと感じられるようになれば、価値の競合から起こる無用な戦争を避けることができる。

5 気軽に話す時間を作る

数年前、昼食のあとから終業までの時間が、休憩なしでやるには長すぎると感じたチームがいた。そこでチームは休憩を入れることにした。そのチームは三時の散歩を発明した。いまは、メンローの伝統になった。三時になるとジェフが「散歩！」とよく響く低い声で叫ぶ。おかげで、彼は「高速音声技術担当部長」という楽しい肩書きを手に入れた。ジェフが休みの日には、小柄なリサが、ジェフの素晴らしいモノマネを見せてくれる。

チームメンバーは立ち上がり、コートを着て、ビルの周りを散歩したり、ストレッチしたりしながら休憩をとる。ペアと別々に行動して、他の人と仕事以外の話をするのに使うんだろうと僕は想像していた。もちろんそうもしているんだろうけど、ある日僕が見かけたのは、休憩していても、作業中のストーリーカードについて議論しているペアだった。気軽な会話でも、協力的かつ生産的な話ができるという例のひとつだ。

6 スキルを築く安全な環境を儀式が提供する

どのような産業でも、複雑なアイデアを伝達する能力は有用なスキルの一つだ。でも、そのスキルを本番に見ず知らずの人たちの前で試す前に、練習するチャンスがある人はどれだけいるだろうか？人前で話すのが死ぬほど怖いと考えている人が多いのも、驚くことじゃない。

僕たちの儀式では、チームメンバーは全員、遅かれ早かれ、他のメンバー全員の前で喋ることになる。誰か一人に任せてしまうのは簡単だ。最も熟練して、スキルの高いメンバーに任せてしまえばいい。でも、僕たちは全員でやって、全員が練習するチャンスを得るようにしたんだ。毎週のキックオフ会議や、顧客とのショウ&テル、地元でのカンファレンスで自分の聴衆の興味のあることを喋る。ファクトリーのツアーの案内など、メンローニアンはプレゼンをする機会がたくさんある。地元のトーストマスターズの支部会を行うことさえある。

僕たちの儀式は、健全なディベートも促進する。新しくてイノベーティブな何かを作ろうというとき、望む結果への道筋は見えないことが多い。解決につながる可能性のある方法について、みんな違う意見を持っている。活発なチームのディベートと尊敬にもとづいた上での論争が、よい結果を生む。僕たちは、こんなディベートを一日中練習している。どんなペアも、異なるやり方について、ちょっとした論争をする。ときどきディベートは（コントロールされたやり方で）エスカレートし、他のペアを巻き込み、ホワイトボードを使うようになる。多くの組織ではディベートを代理に任せてしまい、メールのやり取りに逃げてしまう。そうすると最悪の場合、ディベートが受け身かつ攻撃的な会話に変容してしまい、まったく議論にならないこともある。結果として出来上がるシステムは動かない。関係者それぞれが自分の正しいと思う方向に進んでしまったせいだ。喜びの文化の重要な要素の一つは、チームが論争しても大丈夫なくらいお互いを信頼することだ。

7 見積り……未来を予言する

組織は未来を予言しなくてはならない。次の四半期の利益は？　自動車は何台売れるか？　二月までに契約をいくつ締結できるか？　この橋を建てるのに、費用と時間はどのくらい必要か？　こうした疑問はだいたいが見積りの話に帰着する。見積もるというのは、限られた情報を元に最善の推測をすることだ。

見積りはたいていマネジメントの仕事だ。チームがプロジェクトを把握したら、割り当て作業の締め切り、あるいは使える予算枠、もしくは次の四半期の売上高をマネジメントが指示し、命令する。リップサービスとしてチームに見積りを尋ねたりするかもしれないが、チームの見積りはたいてい相手にされない。

メンローでは、チームの見積りを**実際に作業するチーム**が出す。僕たちの見積りの儀式は、グループで集まって行う毎週のオープンなディスカッションだ。プロジェクトマネージャーは、必要な情報を準備し、プロジェクトチームが議論を行う時間を予定する。その週にプロジェクトにアサインされたペアは、ストーリーカードのコピーと見積りシートを受け取る。見積りシートは、プロジェクトに必要な作業時間で分割してある。プロジェクトマネージャーがカードを読み上げると、それぞれのペアは議論して見積り時間を決める。見積り時間として選べるのは、2、4、8、16、32、64時間のいずれかだ。どの見積りシートでもその数字しか使わない。

僕らが見積りに求めるのは、よい予想であることだけだ。議論しているあいだ、あるペアのうちの一人が、その課題について他のペアのほうがいいアイデアを持っていそうだと考えたら、自由に助けを求めてよい。高速音声技術を使うのだ。見積りしているペアは全員同じテーブルにいるので、お互いに質問と答えを聞いている。

見積りは僕たちにとって最も重要な会話のひとつだ。その週に実行しなければいけないかもしれないすべてのタスクについて話し合うからだ。儀式の終わりに、プロジェクトマネージャーはすべてのペアから見積りシートを受け取る。それぞれのストーリーカードの見積りは、ペアによって異なることがある。全員が一つの見積りに合意することがゴールなのではない。ペアが変われば、見積りが変わる理由はいろいろある。僕たちはそれを受け入れている。経験、スキル、慣れ、すべてが見積りに影響する。でもこのやり方なら、チーム全員が全体像を把握するチャンスがある。自分に割り当てられたタスクだけを見ているわけではないのだ。

品質が専門のメンバーも見積りの儀式に参加する（彼らはメンローではＱＡ、品質保証担当[*1]と呼ばれている）。なぜこれが重要かって？　多くの場合、品質チームは開発が終わってから参画する。プロダクトにどんな落とし穴がありそうか、知る余地もない。品質チームにバイアスをかけるべきではないと考える人もいる。でも、実際は品質チームは、開発したコードについての懸念を、開発中に聞いておく必要があるのだ。ＱＡを見積りの儀式に巻き込んでおくと、ストーリーカードのタスク実施に変更が難しいコードがあるという話も聞ける。ＱＡチームは質問をして、その週のテスト戦略について開発者に知らせることもできる。ストーリーカードの理解に混乱があると感じたら、ＱＡは簡単な質問をすればよい。たとえば、「そのカードが完了したかどうか、ＱＡはどこを見たらわかりますか？」などだ。もし、答えを聞いてもまだ混乱しているようなら、仕事を始める前にカードは書き直される。

どんな組織でも、不完全な情報にもとづいて未来を予測しなければならない。グループで口に出しながら考えることで、僕たちの見積りプロセスは安全を作り出し、未知に対する恐怖を和らげること

＊1…品質保証担当として一般的に用いられる役職はQuality Assurance（品質保証）だが、あえて異なる名称Quality Advocate（品質の擁護者）を使っている。

ができる。またこのプラクティスにより、新しいプロジェクトの規模を見積もる能力を得た。僕たちは毎週見積りをやっているので、新しいドメインに飛び込むのにひるんだりしない。

8 タイヤが地面に接する場所
ショウ&テル

仕事の世界を大きく見てみると、チームがやる仕事にはスポンサーがいる。スポンサーが直接仕事に関わることはないが、スポンサーが仕事を承認する。たいていの場合、仕事に対して支払ってくれる。

家庭での例で考えてみよう。家を塗り替える必要があるときは、塗装工を選ばなければいけない。この場合、あなたがプロジェクトのスポンサーだが、実際に作業するのは塗装工だ。塗装を自分でやるとしても、スポンサーは他にいることがある。僕が娘の寝室を塗るとしたら、スポンサーになるのはたいてい妻だ。そして、娘が塗装された部屋のエンドユーザーになるわけだ。

スポンサーの頭には、作業の成果がどうなってほしいかイメージがある。この例ならスポンサーは塗装後の部屋を思い描いているだろう。ただ、プロジェクトの実施中、塗装工も成果を頭に思い描いている。できればその二つの絵があまり違わないとよいが、違ってしまうこともある。言葉や塗装サンプルは、実際に塗装された部屋ほどは、正確に伝えられない。妻がどの色がいいか話していても、僕にはオフホワイトとチャイナホワイトの違いは想像もつかない。

メンローでは、競合するかもしれない二つの絵を毎週の儀式で顧客と見せ合う。その儀式をショウ&テルと呼んでいる。ショウ&テルでは、その週にプロジェクトに携わったチームが聞き役となる。説明役は顧客だ。チームが達成した仕事の成果を顧客に説明してもらい、それをチームが聞くんだ。たとえばテッドとロブが、オンライン出版の入稿をするウェブサイトを作っているとしよう。出版社の顧客の代表がやってきて、コンピューターの前に座り、実際にウェブサイトを使ってみてレビューする。そして、見つけたことや気づいたことを、テッド、ロブをはじめとするプロジェクトに関わるすべての人に伝えるのだ。こうすれば、仕事の成果を双方が正しく理解しているか明らかになり、スポンサーとチームの考えのずれも明らかになる。僕たちは、ショウ&テルのやり方を元とは逆にしている。顧客がより積極的に会話に参加し、チームは観察、傾聴し、顧客からの質問にフィードバックを返すようにした。

ショウ&テルのエピソードはいろいろあるが、一番魅力的なものの一つはプロジェクト開始直後のものだった。アキュリ社向けにフローサイトメーター（複雑な医療用検査装置で、細胞で散乱されるレーザーを計測することで細胞の解析を行う）のソフトウェアを作っていたときのことだ。一番最初のタスクは、三つのボタンを持つシンプルなアプリケーションを作成することだった。ON、OFF、そしてEXITだ。マウスでONをクリックすると、プロトタイプの基板上で緑色のLEDが点灯する。OFFを押すとLEDが消灯し、EXITを押すとプログラムが終了する。

アキュリのCEOでプロジェクトスポンサーのジェニファーがショウ&テルにやってきた。彼女はプログラムについてチームと話し、僕たちの成果を使ってみせてくれた。システムは予定どおり動いた。ON、OFF、ON、OFF、繰り返し、繰り返し。簡単なことだ。本当に。でもジェニファーは椅子から飛び出し、大喜びで、次の取締役会で結果を見せると約束してくれた。チームは混乱した。何でこんな簡単なことに、大喜びしているんだろう。

ジェニファーの喜びようはタスクの複雑さや、完了までに必要だった努力と釣り合っていないように見えた。彼女は説明してくれた。シンプルなタスクを明確に完成できたのは、すごい進捗なのだと。「こんな仕事を長いことをやってきたの」ジェニファーは言った。「プロジェクトが始まって、たった二週間しかたっていないのに、みなさんはハードウェアチームとソフトウェアチームが一緒に働けることをデモしてくれた。すごいことよ。ほとんどの会社は、デバイス開発に入ってから何か月も、ときには何年もたたないと、チーム間で協力できたという結果を見せることができないの」

ショウ&テルは重要なやり取りだ。顧客は、プロジェクトを実際にやっている人たちと議論ができる。プロジェクトを実際にやっている人たちは、顧客の反応から、顧客の感情を読み取ることができる。顧客が興奮していることもあれば、退屈しているときもある。そして、ときには落胆したり、鬱憤をためていることだってある。チームには、本物の感情の振れ幅を感じ、見てほしいのだ。マネージャーの巧妙な解釈を聞くのではなく。プロジェクトで働いたチーム全員が、プロジェクトの他の部分の成果とうまく統合できるか見ることになる。計画と実績に差があった場合は、仕事に関わった人たちのあいだで、すぐにオープンに話し合う。

顧客が、「ああ、私たちの説明をこう理解しちゃったのね」と言うこともある。「そう、まさに伝えたとおりだ。でも、実際に見てみたら、必要なのはこれじゃなかった」と言うこともある。どちらの場合も、僕らは成果に問題があるとは考えない。どちらも、すばやくたくさん間違えるという、僕たちの創業の哲学と沿っているからだ。すばやく失敗して、早く発見できれば、成果が小さいうちに修正できる。変更のための時間も予算もあるうちに。

人間のコミュニケーションは、間違った理解、間違った伝達、暗黙の前提の危機に満ちている。関係性の問題のほとんどには、これらの危機がある。一方から見れば明白なことも、逆から見ると理解することさえ難しい。僕たちにとって誤解の壁を壊す唯一の方法は、関係者を一緒に集め、開発している技術を一緒に触ったり見たりする、構造化された儀式に放り込むことなのだ。

9 プロジェクト計画おりがみ困難な選択をつきつける

プロジェクトの立ち上げは、船の出航を思い出させるものが多い。もやい綱がほどかれ、全員が見守るなか、波が起こり、船が動き始める。ゆっくりと静かに、船は岸から離れていく。ほとんどのプロジェクト立ち上げでは、予算を決定し、納期を設定し、チームのサイズと構成を確定する。次に、重大な質問に答えなければいけない。どこから始める？　計画は？　作業する個々人をどう統括する？

船の静かな出航のように、プロジェクトを始めるだけでも多くの企業は苦労しているが、始まってから正しく導いていくのはさらに難しい問題だ。多くのプロジェクトは、曖昧さの海に漂い出てしまう。スポンサーは進捗を把握できなくなり、チームは全員に情報を伝えられず、全員を巻き込めなくなる。情報の断絶が広がると、役員のスポンサーを失うという岩礁に船は真っ直ぐ向かってしまう。そうなれば、プロジェクトは破綻し、沈むしかない。

メンローでは、毎週の計画ゲームで顧客と一緒にプロジェクトの舵取りをしている。計画おりがみというテクニックを使い（7章で詳細に説明する）、プロジェクトマネージャーは顧客をガイドする。計画シートの上に、おりがみで作ったストーリーカードを乗せていくのだ。計画シートもストーリーカードも、物理的な大きさにより予算と時間を示す。ストーリーカードは開発する機能を示す。必要な時間は見積りの儀式ですでに見積もってある。計画シートの大きさは、その週に使える時間を示している。

このシンプルな活動は、最も重要な会話と判断を促す。顧客はプロジェクトがコースから外れないよう制御できる。プロジェクトの舵取りがただ一人であることは少ない。研究開発部門には自分の最重要事項があるし、経営層にも他の最重要事項がある。マーケティングにも、営業にも、顧客サポートにも。それらの最重要事項は競合するが、それでもお互いに解決して、優先順位を決めなければいけない。一番重要な事項が、グループのディスカッションで話し合われるように。

毎週発生するこの会話で、プロジェクトマネージャーの基本的な質問に、曖昧さを残さず答えられる。何が含まれていて、何が含まれていないのか？最初に出来上がるのは何か？今週の計画に含まれるのは何か？どれをあとに回していいのか？回せないのはどれか？機能を実装するのに、もっと安価にできる方法はないか？何か抜けているものはないか？本当にこれは必要か？　これらの点はすべて、顧客のスポンサーと僕たちのプロジェクトマネージャーのあいだで議論される。スポンサーが顧客社内の対立する意見の代弁者を連れてくることも多い。それでも、計画作りが終わる頃には、優先順位は確定して、全員に明らかな形になっている。おりがみのカードは、計画シートの上に乗っているか、乗っていないかだ。乗っていればその作業が承認されたことになる。乗っていなければ、その作業は行わ

図５：計画ゲームの様子。実際の時間に対応したサイズの計画シートに、タスクカードをあてはめようとしている

れない。シンプルで明確だ。

計画ゲームは毎週の議論だが、いつも簡単にいくわけではない。でも、シンプルな計画作りの儀式が、会話を強制するのだ。情報が完全に揃うまで待つという贅沢は、プロジェクトチームには許されていない。それでも、判断を下さなければいけない。そのような判断は、協調的な会話と儀式のなかで下すほうがいい。疲れ果てたプロジェクトマネージャーが、深夜のオフィスで孤独にだらだらと判断を下すより、ずっといい。

10 作業承認ボード専制による自由

計画ゲームが済んだら、プロジェクトマネージャーは選ばれた一週間分のストーリーカードを、プロジェクトにアサインされたペアに割り当てる。言葉で説明するわけではないし、メールなんかで送るわけでもない。僕らのスペースで一番有名なモノ、作業承認ボードを通じて割り当てるのだ。

この見える化ボードは、誰でも気づく。たまたまオフィスを訪問していた人でもだ。僕らのスペースのいたるところにあるし、とても整然としているからだ。どのプロジェクトも、プロジェクト用の作業承認ボードを持っている。ストーリーカードをタテヨコにピン止めした行列形式で、壁に貼り付けてある。タテの列は、プロジェクトで働いている人のペアを示している。それぞれの列に、ペアに割り当てられた五日分のカードが貼られている。ヨコの行はそれぞれ曜日を示す。列の一番上のカードには、それぞれのペアの名前が書かれている。

メンローにおける見える化ボードの長老とも言うべき作業承認ボードが素晴らしいのは、曖昧なところが一切ない点だ。それぞれのペアは、自分たちが今週どのプロジェクトにアサインされ、これから五日間何をやるのかの計画を明確に理解できる。完璧な専制と言える。世界で一番民主的な会社の一つで、専制という言葉が出てくるとは、面白い話だ。でも、ここで僕たちの自由という文化が動き始めるのだ。ペアは、自分たちが好きな仕事を追求する。「進み具合はどう？何やっているの？」などと聞いてきて仕事の邪魔をする奴はいない。僕たちにそんな奴は必要ない。

それぞれのペアには、自分たちで見積もった合理的な量の仕事がある。ペアは、タスクを上から下に、順番に実行する。完了するか、何か障害にぶつかるまで

図6：作業承認ボードを眺めるチームメンバー。誰がいつどのプロジェクトでどのタスクに取り組んでいるのか、誰にでもわかる

は、一つのカードに集中する。いずれにせよ、次にやるのは彼らの行の一つ下にあるカードだ。自分たちに割り当てられたカードを全部終えてしまったら、他のペアの列にあるカードにサインアップして、他のペアを助ける。もしすべてのペアが割り当てを終えてしまったら、顧客が計画作りのときに選んでおいた先行着手してよいストーリーカードが、計画シートの下に積み重ねてピンで留めてあるので、その上位から作業をする。こうすれば、その週のあいだずっと、スポンサーの優先順位にもとづいて、全員がタスクを実行できる。

このシステムはソフトウェア開発チームにしか使えないなどと、思い込まないでほしい。子供のいるメンローの人たちのなかには、冷蔵庫に貼って子供の手伝いの管理に使っている人もいる。サンフランシスコの弁理士ジェフ・ショックスは、チームで、同様のシステムを依頼の管理に使っている。製造業でも使っているところを見つけられるだろう。トヨタのような大企業でも。

11 ドットシール リアルタイム進捗レポート

プロジェクトの進捗が昼夜を問わずいつでもわかるとしたらどうだろう。進捗会議を開く必要もないし、人と話す必要さえない。そんなの不可能だって？　メンローならありえるんだ。三十秒ほどの説明を受けていれば、オフィスに初めて来た人でもメンローのプロジェクトの進捗報告ができる。どのペアが遅れていて、どのペアが進んでいるのか。プロジェクトチーム全体としてはスケジュールどおりか？　ストーリーカードの実装に苦しんでいるペアはどのペアかということもわかる。仕事をしている人と、一言も喋ることなしにだ。カラフルなドットシールが語ってくれる。

メンローでは、それぞれのストーリーカードに構造化されたライフサイクルがある。ペアがストーリーカードの作業を始めると、ペアの名前が書かれた列にあるストーリーカードに、黄色のドットシールを貼る。黄色はペアで作業を開始したことを示す。作業が完了したら、ハイテク人類学者に依頼して、簡単なチェックをしてもらう。カードに書かれたことが本当に実現可能になったか確認するのだ。

問題なければオレンジのシールを貼る。「完了したと思う」という意味だ。オレンジのシールは、カードのチェックが必要という品質保証担当へのシグナルになる。品質ペアがやってきて、カードの作業を行ったプログラミングペアと話す。四人で、完了した仕事をレビューする。小さなショウ&テルのようなものだ。品質ペアがチェックを終え、結果が満足いくものだったら、カードは完了となる。チームは次の仕事に取りかかれる。

カードを完成させる仕事についてのチームのペアと品質ペアの批判的な会話は、素晴らしい協働作業の例だ。合意できないこともあるし、論争もありえる。でも、目標は、次の顧客向けのショウ&テルで最良の結果を得るためだということを、全員が理解している。

昔、僕が知っていたやり方とはまったく違う。（他のオフィスにいる）品質管理チームは、コードが書かれたあと何か月もたってから、仕事の成果をチェックにやってきていたものだ。メンローでは、品質保証担当は、プログラミングチームのすぐ近くにいる。給与体系も、プログラマーとまったく同じだ。品質チームは一緒に座って、これまでに説明した会話にすべて参加する。品質ペアがカードをオーケーしたら、プログラミングペアは次の仕事にかかる。

「完了したカード」には、緑色のドットシールを、オレンジのシールの上から貼る。完了と認められなかったカードには、赤色のドットシールが、オレンジの上に貼られる。品質ペアが合格を出さなかった理由をグリーンのカードに書き込む（そして元のカードの下にピン止めされる）。プログラミングペアは、都合のつく限りなるべく早く戻ってきて、カードの赤いシールに重ねて、黄色のシールを貼る。サイクルの再開だ。

ボードには、ボード全体を横切るように一本の糸が貼られている。毎朝、糸の位置を動かす。日に日に糸の位置は下がっていく。うまく行っているときには、糸の上側にはオレンジと緑色のドットしかなく、黄色はない。糸の上側に黄色があったら、その週の予定どおりに進捗させるには、助けが必要なペアがいるということだ。自分のペアの列で、糸より下側にオレンジや緑色のドットがあるペアが、助けに行くことが多い。

12 見える化が協働を促す

僕たちのプロセスや文化は、誰からも見える開けた壁に、大きく掲示してある。見えないものは忘れがちになってしまうという、人間の問題に対処するためだ。

僕たちが重要なことを議論するときは、いつも壁に貼ってある大きな見える化ボードの前でやる。ホワイトボードやフリップチャートの前でやることもある。関係のある見える化の前で議論すれば、全員が認識している標準を使って話ができる。プログラマーなら、データベースのスキーマの大きな図かもしれない。デザイナーなら、デザインのために作ったものがいろいろある。マインドマップ、ペルソナマップ、プロトタイプのデザイン画など。全社ならどうだろう。僕たちは、僕たちのうち誰も（CEOとしての僕も含めて）会社全体の財務的な状況を明確には理解していないことがわかった。そこで、売上、費用、利益をシンプルなホワイトボードに表示するようにして、誰でもわかるようにした。

重要な情報を電子データにして、パスワードで保護されたファイルサーバーに入れてしまえば、誰も二度と見ない。紙に印刷して、バインダーに綴じて棚に置いておいても、設計のアイデアの議論のために棚から引っ張り出そうと考えるのは、よほどの変人だけだ。自分で確かめてみよう。自分の部

図7：「すばやくたくさん間違えよう！」ポスター

門の三穴リングバインダーの上に、どれだけの埃がたまっている？　ドキュメント管理システムにログインして、ドキュメントが最後に利用された日付を確かめてみよう。僕たちは、そんなシステムを皮肉を込めて霊廟と呼んでいる。ドキュメントを入れてしまったら、二度と出てこないからだ。

壁の一番高い場所は、僕たちにとって重要な文化を掲示するスペースだ。よくあるモチベーション向上のポスターじゃない。自分たちで手作りした、自分たちの一番大事な文化に関わる掲示だ。僕たちの根底にある文化は、部屋で一番大きくて一番古いポスターに書いてある……すばやくたくさん間違えよう！

13 ストーリーテリングは文化の会話だ

古代から現代まで、どんな文化も、自分の象徴、道具、儀式を持っている。でも、ストーリーテリングには、何か魔術的で前向きな何かがある。メンローで培われた文化的な伝統のなかで、僕が特に誇りにしているものだ。

数年前の夜、チームはオールドタウンに向かっていた。アナーバーにある、みんなのお気に入りのバーだ。チームは僕も招待してくれた。金曜日の夜の数時間をそこで過ごした。食事はとうに終わっていたが、メンローについて話し、ストーリーを語った。お開きになる頃、僕はチームに謝った。メンローの話ばっかりで、夜の時間を使い果たしてしまったと。「リッチ、メンローの話を聞くのがみんな大好きなんだよ」と彼らは答えた。それで僕はお役御免になり、家に帰れた（お勘定は僕だったけどね）。

ストーリーテリングは、訪問者を引きつけるために僕が学んだ方法でもある。ツアーは訪問者との会話だと考えている。ストーリーテリングを通じて、訪問者は僕たちの儀式、僕たちの道具を学ぶ。訪問者のなかには、しょっちゅうやってくるようになった人もいた。毎回新しい人を一緒に連れてきてくれるが、一部のガイドは彼らが自分でやってくれる。常連たちは、決まってお気に入りのメンローのストーリーがあり、ツアーの途中で必ずガイドに、そのストーリーを話してくれるように頼むのだ。僕たちの文化の一番重要な部分を、お気に入りのストーリーを通じて見つけてくれたのは明らかだ。

自分の会社には大したみどころもなく、ツアーをやってもつまらないと思えるかもしれない。でも何をやっていたとしても、仕事のなかで楽しく、興味を引くストーリーはあるものだ。自分たちの文化の一部として、ストーリーテリングの実験をしてみてほしい。世界があなたの会社のストーリーを語り始めたら、あなたがそこにいなくても、毎日二十四時間、あなたのミッションを補強してくれるようになるのだから。

死んでしまったら安心ね。
もうインタビューしないでいいんだから。

――キャサリン・ヘップバーン

インタビュー、採用、立ち上げ

5章

喜びの文化を力強く作り上げるためには、採用プロセスが重要だ。新しいチームメンバーのインタビュー、採用、トレーニングを通じて、多くの会社は望みどおりの人を選び、期待ぴったりの人材に変えられると、そう思っている。でも、それはびっくりするほどうまくいかない。

伝統的な採用プロセスはいつも同じだった。二時間にわたって二人が向かい合わせに座ってウソを言い合うのだ。このような感じで進む。

「あなたはチームプレイヤーですか、スーザン？」
「もちろん。人のことが好きなんです、リッチ」
「あなたを曜日に例えると何曜日になりますか？」
「月曜日の午前七時半です、リッチ」
「月曜日の朝と答える人は好きですよ、スーザン」

それから、ここがどれだけ働くのに素晴らしい場所か説明し続ける。すべての新プロジェクトと、スーザンがいかにぴったりなのかについて詩を歌い上げる。

この素敵なインタビューのあと、スーザンと僕の共通点が、チームワークに対する取り組みから地元のお気に入りのコーヒー店まであらゆる点にわたるのを確認したところで、僕たちは彼女に是非お受けいただきたいとオファーを出す。そして彼女は身に余る光栄です喜んでと受け入れるのだ。他のチームメンバーが彼女についての懸念を言ってくることもある。でも、チームメンバーは僕ほど彼女を知る機会はなかったという理由をつけて、たいていは無視する。

通常、新しい仕事の最良の日はインタビューの日だ。その運命的な日に、僕たちはともにこれが新しい日の始まりだと確信する。だが、下方スパイラルが仕事の初日からすぐに始まる。スーザンは初日にいきなりやってくるが、僕は何も準備できていないのだ。

「スーザン？スーザン？　あぁ、スーザン。今日？本当に？しまった！　何で人事は僕に連絡をくれなかったんだ」僕はスーザンが今日入社することをかすかにしか覚えていなかった。でもうれしい顔をして新しい従業員に会いにいかないといけなかったのだ。

「スーザン、ようこそ！　来てくれて本当にワクワクしてるよ。で、聞いてほしいんだが、人事の書類プロセスに不手際があって、えっと、まったく用意ができていないんだ。全部うまくいってるんだが、ちょうどいまだけおかしなことになってる。キュービクル、電話、コンピューター、メールアドレス、名刺の用意ができてない。でも、来てくれてとってもうれしいよ。とてもワクワクしているよ。ようこそ！」

次に、スーザンを休憩室に連れて行き、しばらくそこにいるように伝える。「ここにいれば全員と会えるよ。みんなここに長い時間いるから」そして言う。「あとで、現在のプロダクトのスペックをはじめ、いくつか資料を渡そう。あまり真剣に読まなくていいよ、ちょっと古い資料だから」

スーザンを休憩室に連れて行く最中も、キュービクルやオフィスに立ち寄って彼女を紹介していく。誰もがこう心配している。「いったい誰なんだ？　リッチはこんどは誰を雇ったんだ？　スピードを落としたり、彼女に何かをやらせたり教えなければいけないのはゴメンだよ。締め切りがあるし、そのあとは休暇もあるんだ」

休憩室に戻ってきたら、僕は別の問題のところにすっ飛んでいかなければいけなくなる。そこでスーザンを、健全なカオスのなかに放置するのがいいと決める。

「もう一つ。インタビューのなかで議論したプロジェクトのことは覚えているかい？　実は予算がまだ承認されていない。いくつかのプロジェクトはすでに取りやめになった。新プロダクトのリリースが遅れていて、そのせいで遅れているプロジェクトもある。今日までにはリリースが終わるはずだと思っていたが、品質テストでいくつか重大な問題に引っかかっている。チームは何が起こっているか把握できていない。問題がテストマシン上だけで起こるんだ。このせいで毎日がおかしくなっている。わかるよね？」

スーザンは虫の知らせを感じていて、初出社から十五分しかたってないのに、このオファーを受けたのがよい決断だったのか疑問に思い始める。ここは前の職場と薄気味悪いくらい似ていて、インタビューのときに聞いていた場所とは似ても似つかないように感じる。スーザンは前の上司に退職届を出したときほどは、自信がなくなってくる。

このとき、スーザンはテストチームが食堂にいることに気づく。彼らはテスト計画と現状がどれだけかけ離れているかを悲しんでいる。そして全員が天啓を得る。スーザンがテストに参加するのが、プロダクトを知る上でよい方法だと。とても能力の高いプログラマーであるスーザンは興味を持って、テスト中に見つけた問題に関係するコードを見る。要するに彼女は退屈していたので、こうしていると生産的に感じるのだ。突然、チームは彼女が素晴らしいデバッガーであることに気づく。彼女のプロジェクトは決して始まることはないので、彼女はバグ修正チームにいるままだ。まぁ少なくともここには山のように仕事がある。

このプロセスが始まって通常六週間後に、スーザンが休憩室で文句を言っていると伝え聞く。インタビューで聞いた仕事とはかけ離れていて、率直に言って、前の会社のほうがマシだったと。どどーん。失敗だ。スーザンを生産的にするより早く、やる気をなくさせてしまった。そしてずうずうしくもこう言うんだ。「どうしてよい人が見つからないんだろう」

メンローのゲストにこの話をすると、僕を脇に連れだして、自分の会社の誰と話をしたのか聞いてくる。彼らのインタビューや採用や立ち上げにと完璧なまでに同じだからだ。娘のローレンには「スーザン」の話は本当かと聞かれたことがある。そのとおりだ、みんなの採用物語なんだから、そう答えた。新たな従業員にとって最初の数週間は、しばしば退屈で混乱したモヤモヤとした儀式、いわば通過儀礼だ。

自分たちのJoy, Inc.を作りたいなら、現在のスクリーニングやインタビューのプロセスが邪魔になるはずだ。この点はいくら強調しても足りない。多くの組織は既定の文化にしたがって動いている。

その文化を定義するのは「どんな人を採用したか」「その人たちが仕事にどんな態度を持ち込んだか」「どんな振る舞いが許容されるか」だ。自分たちの文化をインタビュープロセスのなかで明らかにし、候補者が間違いなく文化を知れるようにすべきだ。採用プロセスをそのように変えていくと、大きな違いが現れる。意図している文化に合わない候補者は、あなたのところで働きたいとは思わないのだ。候補者は自分自身の個性や欲求と文化とがマッチしないとわかれば、容易に辞退できる。インタビュープロセスのゴールは、自分たちの文化に貢献し育ててくれる聡明な人たちを見極めることであるべきなのだ。

1 スーパースターに応募してもらう必要はない

僕たちのインタビュープロセスは、文化面での期待と密接に関わっている。したがってファーストコンタクトでは喜びの文化を教える。チームに加わりたいと誰かが連絡してきたら、まずはパブリックツアーに招待するんだ。数時間オフィスにやってきて、滑稽なやり方をみて、オープンで共同的な作業環境について聞き、自分の机や自分のコンピューターと呼べるものすらないことに気づき、それでもここで働きたいのであれば、僕たちの文化に合う可能性が高い。

「個室と図書館級の静寂を必要とするスーパースターのプログラマーが入社してくれる機会を逃して

しまいませんか？」とよく質問されるが、まったくそのとおりだ。孤独な天才プログラマーが入社してくれる機会は逃すことになるだろう。そういった人たちはメンローには合わない。それでいいんだ。何に対してイエスというかと同じように、何に対してノーというかによって企業は決まる。一匹狼のスーパースターにノーを伝えることは、僕たちの喜びの文化を定義する上で重要な事項の一つなのだ。僕のキャリアでは、知識を溜め込み、他の人とよい関係を築けず、最終的にチーム全体の結果や士気を破壊してしまう天才が何人もいた。

僕たちはチームを作ろうとしているのであって、他の人とよい関係を築けない個人のヒーローを集めたいわけではない。ソフトウェア業界において個人のヒーローが何かすごいものを作る時代はとうの昔に終わっている。かつては、二人で数か月かけてオペレーティングシステムを作ることができた（一九八〇年代のビル・ゲイツとポール・アレンを想像してほしい）。一方で、マイクロソフトは、一万人の人たちによって五年の歳月と百億ドルの費用をかけてWindows Vistaを作った。それがうまくいったのはみなの知るところだ。チームづくりには個人のヒーローは役に立たない。そういう人たちを望んではいけない。そういう人たちを必要としてはいけない。ずっとだ。彼らが喜びを増やすことはないのだ。

2 雇いたいのは人 輝かしい職務経歴ではない

一九九八年、インターフェイスシステムズ社でJava工場を始める一年前、採用において意義深いことがあった。「サム」がプログラマー職のインタビューにやってきた。彼は完璧な候補者だった。まず始めに、彼は僕のチームの複数のメンバーから紹介された（僕たちは紹介に報奨を与えていた。しかしここから学んだのは、意図して喜びの文化を作りたい場合には、これはひどい人事の戦術だということだ）。探していたポジションに、彼の経験は完璧なものだった。過去六年間最新のマイクロソフト技術にどっぷり浸かっていた。彼は近所に住んでいて、現在の雇い主に完全には満足していなかった。彼を採用するのは池のカモを撃つのと同じくらい簡単だった。その日の午後にこのポジションを埋めることができるのではないかと予想した。

インタビューの最初の数分で、サムに対する自分の直感は確かなものになった。僕は彼のことが気に入った。彼は洗練されていて、プロフェッショナルで、情熱的だった。インタビューの途中までは、彼が入ればチームにとってとてもプラスになるだろうと思った。だが、何か雲行きがおかしくなり始めた。サムのボディランゲージが大きくなった。笑うのをやめて胸の前で腕を組み、椅子に深く座った。彼は心が離れたようで、質問への回答は機械的でおざなりになった。「結局、彼はここでは働かないだろう」と思った。いったい全体何が起こったのだろうか？

そのままにはしておけなかった。インタビューを中断し、できる限り正直に「いま何が起きたんでしょうか？」とサムに聞いてみた。

「現在の仕事と同じことをやり続けるのなら、そこに残ります」彼は言った。「あなたは素晴らしい新規のJavaプロジェクトがあると言っていました。私は新しいことを学びたいのです」ミーティングの途中で彼を採用するチャンスが事実上なくなったかもしれないという疑念は、サムのこの言葉ではっきりした。

この会話は僕の頭のなかで警鐘を鳴らしてくれた。自分のキャリアを考えれば、何度も何度も同じことをし続けるために新しい仕事に足を踏み入れる人なんていない。経営者たちは新しいチームメンバーがすぐに全力で取り組んでくれるように期待していた。誰かが新しいことを学ぶための時間など、どこにも余っていなかったのだ。いまのチームメンバーをトレーニングするのもすでにかなり難しかった。まして新しい社員に知らない言語を教える投資をする余裕も時間もなかったのだ。

サムを採用することはできなかった。だが、このインタビューからは、はるかに価値のあることが得られた。このやり取りから、採用について知っていることすべてに疑問を持つようになった。スキルで採用するのはうまくいかない。人が知っていることを求めるのをやめ、潜在的な社員が人間としてどんな人なのかにより関心を持つようになった。

サムとスーザンの経験は素晴らしく重要なことを教えてくれた。インタビューや採用や立ち上げを、いままでのように続けるわけにはいかない。では、スキルで採用せず、二時間のインタビューで二人がウソをつき合うのをやめるとして、代わりにどんなことをすればいいんだろうか？

インタビューは文化に合致していなければいけない。候補者と交流するときに、自分のチームの人たちにするのと違うやり方をすべきではない。文化やチームは、家族や仲間のようなものだ。それぞれ違う習慣や癖がある。どんな振る舞いを受け入れて、どんな振る舞いを受け入れないかには違いがある。二時間のインタビューでは、解消不可能な違いがあるかどうか知るすべはない。

メンローでは密接に協力しあいながら仕事をする。ゆえに、最初のインタビューでの必須事項は、「幼稚園レベルのスキルを持っているか」だ。礼儀正しくしているか、周りとうまく遊べるか、人と分けあえるか？　僕たちがエクストリームインタビューと呼んでいるもののなかでは、何度も幼稚園児レベルのスキルに言及する。それは周りとうまく遊べるというのが僕たちの喜びの文化と同じだからだ。これは理論的な概念でも修辞学的な概念でもない。一日中ペアで作業する上で、とても重要なポイントなんだ。

従来の企業で行うインタビューでは、僕たちが知りたいことを知れる質問はまったくできない。職務経歴書で幼稚園時代の通信簿までさかのぼる人はいない。僕たちには、その人がどんな人なのかをテストするすべが必要だ。幼稚園のクラインシュミット先生が一九八三年に教えてくれた、一番大事な教訓を覚えているかどうか見当をつけるのだ。

曖昧な肩書き・雇用期間・賞罰・大学の単位・飾られたスキルのセクションで詰まった職務経歴書

は、何よりも大事である文化的マッチにはほとんど関係がない。だから僕たちは大して読もうともしない。従来型の職務経歴書は、以前の雇用主の採用プロセスや入学した大学の合否判定基準を語るだけだ。これらの評価システムは本質的には壊れていて、それらが僕の会社の文化に影響を与えたり、文化を決めたりしてほしくないんだ。

メンローは、あなたが人としてどんな人なのかを見つける方法を持っている。候補者になんら質問しなくてよい採用プロセスを作ったのだ。ああ、二つ質問がある。あなたが十八歳以上か、米国で働いて法律上問題がないかだ。しかし、それ以外は僕たちの採用プロセスは多くの人が慣れ親しんでいるものとは対極的なものだ。

3 大きく網を張る

新しい人をチームに足そうとするとき、僕たちは大きく網を張って、潜在候補者すべてを一度に招待する。僕たちの最初のインタビューは三十〜五十人を同時に行う集団インタビューだ。こうすることで、僕たちは職務経歴書の山を整理するのに時間を使う必要もないし、ひとりの人間を簡易に分類、判断しようとたかだか数ページの紙に目につくバズワードが書いてあるかどうか調べるという、くだらないやり方もしないで済む。このやり方の素晴らしい利点は、規模が大きくても大丈夫なことだ。

人が増えてもインタビュープロセスが遅くなることはない。

このエクストリームインタビューイベント（僕たちはそう呼んでいる）は通常年に二～三回、必要に応じて行う。インタビューの日はとてもワクワクして、候補者にとっても僕たちにとってもエネルギーが高まる。どれだけ多くのインタビュープロセスがこのように言えるだろうか？ワクワクはインタビューを受ける人が到着する前、僕たちがお見合いパーティにかなり似た感じでテーブルを設定しているところから始まる。このプロセスに自主参加するメンローニアンはさまざまな演習のため、道具の用意を手伝う。

候補者が到着すると、みな僕たちのスペースに好奇心を抱き、元気になる。彼らはここで働き始める前に、本質的な信頼構築の講座をまさに経験しようとしている。ロープコース[*1]の僕たちバージョンだ。

僕たちの喜びにあふれるミッションを述べ、それを支える集中的なインタビュープロセスの重要性について説明するところから、この集団インタビューを始める。インタビューの前には、メンローについての資料（レイ・ブキャナンが二〇一一年七月に書いたインク（Inc.）誌[*2]の巻頭特集記事も含む）や詳細なホワイトペーパーを候補者に送る。そうすることで、候補者は僕たちのプロセスや文化を下調べできるのだ。

人を驚かしても利点は何もないし、仕事の一部を隠す必要もない。僕たちは候補者たちがうまくいってほしいと思うし、透明性はその助けになる。既存のチームメンバーの一人が、候補者に文化をオ

＊1…ロープコースはチームビルディングのためのワークショップ

＊2…http://www.inc.com/

ープンにすることについて尋ねたことがある。もし僕たちの価値観を彼らが知っていれば、採用プロセスのあいだ、その価値観に合うように行動を変えられるのではないか？　と考えたのだ。「協力するふりをしていたらどうするのか？」彼は尋ねた。

ジェームズ・ゴーベルははっきりとこう答えた。「一日八時間、毎日、協力するふりができるのか？すごいじゃないか！　できるならそれでOKだよ」

4　第一ラウンド……仕事をシミュレートする

インタビュープロセスの始めに、候補者がこれからお互いにペアを組むと説明する。一ペアに一人メンローニアンを割り当て、三つの演習のあいだ観察する。ほとんどの人たちは僕たちのペア作業のことは知っているが、インタビューの最初からペアをやることになるとは思っていない。

ジェームズはよくインタビューの司会をする。彼は最初に二十分間の演習について説明する。対象がプログラマーであれば、最初の演習ではソフトウェアの見積りをすることが多い。さまざまなストーリーカードを架空のプロジェクト向けに用意し、それを実現するのにかかる時間を見積もるのだ。インタビューにコンピューターもコーディングも使わないので驚かれることが多い。演習のねらいはチームワークを見せてもらうことで、技術スキルではないんだ。ジェームズは演習の目的を、ペアのパートナーが優秀に見えるようにすることだと説明する。パートナーが困っていれば、手伝う。相手が知らないことを知っていれば、共有する。自分のパートナーを二次インタビューに進めるのがゴールなんだ。最初の数分で、候補者は僕たちの文化に全力でぶつかることになる。候補者は自分自身が二次インタビューに進みたいと願っており、どうしたらいいか頭をひねり始める。

それから候補者はランダムでペアになる。次の二十分間、それぞれのパートナーはメンローの観察者に監督されて演習に没頭する。お互いすぐそばに座って、おしゃべりし、課題に集中するなかで、部屋は騒がしくなる。なんだ、メンローのいつもの仕事の日と同じじゃないか！　多くのペアがこの状況をかなり自然に受け入れる一方で、いくつかのペアはすべてを理解しようとしてもがいている。

これまでこうしたやり方を繰り返してきて、参加者がすぐに普段のスタイルに戻っていくものだとわかってきた。インタビューでは不利益になるとわかっていても、そうなるんだ。他の人が持っている鉛筆を奪い取っている人を見かけた。パートナーから完全に顔を背け、すべての注意を観察者に向けて、自分のペアを完全に無視してしまっている人もいた。

演習はペアで行う。コンピューターも電卓さえも必要としない。演習にひっかけはないし、よい答えはあっても「正しい答え」はない。演習の一つは、架空のプロジェクトにおいて予算に合わせてどの機能を選ぶべきか決めるようペアに求めるものだ。機能選択の基準は、それぞれの機能の価値と相対的な費用だ。これは、僕たちの計画ゲームのシミュレーションである。また別の演習では、紙と鉛筆で画面を作って、想像上のユーザー向けのデザインをする。これは、僕たちのハイテク人類学の紹介である。

そのあいだずっと、それぞれの候補者がどのように問題解決に貢献しているか、どのように共有しているか、どのように意見を主張しているか、どのように協力しあっているか、実際に何かを完了させたかどうか、観察者は注視する。そしてこんなふうに自問する。「この人と一週間ペアを組みたいと思うだろうか？　困ったときには支えてもらえると感じるだろうか？　この人を支えられるか？　支えようとしたとき、ちゃんと聞いてくれるだろうか？　この人から学べそうか？　成長を助けてもらえそうか？」

僕たちは候補者に三回ペアを組ませるが、毎回別の相手と観察者を割り当てる。ペア演習はそれぞれ二十分間だ。演習は、騒々しく、真剣で、エネルギーにあふれている。これこそメンローだ。

ペアテストのあと、結びの言葉で演習を終わりにする。候補者からの質問のために少し時間を取り、それからまだツアーに参加していない人は今後予定のツアーに招待する。候補者たちの体験についてのフィードバックを僕にメールできるような機会も提供する。そうした追加の協力にはお礼として、僕たちの推薦図書から彼らが選んだ本を一冊自宅あてに送る。

チームにチームを作らせる

5

候補者たちが帰ったら観察者チームは集まって、目にしたものを議論する。三十人のインタビューの場合には、十五人の観察者がいる。参加した候補者一人ひとりについて五分ずつ、話す時間を取る。中心となる質問はこうだ。二次インタビューに招待すべきなくらい十分に幼稚園スキルがあったか？チームは彼らと一日中ペアを組んでもよいと思うか？

まずは、親指を使った投票だ。ある候補者について三人の観察者がみんな親指をあげれば、特に勢いよく前のめりであがれば、もう議論の必要はない。そのまま二次インタビューに招待だ。同様に、三人とも親指を下げれば、議論はしないし次のインタビューにも招待しない。丁寧に敬意を払ったフォローアップのメールで、将来また別の機会にお会いしたいと伝える。

もちろん、たいていは賛否両論で、議論が必要になる。ここでは、僕たちの文化について、そして候補者が文化になぜ合うのか、合わないのかについて素晴らしい議論が起きる。これは、僕たちの文化の意図を内部的に強固にし、チームに最近加わった人たちに対してそれを教えるための素敵な機会となるんだ。議論のあと、あらためてグループ全体で投票し、投票結果を記録する。

CEO兼創業者として、僕も投票し意見を出す。しかし僕の投票結果や意見も、他の人とまったく同じ重みで扱う。僕たちのチームに加わるよう招待している人たちと僕がペアを組む必要はないという事実。それだけで、僕がチームの下した判断を上書きしたいとは思わない十分な理由になる。

6 第二ラウンド……実際の仕事をする

候補者が二次インタビューにこぎつけたら、こんどは丸一日参加してもらう。一日分の給与を支払う契約を結び、候補者はその日、実際の顧客のプロジェクトに取り組むんだ（僕たちは候補者の費用も顧客に請求する。顧客には事前に伝えてあり、通常より低い料金になっている）。

候補者は僕たちのプロジェクトのうちの一つにペアで取り組むようアサインされる。メンローのチームメンバーは全員、比較的最近入社した人でも、この第二ラウンドの「インタビュー」のパートナーになりうる。候補者は、午前中は僕たちのプログラマーの一人、ロブとペアを組むかもしれないし、それから午後は別のプログラマーのベラとペアを組むかもしれない。午前中の学びからベラにすべきことを伝え、軌道に乗せるのが候補者の仕事になる。そのためにはロブに質問してもよい。

候補者と数時間ペアを組むうち、ロブとベラは候補者のプログラミングスキルについて的確に把握できる。使っている技術を候補者が知らなくても、それは問題ない。好奇心を持って、質問をし、自分の専門知識をこの未知の領域に変換しながらその場で学べるかどうかを見ているのだ。

この一日契約の最後に、候補者はタイムシートを記入し、仕事の対価として一時間あたり十ドルが支払われる。だが候補者が受け取るのは対価だけではない。このペア作業というのがどんなものなのか、その感覚をつかんで帰るのだ。ペア作業を聞いたことがある人は多いが、実際にやった人は少ない。すべての人に合うわけではないし、僕たちにとってはそれで構わない。インタビューはテーブルの両側の人が文化的な適合性を評価する機会であるべきだと、僕たちは信じている。

一日が終わって候補者が帰ったら、ペアを組んだ二人（この例ではロブとベラ）はファクトリーフロアマネージャーのキャロルと会う。キャロルはファクトリー全体、全プロジェクトの、人員配置計画の調整役だ。キャロルは二人に、「この人ともう一度ペアを組みたいですか？」という重大な質問をする。もしチームからのフィードバックが良好であれば、僕たちは候補者を三週間のトライアルに招待する。この三週間の有償契約のあいだ（一日のときより高い、新人と同じ単価だ）、候補者は実際の顧客のプロジェクトに取り組み、最低さらに三人のメンローニアンとペアを組む。

トライアルがうまくいけば、その人はチームに加わる。新たなメンローニアンの誕生だ。僕たちへの順応という苦労は、エクストリームインタビュープロセスの途中で達成されている。僕たちは、この章の冒頭でみたスーザンのような、恐ろしい「仕事の初日」を消し去ったんだ。

もちろん、僕たちの文化に組み込むためには、まだ学習したり教えたりすることがたくさんある。最初の数週間が過ぎてから落伍者が出ることもあるにはあるが、まれだ。

僕たちのプログラマーの一人、ジェフはメンローのインタビューでの珍しい経験について回顧した。

7 採用の意思決定を遅らせてはいけない

インタビューのあと平均的な従業員の士気が下がるまで六週間だとリッチはよく言っている。自分はもっと早かった。大学を出て初めて就職した会社で、三週間の間ずっと仕事が与えられず、映画『リストラ・マン』をもっと現実的で悲惨にしたような生活を送りつつ、何かやらせてほしいと周りの人にしつこく頼み続けたあげく、クビにされた。解雇の理由は「チームに合わない」だった。思い返せば、まったくもって正確だ。幸いだったのは、その喜びのない仕事から追い出されたあと、メンローが親切に一日インタビューに招待してくれたことだ。まるで異世界に来たみたいだった。メンローに来て最初の二十分で（実際は五分くらいだったかもしれないが、先に来てまずコーヒーを飲んでいた）、キーボードに手を置き、本物の顧客のために、本物のコードやプロジェクトに取り組んだ。最初の日の終わりまでには、ソフトウェア開発にお金を払っている顧客にも会った。三週間のトライアルの終わりまでに、同じタイミングでトライアルを始めた人たちと一緒に仕事をした。自分も、他の人たちも、単なる給料以上に求めているものがあった。自分のキャリアを見つけたのだ。そしてまた、喜びも見つかった。

第一ラウンドのインタビューで六十%の人が落ちる。第二ラウンドと第三ラウンドはそれぞれ五十%落ちる。最初の集団インタビューに五十人いれば、それが二十人になり、十人になり、五人になる。僕たちはこれらの決定をすばやく、手間をかけずに行う。途中での失敗を気にして長い時間をかけたりはしない。

多くの企業が採用に苦労しているが、その主たる理由はインタビュープロセスにバカバカしいほど長い時間がかかることだ。僕はそう信じている。素晴らしい候補者を見つけたら、人事部の官僚組織が動き出す。企業から候補者に連絡が返ってくるのに数週間かかり、オファーの頃には、候補者は他の会社でポジションを見つけてしまう。僕たちのプロセスは高速で、ワクワクしているうちに人をつかまえる。

カリフォルニアのある企業のCIOが僕に聞いてきたのを思い出す。「リッチ、こう聞こえたんだけど本当か？　五つのポジションに候補者が五十人も集まったんだって？」自分のところでは五十のポジションで五人しか応募が来なかった、と彼は話を続けた。同じ話をアナーバーの現地役員からも聞いたことがある。「どこで人を見つけるんです？　二つのポジションで募集してるのに人が来ないんです」

明白な文化とそれにあわせたインタビュープロセスがあれば、経験上、採用は簡単だ。ウェブサイトにクールな売り文句を貼り付けたところで、どうにもならない。口コミが多くの人を呼び込む。僕たちの評判が僕たちを前に進めるのだ。インタビューのたび、まったく苦労せず五十人は集められる。僕と同じような階層にいる他社のマネージャーとは違って、僕たちは要望どおりのスキルを持つ完璧な人を探してはいない。メンローでは、好奇心を持って学習できる人を探しているのだ。スキルは一日中教えられる。しっかりした基礎を持っていれば、教えるのは大したことではない。

以下はメンローで長くプロジェクトマネージャーをつとめるリサからのものだ。

私たちの採用プロセスにおいてどうして私が喜びを見つけたのかを振り返ってみると、いくつかのことが際立っていたと思う。

1　足を引っ張ったりチームを傷つけたりするような人に引っかかって行き詰まってしまうことがない（メンローのみなが知ってのとおり、インタビューのプロセスは今後どれだけメンローにいても、なくなることはない）。自分たちのチームにとって正しい人がいることが喜びだ。

2　喜びは一番最初から、チームが新しい人の指導を助けるときから生まれる。

3　エクストリームインタビューのイベントにおいて、人とつながるなかで喜びがたくさん見つかる。チームと一緒に時間を過ごし、候補者全員についてのフィードバックを共有している際に自分たちの失敗を回顧すれば、いつも笑いにあふれている。本当になりたいチームになるためには、まだたくさんやることがあるのもわかっている。

8 柵のない鳥かご

最大限の努力を払い、思慮に富んだインタビューをしているにもかかわらず、採用はいつも望みどおりうまくいくわけではない。僕たち固有の働き方に適応するための時間と場所をとっておかなければいけない。人びとは機会があれば変化できるし、実際に変化する。しかし同時に、どうしても僕たちの文化にあわなければ会社を離れてしまうかもしれないし、それを恐れてはならない。全員うまくいくというわけにはいかない。去ってもらう必要があるなら、品格と敬意を持ってそうすること。解雇は決して簡単であってはいけない。

僕たちは両方向に失敗を犯しがちだ。いてもらうべき人を手放してしまうし、離れてもらうべき人を長く残しすぎてしまう。結局のところ、僕たちも人間だ。しかし一点、できうる限り明確にしておくことがある。今回うまくいかなくても、理由に関係なく、また挑戦できる。僕たちは柵のない鳥かごだ。何度かインタビュープロセスをやり直してついに合格する人がいる。一方で何度かやり直して初めて、メンローが合わないと当人にもチームにもはっきり理解できるという人もいる。さらには、やってきて、しばらくいて、去って、また戻ってくる人もいる。長く働いた人が去るのを見るのは悲しい。だが、それは健全な文化のごく自然な一部であり、それぞれのチームメンバーの人生を尊重するという主題を持つチーム全体に恩恵をもたらすのだ（メンバーの減少についての僕たちの考えは7章で説明する）。

柵のない、開かれた鳥かごには驚くべき利点がある。会社のマーケティングもその一つだ。僕は三週間のトライアルをしていったバートのことをよく思い出す。彼はいい人で、僕たちは彼のことを好いていた。だが僕たちが必要とする学習曲線まで伸びなかったのだ。僕たちのせいかもしれないし、彼のせいかもしれない。まず間違いなく両方の理由だったのだろう。

僕たちのチームは彼とのつながりを断つことを決めた。バートは泣いていた。たくさんではないが、目の端に涙を浮かべていた。バートは本当に僕たちのために働きたいと思っていたし、僕たちも彼のことを好いていた。彼が去って数週間後、彼から電話をもらった。

「こんにちは、リッチ。デトロイトで新しい仕事を見つけたんですよ。それで電話したんです」

彼からそれを聞けて最高だったし、彼が無事に着地したのがとてもうれしかった。わざわざ電話してくれたことへの感謝を伝えた。

「いえいえ、そのために電話したんじゃないんです。私たちのところにソフトウェアプロジェクトがあって、それがメンローにぴったりだと思ったんです。それで私の会社のCEOをツアーに連れて行って議論したいんです」

僕たちはこの別れをかなりうまく扱えたのではないかと思う。数日後、バートは彼の会社の新しいCEOとともにオフィスにいて、わずか数週間前に彼が去った場所でビジネスの話をしていた。

9 なぜ僕たちのバスが必要なのか？

『ビジョナリー・カンパニー2』の著者であるジム・コリンズは、正しい人をバスに乗せ、正しくない人をバスから降ろす、というよく知られたことわざを生んだ。メンローの僕たちのバスにはたくさんのバス停がある。しかし、それは正しいときに正しい人をバスに乗せるということでもある。

それでは、どんな種類の人たちがバスに乗っているのか？　どんな役割を埋めなければいけないのか？　仕事の性質上、当然プログラマーが必要だ。だが僕たちはソフトウェアを作っているにもかかわらず、プログラマーの数は全体の半数以下だ。美しく設計されたしっかりしたソフトウェアを作るには、プログラミング以外の仕事がたくさんある。メンローでは、品質保証担当も必要としている。品質保証担当は頭のなかに全体像を描いて、作業の進捗に合わせてすべてがうまく組み合わさるようにする人だ。他にも、すべてをうまく構造化して、顧客との連絡窓口になるプロジェクトマネージャーも必要だ。

僕たちのチームには、すでに何度か言及したかなりカッコいい肩書き「ハイテク人類学者」を持つ人がいる。地球上のほとんどのソフトウェアチームにも、たいていの会社にも存在しない役割だ。「ハイテク人類学者」の仕事は、作っているソフトウェアの利用者を何としてでも大喜びさせることだ。

「発見とは、みんなが見たことのあるもので
誰も考えたことのないことを見つけることである」

――ハンガリーの生理学者
セント＝ジェルジ・アルベルト（ノーベル賞受賞者）

観察のもつ力

6章

ある土曜日の朝、僕は外出がてら、園芸用の土を買いにホームセンターに立ち寄った。駐車場で土の袋を車に載せていると、僕の作業が終わるのを待っていた車の持ち主が歩み寄ってきた。僕が、お待たせしてすみません、と言いかけたところで、相手は僕のTシャツのロゴを指さした。アキュリサイトメーターズ社のロゴだった。僕たちの大事なお得意様だ。彼は大声で言った。「そこの製品を毎日使ってるよ！　とても気に入っている」

僕は「そうなんですか。僕たちがここのソフトウェアを作っているんですよ」と説明した。

「あんたらはいい仕事をしている。以前使っていた製品より、オレの生活をずっと楽にしてくれている。ありがとう」

残りの袋を車に積み終わり、次の目的地に向かおうとする僕の足取りは、喜びで軽くなっていた。彼が見せたのは、ハイテク人類学が効果を現した明確な証拠だと思う。僕たちのチームは、実際の利用者にとって、使えるプログラムをデザインしたのだ。

メンローでの喜びの根幹にあるものは、僕たちが作ったソフトウェアを人が使ってくれ、うれしい体験だと感じてくれることだ。目標はいつも変わらない。マニュアルも講習会も使い方メモもいらない、使いやすいソフトウェアをデザインして作ることだ。まったく経験をしたことがないような難しい業務領域においても、僕たちはそれを成し遂げてきた。

人に奉仕しない会社は、この世に存在できない。会社とは、生み出すプロダクトやサービスを使ってくれる人たちの要求に応えるために存在するものだ。喜びについてこんなふうに考えれば、全員が価値ある目標に集中して取り組める。ソフトウェアを届けるのは、難しいことだ。コーディングは緻密な作業だし、正しいデザインに至るまでには忍耐と粘り強い努力が必要になる。それは本当に大変な作業で、いつもうまいこと完成できるとは限らない。僕たちもイライラするし、我慢強いわけでもないし、予想外の問題だって起こる。しかし、僕たちの喜びもまた、そうした大変な作業の成果として得られるものなんだ。だから、僕たちがデザインし作り上げるソフトウェアによって、人の生活に喜びを与えたい。

読者のあなたにも、あなたなりの仕事の喜びがあるはずだ。それを追求するのがあなたの仕事だ。あなたの会社が自動車を製造しているなら、ドライバーたちがあなたたちの車の話をしていて「愛してる」「大好き」という言葉を使っていれば、喜びを感じられるだろう。あなたがお惣菜屋さんなら、昼食時にライ麦パンにコンビーフを挟んだサンドイッチを頬張りながら、満足そうに唸っているお客さんを見て、喜びを得られるだろう。あなたがお医者さんなら、患者さんと長く深い関係を持ち続けながら、彼らが健康を維持し、人生の一コマ一コマをエンジョイできるようにしたい、そう望んでいるはずだ。そんな素晴らしい結果を得られる仕組みは作れるものなのだろうか？　観察し整理し、動くべきように動くまで発見とデザインを何度もやり直し、明白だが微細な問題を早期に検出しデザインから排除して、システムやプロダクト、サービスを突き詰めていく。そんな方法はあるだろうか？

ある。顧客からの要望の名のもとに、あなたの喜びを追求する仕組みを作るためには、世界を見渡して、問題を機会と捉える眼を持たなければいけない。

1 そこにある断絶（ミッシングリンク）

メンローで世紀の大発見をひらめいたのは、ほとんどのソフトウェアチームが何か基本的なことを見失っているとわかったときだ。僕たちの喜ぶべきゴールがエンドユーザーに喜んでもらうことなら、そのエンドユーザーにはずっと利用し続けてもらわなければいけないのだ。ハイテク企業に限らず、ほとんどの人たちがいまだにソフトウェアには苦痛を感じている。しかし、あなたの会社も他の会社と同様、ソフトウェアを使わなければ何もできない。ガソリンスタンドでもソフトウェアを使わないと給油すらできない。ケーブルテレビの会社も、ソフトウェアなしに何百ものチャンネルを提供できない。

ソフトウェアに関する素晴らしい体験を作る上で問題となるのは、ある断絶（ミッシングリンク）の存在だ。何が欠けているのかを理解するためには、大いに異なる二つの文化、その相反する目標のあいだで起きがちな根本的な考え違い、この考え違いのために多くのトラブルが起きるのだということを、まず知らなければいけない。ソフトウェアのユーザーと、ソフトウェアの作り手は、異なる言語を話しているのだ。両者は、異なる世界に住んでいるのだ。

僕のような人間は、ソフトウェアを作る側からだけ見るような、古い見方をする論理人間（ホモ・

ロジカス）だ。僕たちはコンピューターがどうやって動くのかを知っているし、楽しいものだと考えている。ＣＰＵとメモリーがあって、ハードディスクとフラッシュドライブがある。ＳＩＭカードとＵＳＢポートがついている。802.11nの無線ＬＡＮと、有線のイーサネットがある。Ruby on Railsを聞いたことがある？　これはWeb2.0を実現した言語だ。ＨＴＭＬ５への対応についてはまだ静観している人もいるが、いくらかの兆しも見えてきている。僕と同じような考え方を学んできた人なら、こういうことが全部わかるだろう。いったん僕のような考え方を理解してしまった人は、ソフトウェアで困ったときにも、何でも理解できてしまう。

一方で、やっかいなユーザーもいる。愚かなユーザー、おバカさんたちだ。ソフトウェアの作り手たちは長いあいだ一方的な立場から、技術のわからない人たちは愚かだからいけないのだと、思い込ませてきた。このように自己軽視を植え付けられると、ウェブサイトやスマホやデジカメがうまく動かないとき、「あらら、きっと私がダメなユーザーだからだ。どうせ簡単なことだろうけど、学ぶ時間をとってないからわからないんだろう」と、みんな同じ言い訳をするようになる。自分もプログラマーのようにコンピューターのことを理解しなければいけないのではないかと考える人も出てくる。

2

何が欠けてしまっているのか？

人類学こそが架け橋だ。僕たちは人が実際に働いている場所で学び、彼らに便利さと喜びをどうやって提供するか考えなければいけない。人類学は人間性の科学だ。社会システム、人が作り出すもの、ボキャブラリ、コミュニティ間の相互作用、コミュニティ内の異なるグループ間の交差に関心を向ける。人類学者は現在をより深く理解するために、歴史を理解しなければならない。そのため、ときには考古学者のように歴史的遺構を探索することもある。人類学者は偏見のない正しいレンズを通して、人間とそのストーリーを理解したいと考えており、できる限り偏見を取り除きながら人間を観察できる。

僕たちは人類学をソフトウェアデザインに適用できると信じている。人類学を生かしプロセスの中心に据えれば、前線にいる技術者と気の毒なユーザーの双方から不満を取り除くのに役立つ（もちろん、僕たちの目的にも適っている）。

このテクニックや手法はソフトウェア開発固有ではなく、いかなる種類のプロダクトやサービスにも適用可能だ。僕たちの仕事はソフトウェア開発なので、僕が語るストーリーや事例はソフトウェアに関するものになるが、あなたの事業領域にはあなた自身であてはめられるはずだ。

ペルソナ3

僕たちがソフトウェアを作っているとする。ハイテク人類学は、それを使う予定の人びとの理解から始まる。僕たちは自然な環境で利用している人たちを探す必要がある。なぜならデザインは現実の状況によって変わるものだからだ。グループインタビューは、人格の破綻した人たちにすぐに乗っ取られてしまい、この目的には使えない。強い意見に他の意見が埋没してしまうのだ。それにユーザーをオフィスに招いて何がほしいのかを聞くこともできない。ユーザーは自分が本当にほしいものを知らないからだ。ユーザーが愚かだというわけではない。その正反対だ。彼らは毎日の業務遂行においで有能であり、それ以外のことは単に気にも留めておらず、最も重要な瞬間を詳細に記憶しておくことはできないのだ。この制約を回避して必要な情報を得るには、粘り強くひたむきに観察するしかない。

ここからは、あなたがメンローのハイテク人類学者で、ウエディングプランニングのサイトMyAwesomeWedding.comを作っているチームに参加することになったとしよう。チームが行う最初の質問の一つは、誰がユーザーになってくれるかを知るためのものだ。「どんな人がウエディングを計画するだろう?」

すぐに、あなたとチームの同僚たちはリストを作り始める。花嫁、母親たち、花嫁の付添人、花嫁の姉妹、プロのウエディングプランナー、もしかしたら花婿も。

ハイテク人類学者チーム（ペアで作業する）の最初の仕事は、普通の環境にいる対象者を探すことだ。しかし、どこにいけばいいだろう？　教会、ホール、結婚式場、大型書店のブライダル雑誌売場、宝石店、ケーキ屋、ブライダルドレスとタキシードの店なんかはよい選択だ。チームは形式張らず、出会った人を観察し、会話をしながらインタビューを行い、そこで見聞きしたものをノートにとる。「式はいつ？」という質問から始めて、得られる情報は何でも引き出すべく、さまざまな質問を行う。

オフィスに戻ったら、ハイテク人類学者は学んだことを整理し、発見した人たちを種類別にグルーピングする。若くて初婚の花嫁と、再婚しようとしている女性がいた。また、義母が参加することもあるし、姉妹、友人が企画に参加することもあった。さらに、このイベントは花嫁本人よりも母親にとって、より大事なイベントであるようだと学べた。見つけたことを整理したら、ペルソナと呼ばれる成果物のためストーリーを書く。ペルソナはシステムの主たるユーザーが誰かを明らかにするものだ。たとえばこんな具合になる。

キャスリン・トーバーはミシガン州デクスター出身、五十二歳の主婦。まもなく娘のウエディングのプランを手伝う予定だ。活動的で、さまざまなコミュニティに興味を持ち、ヒューロン川でカヤックをするのが趣味。昨年新しいパソコンを買ったが、思ったほどには使っていない……。

キャスリンの目標……

◎世紀のウエディングの準備を手伝う！
◎パソコンを使えば時間が節約できるかどうかを知りたい。パソコンでできるようになったことを娘と話したい
◎自分が理解できない難しい言葉を、周りの人たちが使うような状況を避けたい。自分がバカにされたように感じるので

もちろん、ハイテク人類学者たちは実際にはキャスリン・トーバーという人物に会っていない。しかし、キャスリンのペルソナには観察とインタビューを通じ、対象者たちから学んだ真実の基本要素が散りばめられている。

ハイテク人類学者たちは、出会ったさまざまな種類の人たちをもとに、さらに数十のペルソナを作り出していく。これらのペルソナはソフトウェアプロダクトを囲んで喜びの王国を築いていくための鍵となる。もっと正確に言うと、このなかにたったひとつ、喜びの大地に到達するための鍵を持つペルソナがある。さて、どれだろうか？

これは最も難しい質問だ。正解は唯一ではないが、答えるためには「一つだけ選ぶ」必要がある。僕たちは全力をもって、顧客が一つに絞らないというワナを回避する。「私たちはこのソフトウェア

を誰にでも役立つものにしたいんです。プライマリ（最優先）ペルソナを一つだけ選ぶなんて、間違っていますよ。私たちは市場全体を支配したいんですよ」。だが、誰にとっても役に立つプロダクトやサービスを作ろうとすれば、誰にとってもあまり役に立たず、市場で淘汰されてしまうだろう。

僕たちは可能性のあるペルソナをすべて、ちょっと大きめな野球のトレーディングカードくらいのサイズのカードに書き出した。終わったら、ペルソナの束を持って顧客のところに行き、大きなスチレンボードにそれを貼り出した。ボードにはアーチェリーの的のように三重の同心円を書いてある。そして顧客に、プライマリペルソナを選ぶという難しい決断をお願いする。ここまで準備した僕たちの苦労に免じて、やっていただきたい、と。これから計画するシステムもしくはプロダクトをいったい誰のためにデザインするのか、中心となる人物像を選んでもらわなければいけない。

どの顧客も、カードを眺めながら同じように嘆くことになる。どのペルソナも、ペルソナマップの同心円の中心に持って来るべき重要なユーザーに見えるのだ。僕たちと話し合い、同僚と議論し、一つを選んでみては、やっぱりやめる。さらに議論を続け、最終的に一つのペルソナを選び、スチレンボード上の同心円の中心にテープで貼り付けた。普通はそこに至るのに数時間かかる。それほど困難で重要な作業なんだ。そして僕たちは顧客にセカンダリ（二番手）ペルソナを二人選ぶよう促し、これらは二本目の同心円のところに貼ってもらう。さらに一番外の円にペルソナを三つ貼ってもらう。

ペルソナマップはそのプロジェクトでデザインを進める上で中心的役割を果たす成果物だ。どんな画面も、ボタンも、レポート画面も、あらゆる機能はプライマリペルソナの眼鏡を通して評価する。僕たちはペルソナに命を吹き込むのだ。

MyAwesomeWedding.comの例では、キャスリン・トーバーがプライマリペルソナになった。ウェブサイトのマーケティングチームは検討の末、予算を握っている母親が支出を決定すると判断した。花嫁のアミーはセカンダリペルソナとして、二番目の円に貼られた。

MyAwesomeWedding.comの画面上のボタンのデザインを仕上げる過程は次のようになる。まずハイテク人類学者が「キャスリンにはどんなボタンが役立つだろう？」という質問をする。もしかすると誰かが「あれ？この機能はアミー用だよ？」と答えるかもしれない。それは構わないが、次の質問はこうなる。「キャスリンが使うのを妨げないように、アミーのためのこの機能を追加するには

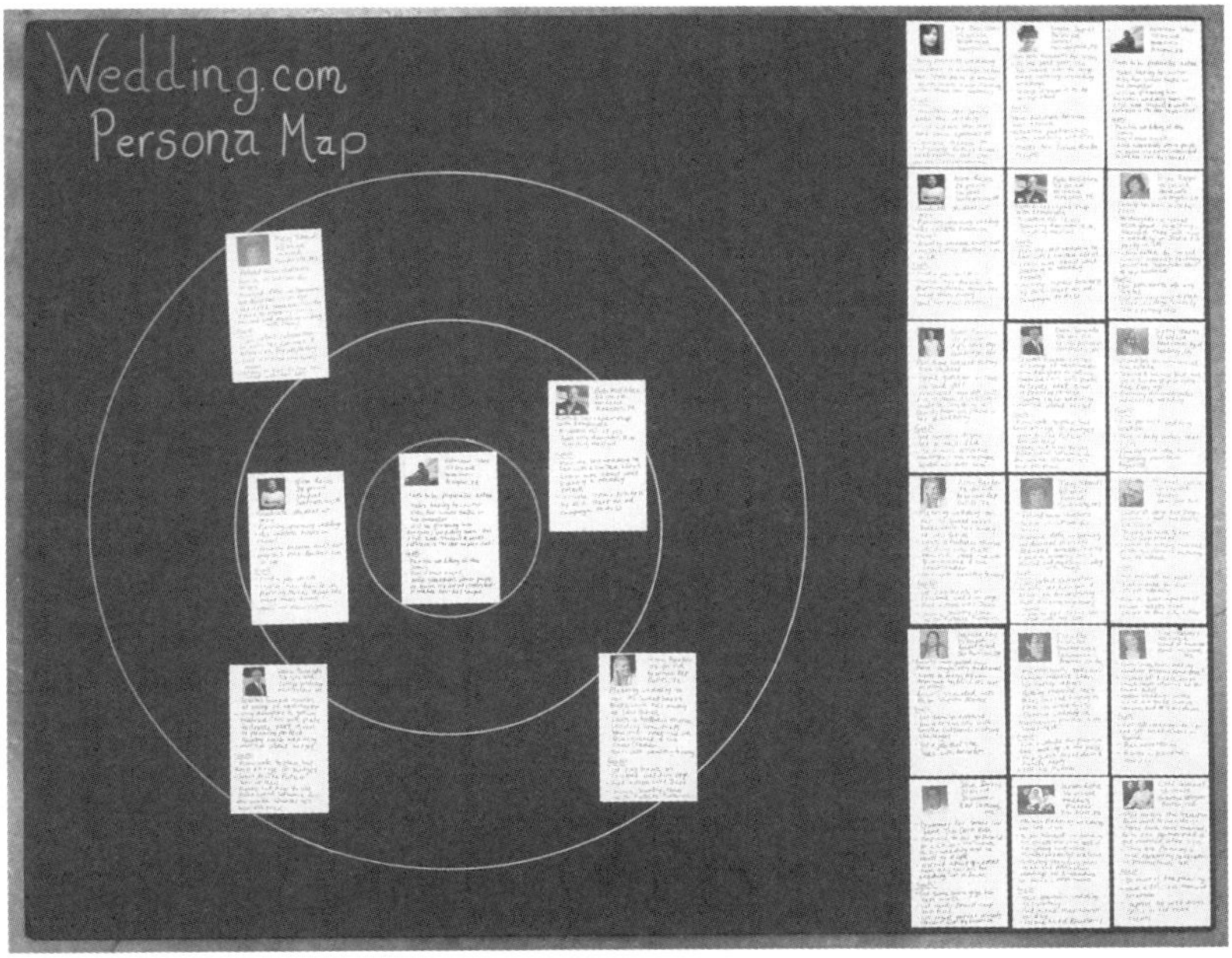

図8：ペルソナマップの例。一番手のペルソナが中心にいる

どうしたらいいだろう?」繰り返しになるが、プライマリペルソナはキャスリンなのだ。もしキャスリンにとって使いものにならないなら、デザインができてないということだ。

このように、僕たちのペルソナは抽象を排除して、その人にとって役に立つかどうかに注意を向けさせる。キャスリンが僕たちのプロダクトと付き合ってくれるかどうかに細心の注意を払い、彼女の生活の役に立てるよう考える。

ビジネスに役立つハイテク人類学者 4

僕たちのハイテク人類学者としての経験のうちで一番よかったのは、アキュリのフローサイトメーターでペルソナマッピングのワークショップをしたときのことだ。アキュリ社は彼らのマーケットを支配したいと本気で考えていた。彼らは三千万ドルの資金をベンチャーキャピタルから調達しており、大きな利益を投資家に返す必要があった。

当初、アキュリのチームはすべてのペルソナを中心に置きたがった。それは当然だ。だが僕たちは差し戻した。一つだけ選んでください。彼らはしかめっ面で、最終的にはエミリーを選んだ。職業はラボのディレクターで、いまは競合するプロダクトを使っている。アキュリのチームが言うには、エミリーは部下のインターン生(ブラッドと名付けられた)に、フローサイトメーターを使わせないそうだ。

その理由は、作業中にミスが起きやすく、その際のコストが高すぎるということだった。

僕たちは、アキュリのチームと「こうならどうなる（What If）」ゲームをやった。僕たちが「ブラッドにとって簡単に使えるソフトウェアを作ったらどうなる？」と尋ねると、それが議論の導火線に火をつけた。まずチームの人たちが腹を立て、そんなのエミリーが納得しないと言い、議論を始めた。エミリーはブラッドには使わせないのだ。彼女はそもそもブラッドがソフトウェアを使えるとは信用していない。何時間もたって、翌朝アキュリのチームが戻ってくると、大事な点に気づいたと言い出した。実は、ブラッドのような潜在ユーザーはマーケットにたくさんいて、それはエミリーの十倍にのぼるという。ブラッドこそ、プライマリペルソナにすべきだったのだ。チームはプライマリペルソナを変更し、世界中のブラッドにとって、より使いやすいソフトウェアを作ることにした。

プロダクトのリリースから三年もたたないうちに、アキュリはフローサイトメーター市場で圧倒的な優位性を持つ企業の一つになった。同社は二〇一一年の二月に最大の競合企業に約二億ドルで買収された。同社がユーザーをよりよく理解した結果だと考えている。ハイテク人類学に感謝したい。

5 ハイテク人類学者は観察し、共感する

ディーゼル発電機を診断する携帯型タッチスクリーン端末のユーザーエクスペリエンスのデザイン

を依頼されたことがある。ハイテク人類学者たちは、まず整備士のケンがバスを修理するところを観察するため、アナーバー・バスターミナルに行った。そこでケンは、作業を始めるにあたってまずゴム手袋を着用した。ハイテク人類学者たちはこのことをメモに取り、あとでケンに聞いた。ケンによると、同じような作業をする人は一般的に、このような手袋を着用するのだという。

僕たちのチームにとって、それは驚くべきことだった。ケンやその同僚たちのために作っているハンドヘルド型デバイスは、顧客からの要求では静電式のタッチパネル（iPhoneと同じ方式）を使うことになっていた。この方式ではラテックス製の手袋などを着用していると動作しない。顧客もこのことに驚いた。メンローのチームは二時間ほど現地に滞在し、プロダクトを市場に浸透させる上で致命的な問題になるものがないか、調査した。その分野で三十年間もの経験を持つ顧客ですらも、知らないことがあったのだ。この問題は、感圧式のタッチパネルを使うことで解消された。

熱心に注意深く観察すると、詳細にデザインを進めてしまう前に問題を発見できる。デザインがどのような影響を及ぼすかを実際に見て観察することだけがハイテク人類学者の仕事ではない。人の仕事は動作として観察可能なものばかりではないからだ。心の状態や心の奥底の感情も、喜びを提供するためには重要な要素だ。

ある郡の役所のシステム再設計プロジェクトで、ハイテク人類学者たちは役所内のあちこちに絵葉書が飾ってあるのに気がついた。その役所では、市民への対応がいつも素晴らしいとはいえない状況で、しかもその郡の税金が高すぎると思っている人が多く、けんか腰で窓口に来るという有様だった。

もちろん役所のスタッフが税金をどうこうしているわけではないのだが、顧客である市民はそんなことはお構いなしだった。そこで窓口業務の人たちは絵葉書を血圧降下剤の代わりにしていた。厳しいやり取りを済ませたあと、美しいビーチにいる自分を思い浮かべて気持ちを落ち着かせていたのだ。

ハイテク人類学者はホームスクリーンにこのようなビーチの風景を表示する意見を出した。職員が毎日使うシステムに、ストレス解消の機能を意図的に入れるのだ。そんな細かなことにまで注意を向けたのに職員たちは感動した。スクリーンに海岸風景が表示されるのをみて、涙する職員もいた。こんなふうに職員の話を聞いてもらったことはこれまでなかったという。

職員が海岸風景の要望を出したことはない。しかし僕たちのチームは職員が自然な職場環境で働いているところを観察し、システムを使う生身の人間にとって、よい機能追加になるだろうと思い至ったのだ。そして、そのとおりになった。

6 ハイテク人類学者の手描きモックアップ

驚くほどのことではないかもしれないが、僕たちのハイテク人類学システムには一連の成果物があり、ストーリーカードや見積りシートと同じくらい重要だ。

ハイテク人類学者たちはペアを組んで、携わっているプロダクトの、シンプルで大ざっぱな手描きの画面モックアップを作成する。ウェブサイトやスマホアプリをデザインしているのであれば、パソコンやiPadやアンドロイド携帯電話など、それぞれの画面や端末のサイズに合わせた紙に描いたモックアップだ。先の診断ツールのように、専用のハードウェアを作っているのなら、ハードウェアの設計図面しかない状態でプロジェクトがスタートすることがある。その場合は、段ボールとガムテープで装置の形状のプロトタイプまで作ったりもする。これもモックアップの一種だ。

このような紙ベースかつ手描きのユーザーエクスペリエンスデザインのプロトタイプは、実際のユーザーが検証する。ハイテク人類学者たちは、プロトタイプを触ってくれるユーザーを集めてくる。そしてデザイン案についての意見を求める代わりに、プロトタイプを使って何らかの作業をしてもらい、その過程を観察

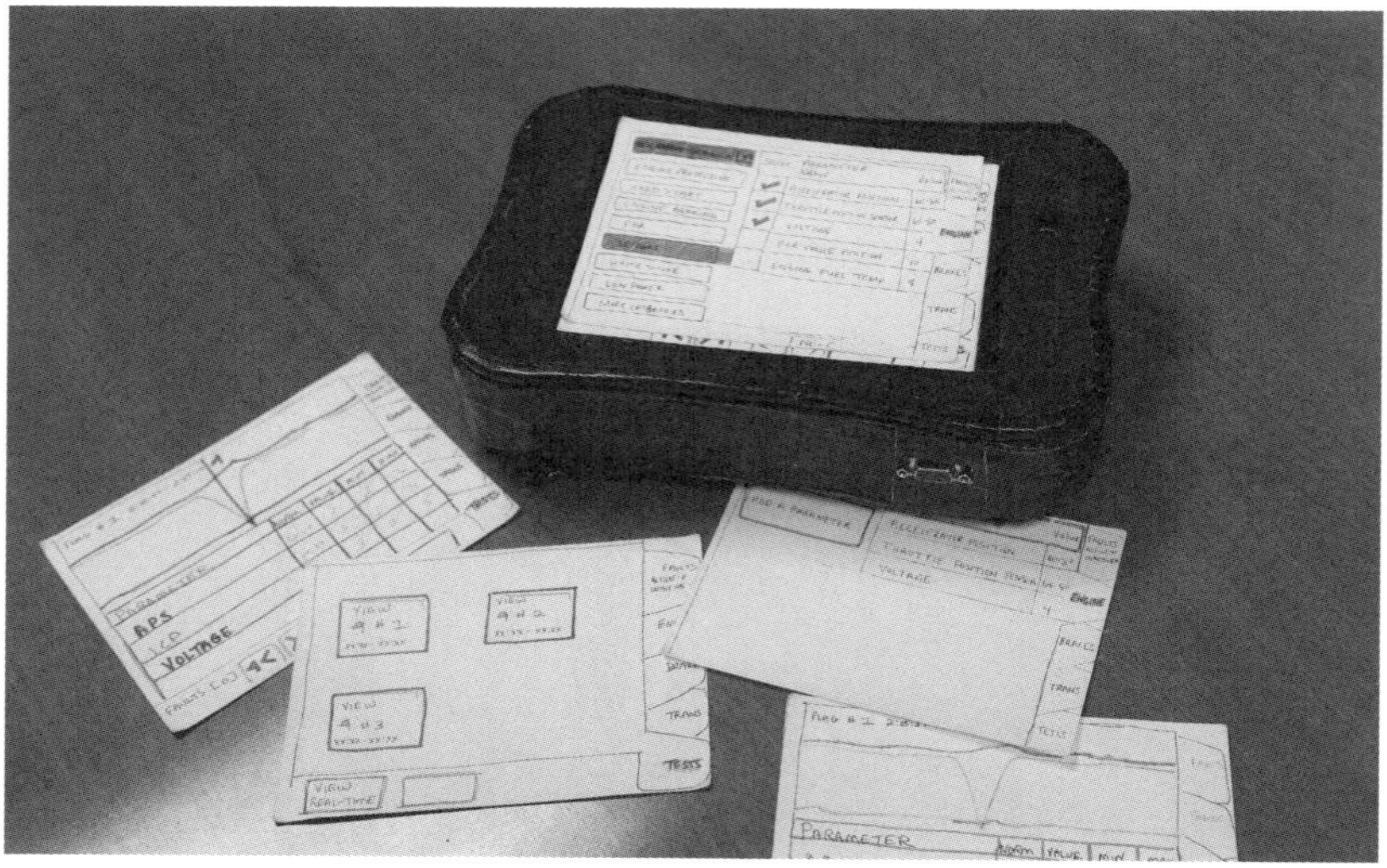

図9：紙製のプロトタイプ。ドラゴンフライプロジェクトで使った

する。ディーゼル発電機の診断ツールの例では技師たちに、段ボールのプロトタイプに紙の画面モックアップを貼り付けたものを使ってもらい、初期診断テストを実行するとどうなるか観察する。ユーザーが手助けなしでも作業のやり方がわかるかどうか確かめるのだ。ハードウェアを単純で雑な物理的プロトタイプを使って模擬し、画面は手描きのモックアップ。何てことはないものを使い、あらゆる人に対して模擬的な検証を行っていく。

僕たちのようなソフトウェア企業が、紙ベースの進め方に大きく依存していることに驚かれるかもしれない。メンローを訪れたある人に、紙を使って計画し、仕事を進めているのを見て、深刻な顔で僕にソフトウェアの見識を問われますよと言われたことがある。

そんな単純な話ではないのだ。僕たちは人がよりよく働けるようになると信じる道具を選んでいる。電子的なものがベストなこともあれば、そうではないこともある。特に、チームが同じ場所に集まれるときはそうだ。人類は手で触れられる道具を好む、視覚的な動物であり、依然としてタッチスクリーンより紙のほうが触れやすい。紙ベースのシステムに匹敵する柔軟性と拡張性を持つシステムを作るには、ハードウェアとソフトウェアに何百万ドルもかかるし、それほど使いやすくも効率的にもならないだろう。僕たちの民主主義的な理想も、紙ベースのツールと関係している。簡単で誰でもすぐ使えるツールを使えば、あらゆるステークホルダーに広く参加してもらえるようになるためだ。

7 生活のためのデザイン

生活に関わる何かを行うとき、デザインが大事な役割を果たす。レストランは素晴らしいメニューと顧客体験を提供すべきだ。大学は学生が簡単に授業に応募・登録し、料金を支払えるようにすべきだ。航空会社は座席の予約や搭乗券の印刷を簡単にできるようにすべきだ。

上手にデザインをするためには、企業はターゲットとなる人たちを極めて具体的に定義しなければならない。前述のキャスリンのペルソナには、彼女自身はテクノロジーを駆使しようなどとは考えず、そんなものは使わないで目標を達成したいという事実を反映した。

キャスリンの目標……

◎世紀のウエディングの準備を手伝う！——家族と素晴らしい思い出を作りたい

◎パソコンを使えば時間が節約できるかどうかを知りたい。パソコンでできるようになったことを娘と話したい——娘と有意義な会話をしたい

◎自分が理解できない難しい言葉を、周りの人たちが使うような状況を避けたい。自分がバカにされたように感じるので——バカにされたような思いをしたくない。そ

うした負の感情は一生記憶に残ってしまうので

ペルソナの持つ目標を達成するために、デザインを試していく必要がある。シンプルで小規模なデザインを作り、実際のユーザーで検証し、改良して繰り返す。デザインで成功するのに直感は必要ない。人間行動の熱心な観察者になり、あなたの素晴らしいデザインがうまくいかなくても謙虚であり続け、喜ばしいユーザーエクスペリエンスを達成するまで何度もデザインを調整するだけでよい。

8 ハイテク人類学者を見つけるには

僕たちがハイテク人類学者をどこで見つけたのかを知りたいという要望をたくさんもらった。うーん、大学の人類学部ではない。人類学部に目をつけなかったわけではないのだが、そのときはツキがなかった。実際には、日々の生活のなかで、ハイテク人類学者を見つけてきた。僕たちと一緒に働く人たちは多様なバックグラウンドを持っている。小学校の教師、ジャーナリスト、花屋のマネージャー、客室清掃のマネージャー、工場の運用エンジニア、映画科の学生、などなどだ。

僕たちがどんな人を探しているか？　前述したメンローニアンに求められる幼稚園での標準的な能力に加えて、ハイテク人類学者には以下のような能力が求められる。

◎素晴らしい観察のスキル
◎必要なら静かに座っていられる能力
◎「すばやくたくさん間違える」という態度
◎ユーザーインターフェイスのデザインスキル
◎クレヨンとマーカーで絵を描く能力
◎付箋を使う能力
◎フォトショップ（アドビ社のソフトウェアだが、皮肉なことに大変ややこしい）
◎共感力
◎曖昧で抽象的なことを扱う能力
◎特異性と正確性を備えたものを作る能力

プログラミングはできなくてもいい。

こうしたスキルをテストで測ることは不可能なので、僕たちはエクストリームインタビューを行って判別するのが一番よいと考えている。実際の仕事のなかで、僕たちの最高の教師とペアになって、彼らから何を学び取ったかをみるのだ。僕たちのハイテク人類学者は、どこかでトレーニングを受けてここにやってきたわけではない。僕たち自身で育てるしかなかった。あなたの仕事に人類学を導入すれば、あなたにも同じことができるんだ。

「恐怖は心を殺すもの」

――ベネ・ゲセリット 恐怖に対する祈り、
フランクハーバート『デューン 砂の惑星』

7章 恐れと戦う、変化を抱擁する

恐怖は喜びを殺してしまう。初期のファクトリーの実験で、ジェームズ・ゴーベルが「メンローで起こったすべての失敗は私の責任だ」と宣言したのはそのためだ。最年長のプログラマーの一人であるテッドは、コンセプトをすぐ理解した。うまくいかないことがあると、テッドは「ジェームズのせいだ！」と言った。このちょっとした当てつけのおかげで、問題が見つかったときに誰かを責めるのではなく、問題に全員で取り組めるようになった。

恐怖から解放されるためには、安全だと感じられなければいけない。安全だと感じたら実験するようになる。許可を求めなくなる。長くて退屈な会議を避けるようになる。失敗を避けられないものとして受け入れる新しい文化を作るようになる。いまの大きくて遅くて致命的な問題より、小さくて速い問題のほうがよいと学ぶようになる。

「早く失敗しろ」とリップサービスのように言う組織は多い。初期の実験でチームが限界を試そうとすると、ことごとく失敗する。チームがくじけるのに時間はかからない。突然、いかに実験を安全にやるかが課題となってしまう。小さなリスクすら取らなくなる。安全文化にいると、チームは確実に成功するとわかっている実験しか選ばなくなる。変革の推進に必要なエネルギーを無駄に使い果たしてしまう。こんなやり方ではイノベーションは死んでしまう。

安全文化と、安全と感じられる文化は正反対だ。安全と感じられる文化を築くには、若い頃から社会で具体的かつ体系的に刷り込まれてきたことに逆らって、チームに弱みを見せろと頼むことになる。この点をまず認識しなければならない。よくある社会通念を考えてみよう。「いい成績をとりなさい」「いい大学に入りなさい」「いい仕事を見つけなさい」「昇進しなさい」「もっと稼ぎなさい」。そうやっているうち、何かバカげたことをやって、うまくいかなかった。評価C⁻をとってしまい、平均点を下げてしまった。結果、スタンフォード大学には行けなかった。Googleでの仕事にも就けなかった。億万長者というわけでもない。失敗したんだ。

そしていまになっては、「もっとすばやく失敗しろ」と言われているんだ。

1 すばやくたくさん間違えよう

僕たちの最初の実験は、インターフェイスシステムズ社でのエクストリームプログラミングの実験だった。ボブ・ジェイとクレアと一緒にやった。エクストリームプログラミングのクレイジーなテクニックをチーム全体でやってみたかったが、まずは一ペアで数週間やってみた。うまくいかなくてもチーム全体のスピードを下げないように、小さく実験した。二人での実験がうまくいったことがはっきりしてから、Ｊａｖａ工場で一週間の実験をしたんだ。

多くの組織は、変化のために船に火を放つやり方をしている。失敗が許されない巨大な実験に挑戦するのだ。判断が完全に正しければ、ものすごくうまくいく。でも、そうでなかったら大失敗だ。本当に新しいことをやってみるのであれば、小さく始めるしかない。小さければ安価な実験をやる余地があるし、失敗してもそんなに気にやむこともない。

「すばやくたくさん間違えよう」という文化が生き残り栄えるためには、「高速な、頻繁で、安価な実験とは何か」という標準を確立する必要がある。最初の実験の多くは失敗するものであり、それを大前提にすること。メンローで一番よく聞く言葉は「実験してみよう」だ。最低、一日に一回は口にしているんじゃないかな。実験の数を数えはしないし、成功率を測ってもいない。もし測ったとしたら、成功と失敗の数はだいたい同じだと思う。失敗率が下がってきたとしたら、恐怖が部屋に入り込んで、みんなが重要なリスクを負わなくなってしまったからだろう。

サンクコストによる思考停止を避ける 2

メンローでの一番簡単な実験は、ペアでコードを書いてみて動くかどうか確認することだ。動かなかったらコードを捨ててやり直す。プログラミングを職業にしていない人にとっては、とてもシンプルに見える。でも想像もつかないだろうが、たった数行のコードでもサンクコスト思考が入り込んで来てしまう。

サンクコスト思考は、今日のビジネスの変化を妨げている大きな要因のひとつだ。サンクコストとは、すでにプロジェクトに投資したお金という意味でしかない。あとで失敗であると判断したらそのお金が無駄になる。それを心配してしまうのだ。サンクコスト思考はチームを麻痺させ、以下の三つのような思考停止につながる。ひとつだけのこともあるし複数のこともあるが、どれも致命的だ。

一番目の思考停止は、「いまのシステムにこんなに投資してきたんだから」これから変えるなんて正気じゃないというやつだ。この精神的なハードルを越えたら、二番目の思考停止に直面する。未来の失敗と未来のサンクコストを心配して、避けようとし始めるのだ。大きなチームが会議室に何時間も、ときには何日もこもって、たかが一時間で終わるシンプルな実験をやるべきかどうかを議論しているのを見てきた。議論はこんな具合だ。「うん、でもうまくいかなかったら、時間を無駄にすることになるよ」。だが、たぶん彼らが本当に気にしているのは、「うまくいかないことをやろうとした奴ら」と思われないかということだ。小さな変更に抵抗があるとしたら、大きいことを熟考しようとする慣性のせいかもしれない。

実際に実験が始まると、三番目の思考停止が組織のすべての力を吸い尽くす。実験が失敗だとわかっても、コースを変更しようとしないのだ。もしコースを変えてしまったら、これまでの投資が無駄だったと認めなければいけないのが怖いからだ。コースを一回決めたら、チームは掛け金を倍にしてでも、そのコースにこだわる。たとえ、失敗に向かっていることがわかっていてもだ。

フォードのエベレストプロジェクトを考えてみよう。ドットコム時代の巨大なプロジェクトで、さまざまなサプライヤー向けに別々に作られた三十もの購買調達システムを一つのWebシステムに統合しようとしていた。二〇〇四年、フォードは助かりそうにないＩＴプロジェクトをついに中止した。すでに四億ドルも投資していた。一億ドル投資したあとに、プロジェクトの中止を何回見送ったと思う？　もう一億ドル投資すれば、予定どおりに挽回できますと宣言したのだろう。で、さらに二億ドルを追加し、そして……ついに中止した。四億ドルをどぶに捨てたあとで。

プロジェクトを完遂するのではなく、プロジェクト開始前の状態に戻すために、さらに二億ドルが必要だった。六億ドルのフリーキャッシュフローを捻出するには、百万台の車を製造して販売する必要がある。ＩＴプロジェクトの失敗の費用をカバーするのに、それだけ必要だったのだ。そして、これは、ある一社固有の唯一の失敗プロジェクトだったわけでもない。

フォードは、特に自動車業界でのＩＴプロジェクトの失敗について、まったく認識していなかった。恐ろしいほど蔓延しているのに。

数年前、ある有名大学の健康管理システムのセミナーで、ソフトウェアプロジェクトが失敗する六つの理由とそれらを避ける方法について講演した。リストを説明し終えると、グループの一人が手を挙げて言った。「そんなプロジェクトを知っています。六つの理由がすべて当てはまります。三千万ドル使ったあとでした。しかも失敗は初めてでなく二回目だったんです。一回目は千八百万ドル使いました」。五千万ドル近く使って、何も見せられるものがないと。プロジェクト失敗が地元紙に報じられていたので、僕はそのあとで一般向けに講演したとき、その話を紹介した。何も秘密をばらしたつもりはなかった。

講演が終わると、大学のバッジを付けた人が近づいてきた。「リッチ、講演でネタにしたのは、うちの四つのプロジェクトのうちどれでしょう？　お話からはどれかわからなかったのです」事態は僕が知っているよりも悪かった。大学は、一つのプロジェクトで五千万ドル失ったのではなく、四つの失敗プロジェクトで二億ドル失っていたのだ！　サンクコスト思考は、こんな状況を招いてしまう。

危険なサンクコスト思考によるこんな失敗例はどんな産業にもある。喜びを追求するのに、なぜ巨大な失敗を考える必要があるのかって？　簡単に言うと、サンクコスト思考は組織を麻痺させてしまう。そしてとてもゆっくりと非常に大きな問題を引き起こすんだ。悪いニュースを避け、悪いニュースが存在しないかのように振る舞う。人は悪いニュースを嫌う。特に悪い大きなニュース。この事実を無視すると、喜びの追求はうまくいかない。変化のための一連の活動は、それを始める前に止められてしまうからだ。変化が起きる可能性があると思うだけでも恐怖を感じる。

人工的な恐怖のコスト 3

マネジメントが、人をマネジメントするために人工的な恐怖を作ると、サンクコストはその恐怖の増幅器の役目を果たす。

人工的な恐怖とはどんな形をしているのだろう？　月曜日の進捗ミーティングで想定外の報告が上がったときの、役員のつり上がった眉毛の形かもしれない。ラインの上司が「失敗という選択肢はない」と明言していて、悪いニュースが報告の途中で途切れることかもしれない。Morton Thiokol（MTI）社で働いていたロジャー・M・ボアジョリーが、MTI社での人工的な恐怖についての分析を提供してくれている。MTI社は、スペースシャトルチャレンジャー爆発の原因と疑われるブースターロケットとOリングの製造者として知られる。「仕事のやり方を改善する機会はたくさんあったんです。でもMTI社のマネジメントは、ブースターの製造と出荷に差し支える可能性のあることは、一切何も許しませんでした」

悪いニュースはずっと隠されたままだ。人工的な恐怖を作り続けている限り、なくなることもない。恐怖と隠れたサンクコストは地下に潜り、組織文化と財務エコシステムの地下水を汚染し続ける。MTI社の例と同じように致命的な結果を招くこともある。

「すばやくたくさん間違える文化」が生き延びるには、マネジメントツールとしての恐怖を取り除かなければいけない。僕は、メンローでのアプローチを文化的HVAC（暖房、換気、空調）システムと考えるのが好きだ。恐怖を部屋から追い出し、曖昧さをフィルターし、文化温度を調整して、チームが快適に安全を汲み入れられるようにするんだ。

恐怖を部屋から追い出し、間違えてもいいという許可がチームに与えられると、チームは安全だと感じるようになる。安全だと感じるようになると、お互いを信頼するようになる。お互いを信頼するようになると、協働するようになり、チームワークが目に見えるようになってくる。失敗したときは、チームが失敗のオーナーシップを持つ。懲罰や報復を恐れる必要がないからだ。責任者をつるし上げるための組織を作るような無駄な時間やエネルギーを使う必要はない。

恐怖は高くつく。恐怖を感じると、体は二つの強力な化学物質を分泌する。アドレナリンとコルチゾールだ。これら二つの化学物質の生化学上の効果は、脳の学習中枢の血流を減らし筋肉への血流を増やすことだ。恐怖にかられた脳は、扁桃体（爬虫類の脳と呼ぶ人もいる）に支配される。戦うか、逃げるか、二つの選択肢しかない。創造性やイノベーションへの道は閉ざされる。変化の機会への道は閉ざされる。

多くの組織ではあまり選ばれないものの、他の道もある。安全文化のなかで、一連の小さな実験を実行するのだ。簡単に言うと「これをやってみて、どうなるか見てみよう」だ。うまくいったら、もっとやる。変わらなかったら、やるのを減らす。テストしないより、失敗してみるほうがいい。

4 実験……計画おりがみ

インターフェイスシステムズ社のJava工場時代、僕たちは総生産性、品質、スピードなどたくさんの改善を行ってきた。それでも、予算と納期を守れるように、要求を適切な方法で制限することはできなかった。そこで、二週間ごとに優先順位を決定するプロダクトマネージャーに注目するようにしたところ、小さなことに気づいた。彼は、チームメンバー一人あたりの作業見積りが週四十時間を超える要求を常に出していたのだ。これでは続けられないと僕は知っていた。

「ああ、あと一つだけちょっとやってほしいことがあるんだ」彼は少し甲高い声でいつも言った。チームがすでに週五十時間働いていることを告げたが、彼は長時間働いてほしいと思っていたわけではなかった。単にもっと終わらせてほしかっただけなのだ。

プロジェクトの課題で一番致命的なのは、要件追加だ。要件追加をあらわす一番の例は「ちょっとあと一つだけやってくれないかな」という廊下での何気ない会話だろう。そして、それを言うのは、決して自分ではその仕事をしない人だ。「あと一つだけ」が十分に集まると、ほら見たことか！　納期に遅れ、プロジェクト予算を超過してしまう。ディルバート[*1]のほとんどのネタは要件追加だ。そう、例のとんがり頭のボスからだ。

このプロダクトマネージャーの要件追加に対処する実験をやってみようと、ジェームズが提案してくれた。週四十時間をどう使うか計画するのだ。彼は、タスクカードのサイズをタスクの見積りの大きさに対応させようと言った。Ａ４用紙一枚のサイズを十六時間の作業量とする。半分のサイズのＡ５なら八時間必要だということがわかる。さらに半分のＡ６にすると四時間。さらに半分だと二時間だ。三十二時間のタスクはＡ４を二枚テープでつなげる。作るのは簡単だし、わかりやすい。

＊１…システム開発でありがちな話を四コマ漫画で紹介するサイト。
http://dilbert.com/

次に新聞紙のサイズぐらいの計画シートを作り、ちょうど四十時間分のカードが入るように枠を描いた。プロダクトマネージャーは、紙のタスクカードを選んで枠に入れる。四十時間分のタスクカードは選べるが、それ以上は入らない。このパズルはとても簡単で、数週間たつとプロダクトマネージャーは「あと一つ」とはめったに言わなくなった。「あと一つ」が出たときは、そのカードを入れられるように、すでに入っているタスクを取り除くように頼んだ。プロダクトマネージャーがこのやり方を好きになったかどうかはわからない。だが、少なくとも要件追加は防げるようになった。

メンローでの実験のほとんどはこんな感じだ。計画おりがみのように、シンプルで、安価で、速い。多くの実験は長くは続かない。問題を解決できないからだ。一時的にしか必要のない実験もある。一時的な実験として始まって、ずっと使うようになったものもある。長いあいだ解決しない問題を解決する素晴らしい方法だと思って始めるが、ちょっとやったら変わったりなくなったりしてしまう。そうしたら、新しい実験を始めるまでだ。

5 現在のプロセスをじわじわ変える。時間をかける

小さな実験でうれしいのは、最終的な決断をすぐに下す必要がないという点だ。これは、いつ何の判断がされたかチームメンバーすら知らないような、曖昧なものとは違う。ここでの意味は、プロセ

スを変更するときに曖昧さを残さない、ということだ。その上で、うまくいかないことがわかったら、あとでまた曖昧さなく考えを変える余地を残しておくよ、ということでもある。

ウィルマットプロジェクトは、僕たちのこれまでで最大のプロジェクトの一つだ。FDA認可の医療診断機器で使うソフトウェアの設計と開発が含まれるプロジェクトだった。プロジェクトには、いつも二十人以上の人が参加していた。毎週のプロジェクトキックオフセッションで、すべての計画済みカードをウォークスルーする。そのあとに、ペアはアサインされたカードの作業を始めるようにしていた。このプロジェクトでは、チームの大きさに苦しめられていた。カードの数が多すぎて、全部見ていられないのだ。そこで、キックオフを改善すべくいくつか実験をすることにした。

ここで出たのは、十人くらいになるようにキックオフ中はチームを二つに分割して、カードの一部のみ議論するというアイデアだった。これに賛成でないメンバーもいた。でも、チームは「とりあえず一週間か二週間やってみて振り返りをしよう」と提案することで、恐怖を取り除いた。新しいやり方が気に入らなかったら、いつでも他の方法を試せるんだ。僕たちのチームは、実験に情熱を持って取り組むメンバーが数人いれば、実験をやってみようとなる。実験を始める時点で、チーム全員の完全な同意をとりつける必要はないのだ。

あるメンバーはこう言って、この考え方を強調した。「少なくとも二〜三週間は連続してやってみて、実験がどうだったか判断しようよ」。本当に実験するには、実験を複数回繰り返す必要がある。どんなことでも、一回目はたいてい大変だからだ。

6 実験……オフィスに顧客を呼ぶ

顧客のチームをファクトリーでのデイリースタンドアップに招待することがある。場合によっては、契約前でもだ。これを始めたとき、社内のぬるいミーティングに顧客を呼びたい、と思っていたわけではなかった。お互い気まずい瞬間もあったはずだ。けれど、ジェームズは、デイリースタンドアップに可能なら顧客のチームも参加させる実験をやってみようと持ちかけた。どう転ぶかはわからなかったけれど、やってみることにして、顧客をデイリースタンドアップのサークルに招き入れた。ぎくしゃくすることもなく、みんなうまくやってのけた。顧客のメンバーもバイキングのかぶとを渡されると、報告に参加し、自分たちがオフィスで何をやっているか、何に困っているか、どんな助けが必要かをチームに教えてくれた。楽しかったし、自分たちのミッションの再確認にもなった。

顧客のリンダは、僕たちのシステムにすっかり慣れていて、デイリースタンドアップにも参加している。ある日、「これだけ実際の仕事に参加しているんだから、あともらってないのは給与明細だけね」と冗談めかして言ってきたことがある。請求書のなかに自分の名前があっても問題ないんなら、こちらとしては何も問題ないよ、と僕は答えた。彼女はプロジェクトの一部にボランティアとして参加してくれた。特に、テストに関してとても高い価値を提供してくれた。結果として、彼女はプロジェクトのお金を節約できた（彼女がプロジェクトの所有者だ）。別の面から見ると、彼女は、ソフトウェアチームと信頼関係を築けたことに感謝していた。会社でのぎこちないソーシャル実験として始まったことが、僕たちの文化の透明性の強化に役立ったのだ。

実験……国際インターン 7

メンローの最初の小さなオフィスは一階にあり、アナーバーのダウンタウンにある歴史的なケリータウン地区の通りに面していた。夏のあいだ、ドアを開けっ放しにしておくことが多かったので、ときどき通りがかった人が、なかを覗いて、何をやっているのか尋ねてきた。彼らを招き入れて、簡単な社内ツアーを行った。すると社内ツアーは評判を呼び、メンロー・イノベーションズ社という変な会社があるという話はあっという間に広まった。

ある日、エシャ・クリシュナスワミという学生がやってきた。彼女はミシガン大学のイアエステ[*2]という国際交流団体に所属していた。彼女は、国際インターンプログラムのホストとして、最大一年間インターンを受け入れるのに興味はないかと聞いてきた。小さなスタートアップにとっては、ちょっと複雑すぎるように思えたが、彼女はプロセスはとても簡単だと言った。職務内容を二ページで記述して、参加費用を払ったら、あとはイアエステが面倒をみてくれるというのだ。

＊2…IAESTE (the International Association for the Exchange of Students for Technical Experience)

何だかうますぎる話に聞こえた。でも自分たちのペア作業手法を使えば、インターンのスピードを上げ、簡単にチームに組み込めそうに思えた。国外からのインターンに不安もあったが、インターンがどうしても馴染めなければ、早期に終了することもできるとエシャは言ってくれた。望ましくなくても、脱出方法があるのは大事だ。実験してみるよとエシャに伝えた。

その年の後半、ボイチェフ・サンコウスキーが、ポーランドのウィッチから、六か月の予定でメンローにやってきた。彼は、僕たちに貢献してくれたし、たくさんのことを学んだ。チームからも好かれた。最初の国際インターンは、イアエステにとっても彼の国にとっても、素晴らしい大使役を果たした。メンローに六か月しかいなかったのが、唯一残念な点だった。

結果に大満足したので、翌年は二人のインターンを十二か月受け入れることにした。北アイルランドのフェミと、デーンマークのマイケルだ。さらに翌年は四人インターンをリクエストした。それからずっと四人、五人、六人とインターンを毎年受け入れている。二〇一三年の頭には、受け入れたイアエステのインターンは三十九人になった。ほとんどは、チームに対して素晴らしいものをもたらしてくれた。

この実験は、さらに二つの予期しない価値ある結果をもたらした。新しいインターンが到着すれば、景気が悪かろうが、新入りの立ち上げをしなければいけない。これは僕たちにとってとても健全なことだった。いつものメンツに囲まれて満足して、独りよがりになってしまうのはよくないことだからだ。また、僕たちは継続的に認知的多様性を欲していることを知らしめることにもなった。イアエステのインターンがいてくれることで、メンローで働いているのは地元の大学卒だけじゃないということが明確にわかるようになった。

実験……メンローベイビーズ 8

僕たちの実験のなかで、一番喜びあふれた実験は、ソフトウェアとは関係なかった。働いている人たちの人間としてのニーズを受け止めること。実際は、それに立ち返ることだった。残念ながら、ほとんどの会社では、拒否されてしまっているようだが……。

二〇〇七年に、メンローに入社したばかりのトレーシーと彼女の夫ジョンのあいだに、二人目の子供マギーが生まれた。トレーシーは三か月の有給の産休をとった。ある日トレーシーはオフィスにやってきて、もう働き始められるけれど、マギーはデイケアに預けるには小さすぎるし、ベビーシッターを頼める人もいない、と話した。どうすればいいか彼女は途方にくれていた。

ここで起こったことは、僕のマネージャー、起業家、リーダーとしての転換点となる出来事だった。次に喋ろうとする言葉が脳に浮かんだ。それに反対する金切り声も聞こえた。

「何を言う気かわかってるぞ！　言うんじゃない。ルール違反だし、人事部はお前を憎むぞ」古いマネージャーのリッチが声に出さずに叫んだ。新しくて改善されたマネージャーのリッチは反論した。

「ここにそんなルールはない。人事部もない。これは僕たちの会社だ。僕たちがやりたいことは、何だってできる。立ち去れ」

「マギーを連れてきたらいいよ」僕は提案した。頭のなかの結論を裏切ることなく、こう言った。「マギーを連れてきて仕事をしたらいいんだ」

カメラを持っていればよかったと思う。彼女に広がる困惑の表情は美しかった。彼女は、このクレイジーなアイデアのすべての要素に質問をし始めた。ときどきってこと？それとも毎日？毎日だったら、仕事中ずっと子供がいてもいいの？　そして、メンローソフトウェアファクトリーのオフィスの広い部屋を眺めながら言った。「彼女はどこにいればいいかしら？」

「君が働いているそばの床に、ゆりかごを置けばいいよ。彼女はどこにも行きやしないから」僕は言った。この実験に乗り出すなら、僕たちは真剣かつオープンにならなければいけない。実験が簡単かどうかはわからなかったが、成功する可能性はあると思った。

「彼女がぐずったときは？」トレーシーは、僕の考えを探った。

「ここでかい？　きっと聞こえないよ。ずっと騒がしいレストランみたいなものじゃないか。自分で子供を育てたときのことを思い出してみたんだけどね。彼女くらいの歳のときは騒がしい場所が好きだったよ」僕は答えた。

「ええ、でも本当にとってもぐずっちゃったら？」彼女は尋ねた。彼女は間違いなく僕のアイデアに興奮していた。だけど、僕がどれだけちゃんと考えているかを探ろうともしていた（実は、あんまり考えてなかった)。

回答として、僕の経歴で知っていた限り最高のマネジメントの知恵を使うことにした。「トレーシー、君を信頼しているから。君はお母さんだ。僕は、お母さんがどういう人かを知っている。問題があったら、君は正しいことをする」

それから四か月、マギーはほぼ毎日トレーシーと一緒に仕事にやってきた。マギーは、僕たちの文化に素晴らしい貢献をしてくれた。世の中に、クレイジーすぎて考えられないようなアイデアなど存在しないということもわかった。それに、マギーがいてくれると楽しくて、みんな人間らしい気分になった。だいたい、自分の楽観主義で大丈夫だということもわかった。マギーが騒ぐこともあったが、だいたいは部屋で起きている活動やエネルギーに喜んで反応しているときだった。

もちろん、マギーがぐずって泣くこともあった。赤ん坊ならみんなそうだ。ここは僕の予想が外れた。チームがどう反応するかを考えに入れてなかったのだ。トレーシーがマギーをあやしに行かなければいけないことは、ほとんどなかった。チームの誰かが駆け寄ってきて「マギーをあやすのは自分の番」と宣言した。ときどき僕もそのレースに参加して勝った。彼女はみんなに楽しみをもたらしてくれた。メンロー村の住人みんなで、マギーを育てるのを助けた。マギーをミーティングに連れて行くと、顧客も行儀よく振る舞うようになることがわかった。赤ん坊が部屋にいると、顧客は声を荒らげたり、罵ったりしないのだ。

マギーの実験のあと、赤ちゃんはメンローの文化にとてもよく合うと判断した。マギー、ソロモン、リリーが、最初の三人の赤ん坊だ。ソロモンは一歳の誕生日を過ぎるまでオフィスにいた。歩けるようになっていたので、彼のために大きなベビーサークルを作った。それから、ノエル、アビゲイル、

図10：グレッグ（と娘のマギー）とペアパートナーのカミルが一緒に働いている様子

カリーナ。いまは、ヘンリーとエリー。いまのところ全部で八人のメンローベイビーズがいる。メンローの両親たち全員に、赤ちゃんの初めてを見逃さないようにするのが目標だと伝えている。初めての寝返り、初めてのお座り、初めての笑顔、笑い声、なんでもだ。

オフィスに子供たちがいることで、さらにいくつかの小さな実験をすることになった。赤ちゃんにとって居心地のよい仕事場にするためだ。ビジネスでの交渉にも予期せぬ効果を生み出した。この実験でのエピソードでお気に入りがある。クリスティーナの第一子ソロモンとの話だ。ある日、僕はソロモンをだっこしていた。クリスティーナは五～六メートル離れたところにいたが、こちらを向いてはいなかった。僕は見込み顧客からの電話を待っているところだった。電話が鳴ると、ソロモンはぐずり始めた。何てこった。クリスティーナの注意を引いて電話に出ようとしたが、ダメだった。ベルが三回鳴り、ボイスメールに切り替わった。僕は意を決して電話に出た。ソロモンを抱いたままだ。

子供がいる人か子供を観察できる人なら知っていると思うが、大人と電話の関係について赤ちゃんは何か特別に理解しているようだ。電話につかまったら大人は何もできない。何かが耳に張り付いている間は、何をやっても許されると。この重要な電話に出て三十秒で、このワナにはまったことを理解した。仕方がない。正直に全部話そう。

「すみません、赤ちゃんの声が聞こえますよね」僕は最近付き合い始めた重要顧客に言った。「ええ。ご自宅で働かれているの？」「いいえ、オフィスにいますよ」平気なふりをして答えた。「え、子供と一緒に働いているということ？」彼女は困惑しているようだった。「自分のじゃないんですけどね」

このCEOがどんな変わり者かを白状した。「え、どういうことです？」

そこで、新しい母親は毎日ずっと赤ちゃんをオフィスに連れてきてよいという習慣について説明した。「すごいわ」顧客は、はっきりと言ってくれた。「あなたのような考えを持った会社と一緒に働きたいわ」。赤ちゃんが会社のマーケティングに影響があって、顧客との関係に影響があるなんて、考えたこともなかった。でも、影響があるんだ。赤ちゃんがいることで、僕たちの既存の考えにとらわれないやり方を、顧客はポジティブにとらえてくれるようになり、契約にもいい影響があった。

それから、働く母親・父親に対するサポートで、いくつかの賞をもらった。母乳保育のサポートについてもだ。サポートは、両親のための時間にも広がった。赤ちゃんの検診や、病気の子供の看病、また子供が大きくなるにしたがって学校やスポーツクラブへの参加など、両親にはさらに時間が必要になる。ペア作業のシステムは、どんなときもバックアップがあることを保証してくれる。誰でも、必要があれば、個人の用事のために休みをとれる。

この実験ですごくよく聞かれるのは、オフィスに赤ちゃんを連れてくることの安全性についてだ。でも、考えてみてほしい。メンローよりはるかに危険な場所で、数百万年ものあいだ親は子供を育ててきた。いまのところ、うまく人類は生存しているようだ。さらにメンローでは、母親も父親も一日中ずっと子供と一緒にいる。地球上で、一番社会性を身に付けた子供になっているかもしれない。

赤ちゃんに関する実験は、さらなる実験の礎石となった。大きい子供たちを受け入れるのにも成功した。犬を連れてきても大丈夫だった。でも、もちろん赤ちゃんと犬は、ワークライフ実験のポイントではない。

あなたがリーダーだったら、チームはあなたを見ている。あなたの言ったこととやっていることは一致しているだろうか？　チームは、あなたの発言と行動に不一致がないか、いつも見ている。不一致が見つかったら、恐怖がわき上がるのを目撃することになる。恐怖が少しあるだけで、安全と感じられる文化は消え去ってしまい、結果として安全文化を押し付けることになる。

僕たちは、ビジネスとして個人として意味のある形で、すべてのチームメンバーの生活を受け入れたいと思っている。赤ちゃんの実験のように、喜びに満ちあふれた実験ばかりなわけではない。慢性の病気のために配偶者や親の介護が必要なメンバーもいるし、もっと悪いケースもある。個人的で苦痛を伴うイベントだが、実際の生活では起こることだ。会社は、そのような状況に対応するために、柔軟でオープンでなければいけない。どんな組織でも、個人が個人生活のために必要な時間を割ける余地を持っておかなければいけないし、ビジネスでは測れない努力に対する配当も必要だ。

9 試みそのものが報酬

「すばやくたくさん間違えよう」という文化のなかで行われる実験は、すばやく、安価に行えるし、そうすべきだ。そうすれば、サンクコスト思考の重荷から解放される。「計画どおりにうまくいかなかったらマズいから、この変更は無理」とは考えなくてよくなる。すべての実験がうまくいくわけではない。静かなる自信に満ちたリーダーシップが必要なのはここだ。試みを大いに楽しみ、次に進もう。

太上ハ下コレアルヲ知ル。
功ヲ成シ事ヲ遂ゲ、
而シテ百姓ハ我自ラ然リト謂ウ

（最も理想的な指導者は、部下から存在することさえ意識されない。素晴らしい業績をあげても、それが彼の働きだとは認識されない、そんなあり方が最も理想的なのである。）

――老子

8章 ボスではなくリーダーを育てる

戦没者追悼記念日の連休前、金曜日の遅い時間に、長年勤務しているプログラマーのイアンはコードを眺めていた。そこでプロらしからぬ言葉が使われているのに気づいた。ひどいものでも悪意のあるものでもなかったが、幼稚園の先生が見たら顔を赤らめるようなものだ。もう少し調べると、他にもいくつかふさわしくない言葉が見つかった。それを保存して、プロジェクトマネージャーのところに持って行った。そしてプロジェクトマネージャーから受け取ると、僕はチームにすぐトレーニングエリアに集まるよう伝えた。いままでの「おーい、メンロー」のなかでも、一番厳しいものになる。

僕は見つかったものについて深い失望を述べた。そして、金曜日午後の残りの時間を使って、この問題がたくさんあるのか、それとも例外的なのか全員で明らかにするよう求めた。すばやく調査を終えて火曜日までに通常業務に戻れるよう、その週末に作業させる必要が出てきてしまうかもしれなかった。メンローでは週末に働くものとは誰も思っていないし、夏の最初の祭日と重なる週末では言うまでもない。

イアンは手をあげて、ためらいなく助けを買って出た。ペアパートナーのニックも同じだった。他の人たちも加わった。イアンは最初に見つけたのだから、もう自分の役割は終わったと思ってもよかったはずだ。リーダーシップとは、核となる価値観を都合のよいときだけふりかざすことではない。価値観が崩されそうなとき、立て直しに参加することも意味するのだ。僕はとりわけ、イアンの行動をうれしく思っていた。イアンは僕たちと長いあいだ一緒にいる。キャリアの初期に、イアンの亡父のデイビッドが、彼にメンローを紹介したときからだ。彼の行動は、リーダーシップはどこからでも生まれるのだと僕たちに思い起こさせてくれた。

問題の言葉を誰が書いたのか探すのは簡単だったかもしれないが、魔女狩りは求めなかった。こういった出来事で責任を追及してしまうと、成長の機会を逃すことになるからだ。あのとき、僕がアクションプランを決めてもよかったのだが、そうではなく他の人にリードできる余地を作った。僕はチームメンバーの誰かにリーダー役を買って出てほしいと思っていたし、実際にそうなったんだ。誰も何をすべきか言う必要はなかった。

最終的には、問題は広範囲ではなくシステムの運営に影響を与えることもなかった。次の火曜日、ショウ&テルの前、僕たちの発見と対処について顧客に知らせた。彼らもがっかりしていたが、僕たちの正直な報告と状況への対処に感謝を示してくれた。

イアンの話は、僕たちがメンローでどうやってリーダーを育てているかを示す象徴的な話だ。イアンはボスではなかった。マネージャーの肩書きも持っていなかった。任命されたわけでも権限を与えられたわけでもなく、この活動をリードした。チームは彼のリードに従い、彼の世話の影響を受けた。もちろん、僕たちは地位と権限を完全に排除したわけではなく、CEO、COO、CFO、マネージャーといった標準的な肩書きも残っている。でもメンローでのリーダーシップは肩書きや地位にもとづくものではないんだ。リーダーシップのなかには状況次第のものもある。尊敬や経験によって影響力が増えることで、リーダーシップが育つこともある。

メンローにおいて誰が一番自然にリードできるのか考えてみると、受容的で他人を尊重できる人がそれに当たる。リーダーは落ち着き、我慢強さ、密かなる自信を示す。感情をコントロールし、誰かが間違いを引き起こすことも考慮にいれておく。もし間違いが起きても、それがひどい事態にはつながらないようにしておく。リーダーは穏やかで、親身で、信頼できる先生だ。彼らはある程度自分たち自身でリーダーとなった。それは、彼らの人となりや振る舞いによるものであり、自分自身や自分の役割を超え他人をリードしたいという勇気と欲求を歓迎する文化を作ったからだ。メンローでは影響力を持つのに立場や昇進を要求する必要はない。

僕たちの喜びの探求において、階層はなくしてきた。簡単ではないし、こうしたリーダーシップに伴う自由と責任とに苦戦するチームメンバーもいた。他にも、上司が介入してどう物事を進めるか宣言してほしいと望むメンバーもいた。そうすれば短期的には速くなるかもしれないが、僕たちは長期的に物を見ている。リーダーシップはスキルから生まれる技芸であり、練習しなければならない。肩書きや地位にもとづく権限を持っている少数の人たちは、あらゆる機会を注意深く見ておかなければいけない。その機会が、新しいリーダーがステップアップして、リーダーシップのスキルを訓練できる重要な機会なのか、それともまだ難しいのかをだ。生まれつきリードできる人もいるが、僕たちは全員にその能力があると信じている。どちらにしても、リードしたいという意志と願望とがなければいけない。

あなたなしでチームがリードする 1

あるとき僕たちは難しい顧客とプロジェクトに取り組んでいた。企業文化の評価支援をしている会社で、二十年間その業界で成功してきて、高い評価も得ていた。一方でここ十年間、新しいプロダクトをマーケットに出そうとして行き詰まってもいた。成功すれば会社が十倍成長する可能性があるのにだ。何度も自分たちでやって失敗したので、僕たちのところに助けを求めてきた。仕事を始めてすぐ、彼らの恐れの文化が問題に向き合う能力を毀損しているのだとわかった。同じ原因で、解決策を見つけることとさえできなくなっていた。

僕たちはシステマチックな手法で進めようとしたものの、彼らはもっと単純な答えを求めていた。イライラした彼らは、恐れをそのまますべて僕たちに向けてきた。恐れについての一番明白な証拠は、僕たちとのまったく生産的でない会議だ。何の意思決定もせず、次回の会議の段取りも先延ばしにする。普段は会議にほとんど来ない創業者が会議で何か言うと、他の人たちは会議中に二度と発言しなくなる。メンローのチームは僕のところに来て、次の会議に参加して、何とか軌道に戻してくれと言ってきた。

だが、僕は会議に参加しないと決断した。かわりに、チームは安全だと保証し、自信を持って、顧客と一緒になって、僕たちの価値を支えていくよう促した。そのとき僕は心のなかで、会議に参加したい、参加しなければならないという気持ちと戦っていた。骨の髄から参加したかったし、壊れかけの関係を修復するため全身全霊をかけたいと思っていた。

僕はチームが価値を示してくれるものと信じ、チームは次のミーティングを自分たちだけで成功させた。僕はあのとき、あらためてチームを信頼し、この状況でもチームで対処できると任せた。それがみんなを安心させたのだと、あとでミシェル・Pが教えてくれた。時には顧客から手を引かなければいけないかもしれないし、顧客が僕たちに対して先手を打ってくるかもしれない。でも、そうした失敗がチームのせいだとは誰も考えない。僕たちにまったく非がないとか、全部の失敗を顧客のせいにしているとか言っているのではない。そうしたときでも、顧客には大事にされていると感じてもらうのが大切だ。

多くの場合、一番大事なリーダーシップの瞬間は、僕たちが外れてチームに引き継がせるときだ。望んでいない方向や十分なサポートがない方向に物事が進んでしまうのを受け入れること。間違いを犯してしまったとき、その経験からチームが学習し、自身のリーダーシップが培われていくのを我慢強く見守らなければいけない。

弱くあれ 2

あなたがリーダーなら、あなたのチームは常にあなたを見ていて、弱点がないかどうか積極的に探す。チームはあなたを信じたいと思っている。あなたを信頼してはいるものの、過去に他のリーダーにがっかりさせられた経験もある。だからチームは心配しているのだ。あなたのチームは、あなたにがっかりさせられたことがある。僕のチームだって僕にがっかりさせられた経験がある。できるだけ、週一回以内にとどめようと努力はしてるんだけど。

僕は全部の答えを持っているわけじゃない。正しい答えを持っていればいいのにと願うときもある。それでも僕は進んで判断する。同時に、意思決定のボトルネックにはなりたくない。「君がよい判断をすると信じているよ」と言うしかないと、判断するときもある。より喜びにあふれた道は、判断を頼まれもしないような文化の創造だ。単にあとで僕をつかまえてこう言う。「ところで、今日重要な決定をしました。詳細が必要であればお知らせください」

リーダーシップで一番難しいことの一つは、自分も組織の他の人と同様、間違えるということだ。間違うことがあるという事実は、組織において全体がどう動くか、あるいは動かなくなるかからある程度見て取れる。ジム・コリンズの『ビジョナリー・カンパニー2』では、偉大なリーダーの謙虚さについて触れ、謙虚なリーダーを「第五水準」のリーダーと呼んでいる。僕はこのテストに落第してばかりだ。自分たちの成果が注目を浴びたときに謙虚でいるのは難しい。でもとても重要なことだ。幸いにも、周囲のたくさんの人たちが僕のことを気にかけ、地に足を着けているよう引き戻してくれる。仕事上のパートナーやチームの主要メンバーや家族だ。

弱さと謙虚さを持つには、心の底から愛し信じているものが完璧ではないのだと、繰り返し繰り返し認めなければいけない。僕たちは他の組織と同じ問題を抱えている。ほとんどの個人も同じだ。チームメンバーがお互いにうまくやっていないという問題。創業者どうしが常に将来の方向性に同意するとは限らないという課題。僕たちが顧客のために正しいことをしているか同意できない状況。反対されたとき押し切るべきなのかどうかわからない不安。僕が望むのは、こういった問題をすぐにさらけ出すシステムを作ってしまうことだ。そうすれば、小さいうちに問題を処理できる。

こうした小さな問題を通じて、これまでにいかに素晴らしいものを作り上げてきたかを忘れないようにしている。そして僕はみんなに、多くの困難はあるけれど、他の誰も持っていない文化があることを忘れないでほしい。チームの一人ひとりが明日を楽しみにしている、来月も来年も、十年後も楽しみに思える、そんな文化だ。とても強力な推進力だ。

全部の答えを持っているわけではないという弱さは、完全な案を出す前に自分の考えをチームに共有するという謙虚さでもある。多くのアイデアは赤ん坊のようなものだ。みんな美しいと信じているものの、その美しさは未来の完璧な想像のなかに見られるのであって、眼前の現実は異なる。

二〇一一年、僕は個人的なビジョンを立てた。二〇一八年の六月にメンローがどんな姿になっているか考えたのだ。多くは個人的なものだ。メンローが僕の人生や家族にどんな影響を与えるかをまとめたものだから。それまでに孫が何人いるかにも言及した。二〇一一年には一人の孫もいないのに。そこには仕事外の話、たとえばノースミシガンの別荘の話も含んでいた。この別荘はメンローの年次集会でも使われている。以下の点については詳細に書いた。年次収益、従業員数、コミュニティでの影響力だ。僕は、三冊目の本を出すことも思い描いた。『インスパイヤード……起業家精神の喜び』というタイトルだ。まだ最初の本を書き始めてもいなかったのに、確固たる意思表明だった。

個人的なビジョンを書き終えると、僕はチーム全員に共有した。それで、自分たちの将来や自分について僕が考えていることをチームが理解できた。これは弱さを見せる瞬間だった。でも、このビジョンを何らかの形で共有するには、当たり前だが、共有が必要だ。まだ概念レベルのアイデアを共有して「これは僕のアイデアなんだけどすごくない？　頭いいだろ？」と感情を解き放つ。これは僕のようなエンジニアにとっては特に難しい。部屋のなかで一番賢く見られることで自分の価値を感じるからだ。でも新たな力も得られる。多くの人が関わるなかでほとんどのアイデアがよりよくなるんだ。

チームはこのビジョンをどう受け止めればいいかわからなかった。賛成できる部分もあれば、よくわからない箇所もあったと思う。彼らにどんな影響が及ぶのか、はっきりわからない。たとえばビジョンの一つは、新しい会社のインキュベーターになることだった。うん、それは大仕事になるだろうし、もしその仕事に特に興味がなかったらどう関わればいいのだろう？

ビジョンを共有しなければ、そのビジョンに合うか合わないかを学ぶ機会も誰にもない。ビジョンを深掘りする活動に参加してもらえば、ビジョンに意見を言ったり内容を磨いたりする機会を、他の人にも与えられる。この期間を経て、個人のビジョンがチームの共有ビジョンに進化するのだ。

3 新しいリーダーの成長を促す

ネイトはソフトウェア開発者で、メンローに数年勤めている。彼と僕は、自分たちのキャリアの始まりがいかにワクワクしたものだったか、いつも話している。二人とも若い頃にプログラミングに触れる機会に恵まれたんだ。僕たちは、アナーバーのような学生の街であっても、中高生の全員に似たような機会があるとは限らないのを嘆いている。

ネイトは外から何人か友だちを集めて、八～十歳の子供たち向けの夏のソフトウェアキャンプのカリキュラムと備品の準備に取りかかった。夏のあいだ、一週間のうち何日かメンローに来てもらい、開発言語のPythonを使ってMinecraftのゲームをハックするという計画だ。そこで、メンローニアンの子供と試しにキャンプをやって、参加者がそれを気に入るかどうかを確かめた。みんな気に入った。顧客の一人、グレンがショウ&テルのためにやってきた。トレーニングエリアで子供たちが作業しているのを見て、何をやっているのか僕たちに質問した。この実験のことをグレンに話すと、彼は自分の十歳の子供も参加できないか聞いてきた。

チームのメンバーがひらめきや情熱の火花を発しているなら、サポートしよう。彼らの夢を膨らませ、追いかけるよう励まそう。リーダーシップを培うための最良の方法だ。

ジョン・Mはメンローでプログラマーを始めた。そしてすぐにチームの信頼を得た。彼はプログラミングが得意で、素晴らしいペアパートナーだった。その後ハイテク人類学サービスの一員として腕をふるうよう誘われた。サービスの需要が多いタイミングだったんだ。彼はためらわずに挑戦を受け入れ、優れた成果を出し、しばらくそのチームで働いた。開発者たちは、ジョンがチームから盗まれたと言って嘆いた。

次にジョンはプロジェクトマネジメントをやれないか尋ねてきた。「もちろんだとも」僕たちは言った。プロジェクトマネージャーのリサが夫と長い休暇をとった際、ジョンはプロジェクトに参加し、プロジェクトマネージャーとしてリードした。彼は素晴らしい仕事をした。そしてリサが戻ってくるとプログラミングの役割に戻っていった。

ジョンのような人たちが提供してくれる柔軟性はありがたい。彼は情熱を持って喜んで参加し、物事に取り組んだ。そして生まれつきのリーダーシップ能力を向上させた。いまでは彼はチームが直面するどんな課題でも率先して取り組み、いつでもリーダーシップモードに移行できるようになった。

ジェームズと僕がメンローで担っている重要な役割の一つは、リーダーシップ育成を促進し、サポートすることだ。聞こえるほど簡単ではない。僕たちが思い描くリーダーシップと、芽が出たばかりのリーダーとの差はかなり大きい。社会では、リーダーが話し、他の人はそれを聞く、そう教えられる。メンローではそうしたスタイルのリーダーシップを信じていない。学校のいじめっ子ではなく、寛大な先生のように振る舞うリーダーを育てようとしているのだ。

メンローの新しいリーダーが伸び始めたリーダーシップスキルを試すときには、安全だと感じられるようでなければいけない。そうでないと彼ら自身の恐怖がすぐ表に出てしまい、創造性や想像力、喜びがまったく失われてしまう。

恐怖は組織かリーダーシップからしかやってこないと、言い切ってしまうのは簡単だ。しかしビジネスにおいて、恐怖はどこからでもやってくる。競合、ダメな人、ダメではないのに今日に限って不調な人、経済混乱、不渡り手形、未払いの請求、マーケットの変化、午後のニュース、噂などだ。穏やかで思慮のあるリーダーシップによって、避けがたい恐怖も和らげていくことはできる。

メンローで繰り返し何度も起きてきた典型的な恐怖のシナリオは、顧客が部屋に恐怖を持ち込むというものだ。僕たちはみんな「顧客は常に正しい」という古いマントラを頭のなかに持ち歩いている。いや、そうじゃないんだ。むしろ顧客はほとんどの場合正しくない。もし顧客がいつも正しいのなら、何で僕たちを必要とするのだろうか？　これは僕たちのような会社には特にあてはまる。顧客の領域、しかも多くの場合、彼らが専門家で支配的なプレイヤーである領域において、まったく新しいプロダクトを作るよう僕たちに依頼してくるんだから。彼らが探しているのは人の心をつかんで放さない競争力のある新しい何かだ。何か革新的で楽しいものを思いつくのは僕たちにとって難しいことではない。難しいのは彼らの組織にある変化への抵抗だ。

だから、僕たちの経験や才能や専門から考えて正しいと信じられるもののために闘わなければいけない。この健全な闘いの基礎には、観察による発見とデザインテストの繰り返しが必要だ。顧客は僕たちにできるものをほしがるが、それも僕たちが反対意見を言うまでのことだ。この健全な衝突は大変だし重要だ。そしてこれこそが、僕たちの価値をすべて届ける上で非常に重要な部分なのだ。

僕たちの考えや専門や経験にもとづいて会社の態度を明確に示せば、顧客が僕たちを切る可能性があると、僕のチームは理解している。顧客はもしかしたら、未払いの請求書に対して支払いを拒否するかもしれない。信条にもとづいた行動にはリスクがあり、僕たち全員がお金を損失するという極めて現実的な危険があるのだ。

他のケースでは、僕たちが顧客を切らなければいけないかもしれない。メンローでは決して珍しい話ではない。数年前、僕たちには受注規模の大きな顧客がいた。彼らの文化とは本当に合わなかった。僕たちが最善だと考えた道筋に顧客を導くためにありとあらゆる方法を試した。そのあと、僕たちは合わないことを認め、顧客があとで困らないような丁寧な移行計画をたてた。

そのような意思決定は売上や利益の低下、成長の鈍化を意味する。一方で、僕たちの文化を強化できる一番重要な意思決定であるかもしれない。決して簡単ではない。決して一筋縄ではいかない。スタッフに対するのと同じように、品位と配慮を持ってやらなければいけない。顧客の仕事は、無事にメンローから移行できた。そのなかで一番満足した点は、そのプロジェクトの主要な人びとといまも友人でいられることだ。彼らはいまでも時折僕たちに連絡してきてアドバイスを求める。僕たちが去るのに当たって、不足するスタッフを埋めるために採用の手伝いさえもした。

あなたのチームも僕のチームも、じっと目をこらし耳を傾けている。リーダーたちが難しい状況にどう対応していくのかを。そんなときこそ、意志を持った喜びの真価が問われるんだ。

私は「最もシンプルで、うまくいきそうなものは何ですか?」と質問するようにしている。

――ケント・ベック『エクストリームプログラミング』

9章 カオスを終わらせる、曖昧さをなくす

インターフェイスシステムズ社でJava工場が始まるまで僕は、研究開発部門の責任者としてめちゃくちゃな生活を送っていた。四半期に一度役員室に招き入れられ、リードしていた研究開発チームの四半期レポートをした。前四半期のゴール、進捗、計画外の作業として何を行ったか、新しいゴールとアップデートされた計画、そして新しい計画が会社に与える影響などを説明した。プレゼンテーションが終わると、同僚の取締役たちは、予想外のタスクのせいで計画どおりにいかなかったことに失望を述べた。たいていは、新しい計画を買ってくれてはいたが、いつも計画どおりにいくようにすることがどんなに重要なのかコメントすることが多かった。そうしたコメントは恐怖から出たもので、彼ら自身の部門の計画が僕のチームの計画実行に依存していたのだ。

役員室を出てほんの数メートルもいかないうちに、他の役員やプロダクトマネージャーから声をかけられる。「いいプレゼンだった、リッチ。ちょっと話があるんだがいいかな？　ある顧客への特別対応のためにアーロンが必要なんだ。金曜日までにやれれば、契約がとれる」まさに、要件追加だ。どっかで見たことがあるんじゃないかな。

もちろん僕も若い頃は、人助けをするボーイスカウトになろうとした。何とかして仕事を片付ける方法を探し出したんだ。でもこんなふうに廊下でプロジェクトマネジメントをやってても、ちっとも生活はよくならないと気づいてしまった。プログラマーだってやってられない。どの四半期も、実際にやることになった仕事は、四半期の始めに設定したゴールとは、ほとんど関係なかったのだ。そこで、ボードミーティングで全員にゴールに合意してもらおうとした。CEOのいる場でだ。でも、全員の合意がとれたところで、廊下の立ち話までの命だ。本当のプロジェクトマネジメントが行われるのは、そこからなんだから。

会話に僕を巻き込む必要さえないのに気づいた役員もいた。ボーリングやゴルフ、そして飲み会。チームの優先順位変更の決定はそこで行われた。朝、オフィスに来てみると、プログラマーがみんな忙しくしている。みんな僕がアサインしたのではないタスクで忙しかったのだ。

どんな形でチームの仕事リストに入り込んだとしても、結局仕事の責任者はみんな僕だ。同僚は進捗報告を要求し始める。どれも遅れているからだ。みんな、自分の優先事項がいつ終わるのかを知りたがる。僕のチームの開発者たちは、そんなに見積りの練習を積んでいない。たいてい、どれも万能かつ役に立たない見積りになる。つまり「数日中には」だ。

チームのメンバーの誰かが、あるタスクにアサインされ「数日中には」と答えたとき、「いいね、彼は数日分仕事がある」と考えたものだった。それで、三日たったらデスクまで行って、どうなったか尋ねてみることにした。「調子はどう？」と声をかけると、たいていいい調子で「ばっちりだよ」と返ってくる。二日前のタスクの状況を尋ねるまでは。その小さなプロジェクトは、三日前からまったく状況は変わっていなかった。だいたい、想定外の割り込みがあったからという言い訳がついてくる。急な顧客サポートの業務があって、もとの「数日プロジェクト」に時間を割けなかったのだと。

同じようなことを二、三回繰り返したあとで、もうちょっと真面目な見積りが欲しいと伝えてみた。開発者から、想定したよりもちょっと難しかったけど、このプロジェクトはもう把握したから大丈夫という反応が返ってきたときだ。開発者は、見積りを二週間に訂正した。うん、これで僕は、真面目な見積りを手に入れた。二週間後に確かめてみると、やはりまったく進んでないというのを、何回か繰り返すことになる。

ついに、開発者は誰もが引き下がる見積りをひねりだす。三か月。この見積りは、完璧だ。三か月間は邪魔されることはない。

こんなシステムでも、まだうまくいく可能性はあった。たったひとつの深刻な問題を除いては。組織の他の部分はチームではなく、むしろお互い競合する封建領主の寄せ集めのようなのだ。どの領主も、自分のプロジェクトを終わらせることにしか興味はない。全体としてどれだけの仕事量があるのか目に見えるようにするのは不可能に近かった。僕も含めて、全体を把握している人は一人もいなかったからだ。

ここに品質問題が加わった。何日も徹夜して作業しているプログラマーが、さらに業務時間後の会話で個別に約束した仕事もこなそうとすると、こんな問題が起こる。サポート依頼の電話はトラブルの報告で鳴りっぱなしで、チームの時間はどんどん消火活動に奪われていった。消火活動を何とか終えると、こんどは僕が品質の悪さでしかられる番だ。こうして混沌は、曖昧さとあわさって、さらに深まった。

ここまで述べてきたような問題は、メンローでは一度も起こしたことはない。そう断言できることに、僕はゾクゾクしている。メンローにやってくる訪問客のなかには、一日に三百本もクレームの電話を受けているところがたくさんあるそうだ。メンローでは、ここ十二年間まとめても、緊急の電話の数は両手で足りる。システムを全部止めなければいけないレベルの緊急事態を経験したのは、二〇〇四年が最後だ。

メンローで混沌を避けられる理由は簡単だ。明確さ、シンプルさ、予測可能性によって、仕事をしているからだ。

書き出す 1

メンローにおける一番強力なルールの一つに、十七×二十二センチのインデックスカードに手書きしなければ、顧客のプロジェクトでは何も行われない、というものがある。カードの構成はシンプルだ。プロジェクトのコードネーム、通し番号（001から始まり増やしていく）、短いタイトル、カードの作業がソフトウェアに与える影響の簡単な説明。すべてのストーリーカードには日付と書いた人の署名が含まれる。チームメンバーは誰でもカードを書ける。いつもあることではないが、プロジェクトにアサインもされていないメンバーが書くこともある。もちろん顧客が書いてもよい。

カードが完成したらプロジェクトマネージャーに渡す。プロジェクトマネージャーはカードボックスを持っていて、新しいカードをボックスにいれる。僕たちのシステムでは重複を避けるため、プロ

図11：ストーリーカードを手書きしている様子

ジェクトマネージャーが通し番号を付ける。

　こんなシンプルなシステムで、廊下でのプロジェクトマネジメントを避けられる。カードに書き出さない限り、新しい機能について会話したとしても、何も起こらない。メンローにいる人は誰でも、顧客も含めて、この点を明確に理解している。

2 見積りなしに仕事はしない

カードが書かれれば作業が始まるというわけではない。ここは大事なポイントだ。どんな文化でも意思決定では、タスクに必要な時間を判断するという顕著なパターンが見られるからだ。

　メンローでは、ストーリーカードは実際に作業を行う人たちが見積もらなければいけない。毎週の見積りセッションで見積りをする。見積りが終わったら、見積もられたカードはコピーをとった上で、見積りに応じたサイズに折りたたむ。7章の計画おりがみ実験で説明したとおりだ。折りたたんだカードは計画テーブルに置く。計画テーブルには、顧客の予算に応じた計画シートが置いてある。計画シートはアサインされたペアごとに一枚用意する。それぞれの計画シートは、三十二時間分のストーリーカードが収まる空箱だと思ってもらえばいい。それ以外の標準作業のために、八時間とってある。八時間の内訳は、二時間は毎週の見積り、二時間は顧客とのショウ&テル、二時間はチームのプロジェクトキックオフの会話だ。さらにデイリースタンドアップのために一時間（一日十三分間、五日分）、そして最後の一時間は他チームとのコミュニケーションのためだ。

3 やること／やらないことを宣言する

内部での見積りが完了したら、顧客と一緒に計画ゲームのプロセスを使って、見積もったカードと優先順位をレビューする。ストーリーカードを計画シートに乗せたら、顧客が承認したことになる。僕たちはそのストーリーの作業を遂行して、費用を請求できる。

おそらくもっと大事な点は、テーブルに残っていて計画シートに乗せなかったカードは、誰も作業しないということだろう。誰も承認していないのが明らかだからだ。このシンプルな見える化のシステムに、大笑いする訪問客もいる。これ以上ないほど簡単で、明確だからだ。廊下プロジェクトマネジメントで引き起こされる苦しい生活から抜け出すヒントを見いだしたんだろう。大企業の廊下では、何気ない会話のなかで多数の決定がなされる。そのような決定は記録されないし、これまでの決定にどんな影響を与えるか評価されることもない。

僕たちの顧客は、次の週にやってきて、何でこれをやってないんだ？と尋ねることはできない。やってほしかったら、計画シートに入れなければいけないのだ。シンプルで、明確だ。何をやるか、何をやらないのかの判断をいまのやり方以上に明確にできるプロジェクトマネジメントシステムを探しているんだが、いまだに見つからない。

4 判断を記録する

計画作りの判断がなされたら、プロジェクトマネージャーは公式の変更管理を適用する。将来の進捗報告のために、判断を適切に記録しておくためだ。3M社の透明なスコッチ®粘着テープを使って、折りたたんだカードを計画シートに貼り付ける。超ハイテクじゃないか？

プログラマーでもハイテク文化人類学者でも顧客でも、チームのメンバーなら誰でも、計画シートを見た人には、プロジェクトがどう判断を下したのか明らかだ。計画シートをPDFにして、ファイルに保管しておくし、顧客にもメールで送る。顧客も、自分の下した判断を記録しておくのだ。

5 曖昧さなく仕事を割り当てる

その週にやってほしいことを顧客がカードで選んだら、プロジェクトマネージャーはカードのコピーを貼り付ける。カードの下には、カードを担当するメンローのペアの名前が書かれる。

メンローでは、これが仕事を承認する唯一の方法だ。誰も間違うことはない。誰がストーリーカードにアサインされているか、誰でも知っているんだ。壁を見てみれば、今週コーリーとウェスのペアが何をやっているか、誰でも見られる。

普通のビジネスでの判断とアサインのやり方と比較してどうだろうか？　あなたが毎日やっている方法とは？　以前の混沌とした生活と似たところを無理をして探してみると、アサインが会議で行われないところは似ている。ホワイトボード、フリップチャート、ノート（紙のノートも、電子的なノート）もある。誰か一人が会議を仕切っているが、議論は散漫で浅い。それぞれの作業項目を議論したり、擁護したりしながら、誰がそれをやって、納期はいつになるなどの議論がしばらく続く。会議室の予約時間が終わりそうになると、会議のリーダーが、「オーケー、みんなの合意はこれでとれてるよね」と言うんだ。

どれのことだろう？　部屋のホワイトボードか、それとも六枚使ったフリップチャートのうちの一枚か。それとも誰かのノートのメモか。これまでの一時間の議論と彼の理解が書いてある。他の電子ノートかもしれない。会議のまったく他の側面のメモだ。会議の参加者を一人ずつつかまえて、何が決まったか五分で説明してもらったらどうだろう？　全員の意見は、一致するだろうか？　何かやらないことが決まった？と尋ねたら、どれだけの参加者が質問の意図を理解できるだろうか。そして、会議で決まったことを、それぞれの参加者が作業開始するのはいつになるだろうか？

メンローでは、判断に曖昧なところは一切ない。シンプルな紙のツールで、そのような質問には、何の努力も必要なく答えられる。

6 複雑なプロジェクトのためのシンプルなシステム

一週間や短期間のプロジェクトにだけこのようなシンプルなツールを使うわけではない。数年間にわたり、予算が数百万ドルを超える、ミッションクリティカルなプロジェクトでも、まったく同じように計画し、組織し、追跡する。連邦政府のガイドラインに従う必要があるような、僕たちが扱うなかで最も複雑なシステムでも、同じようにストーリーカードで扱うことになる。

メンローでは七年を超え、作業時間が二十万時間に達するようなプロジェクトを実施している。ストーリーカードは一万枚に達しそうだ。これだけの枚数のカードを、紙ベースのシステムで管理、追跡しているとはすごいことだ。もちろん、カード自体の他に、それぞれのカードをタイトルごとに分類したエクセルシートも作っている。ある時点で同時に扱うカードの数は、せいぜい数百にすぎない。ほとんどのカードは、単純に過去のものだ。いずれにせよ、僕たちのストーリーカードシステムよりもうまく追跡できる電子システムを見たことはない。

だからといって、災害に対する備えをしていないわけではない。火事や洪水などの想定外に対応するためシンプルでハイテクを利用した対策をしている。最近、購入したりリースしたりしたコピー機は、インデックスカードを束のままスキャンできる。スキャンしたPDFイメージは、サーバーに保管され、顧客にも毎週送られる。また、離れた場所にある地元銀行の貸金庫に、バックアップディスクを保存もしている。

7 ショッキングピンク判断

インターフェイスシステムズ社のJava工場で働き始めた頃、紙ベースの計画システムは、まあまあうまくいっていた。それでも、古いプロダクトに時間が取られすぎているという感覚に悩まされていた。マーケットや同僚の役員が望む新プロダクトの開発に、チームの能力を十分割けない制約になっているのではないか。

CEOのボブ・ネロに懸念を伝えると、彼は、僕の仕事が難しいのは理解していると言って、僕を安心させようとした。実際にはどれだけ深刻な事態なのか、彼にうまく伝えられなかったんだ。ボブは忙しい人なので、優先順位にどれだけ影響が出ているか理解できるほど詳細に説明する時間はなさそうだった。

ジェームズは古いプロダクトのメンテナンスのストーリーカードをショッキングピンクの紙に印刷するというアイデアを思いついた（普通のストーリーカードは白だ）。計画づくりが終わってみると、チームのキャパシティーの五十％以上をメンテナンス作業が占めているのは、誰が見ても明らかだった。計画ゲームのシートを眺めて、それがどれだけピンクかを見てみればいいのだ。

ある日の午後、ボブがJava工場にやってきた。ショッキングピンクのストーリーカードが、計画シートの半分以上を占めていることに、すぐに気がついたようだ。明らかに気になった様子で、ショッキングピンクの意味について尋ねてきた。ショッキングピンクのカードが、僕が懸念しているメンテナンス作業を意味すると伝えた。

「なんだって？　チームの半分以上なのか！」ボブは、後悔するように言った。

彼は計画テーブルに歩いていき、適当に一枚のピンクのカードを取り上げ、チームがどんな作業をしているかを確認した。営業チームのエドが承認したカードだった。ボブはJava工場にエドを呼び出し、なぜそのストーリーカードが必要なのか尋ねた。会社の利益にどんな価値があるのか？　エドは、そのカードが完了すれば、ＩＢＭから受注できるかもと答えた。ボブは、エドにカードを渡して、ＩＢＭから条件付きの注文書を取ってくるように指示した。その機能が完成したらプロダクトを購入するという約束だ。注文書が届くことはなかった。僕たちはピンクのカードを破り捨てた。

ボブは、計画シートの空いたスペースを見て満足したように言った。「リッチ、空いたスペースには必ず白いカードを入れよう」

曖昧さのないシンプルで明確なツールは、意味のある会話のチャンスをもたらす。技術に邪魔されることはない。そのような会話のチャンスが常にあるようにしなければいけない。月曜日の朝の会議を待ってはいられない。必要なそのときに、そうした会話のチャンスがなければいけないんだ。だから僕たちのスペース、文化、プロセスは、まさにそのように作られている。

判断がなされ、曖昧さなく決定したら、あとは威厳と規律を持って仕事を実行する習慣を確立しなければいけない。それができれば、うまくやった仕事にプライドを持てるくらいのレベルの品質に達するチャンスが出てくる。

10章 厳格、規律、品質

「誰もが唯一望むのは、誇りを持って働く機会である」

――W・エドワーズ・デミング

メンローでは昔、臓器移植手術用の患者情報管理システムを、地域の中核病院向けに開発したことがある。プロジェクトが始まって何か月も過ぎてから、病院の調達責任者がペア作業のことに気がついた。仕事の仕方について隠し事をしていたわけではない。ただ彼女は仕事の詳細にあまり関心を払わず、それまで気がつかなかったのだ。僕は彼女のオフィスに呼び出された。

「御社では一台のコンピューターに二人で作業しているそうですね」

「そのとおりです。ペアプログラミングと呼ばれる手法で……」

彼女は乱暴に説明を遮り、そのペアの二人分の費用を支払わなければいけないのかと聞いてきた。ええ、プロジェクトの要員の費用はすべて請求しています、僕はそう答えた。そのやり方はやめていただきます、彼女はそう僕に命令した。だがその上で質問してきた。「なぜそんなやり方を?」

これが私たちのやり方です。私たちがこのやり方で、つまりペアを組んで働くのは、病院のほうがペアで働くのと同じ理由です。僕はそう答えた。ちょうどその頃、僕の娘がサッカーで転んでひどい骨折をし、大手術を経験していた。手術医は手術前にペアで現れ、自己紹介してくれた。麻酔医もペア、看護師もペアだった。

「あなたの娘さんの命がかかっているからですね。それが理由です」彼女は僕をやり込めようと、そう言った。

私たちはあなたの病院で使うシステムを作っています。もし移植臓器の組織型のような基本的なところで間違えたら、そのせいで患者さんが亡くなってしまうかもしれません。僕はそう説明した。こうした規律やリスク監視の仕組みがなければ、人びとの生命、少なくとも生活を危険にさらすことになると私たちは考えているんです。ペアで行う仕事の品質は、こちらの業界でもあなたの業界と同じくらい重要なんです。

その後、ペアプログラミングに疑問を差し挟まれることはなかった。

二〇一二年に僕はナイトキャピタルの記事を読んだ。優秀で経験もある技術部門の人びとが、自社の自動トレーディングシステムを管理しているサーバーソフトウェアの更新でミスをしたという。その後四十五分間にわたって、些細な技術的なミスが原因となり七億ドル分の株式取引がエラーとなり、ナイトキャピタルが負った損害は四百万ドルにものぼったそうだ。ペア作業をしていればこうしたエラーを避けられたはずだとは言えないものの、より起きにくくできたかもしれない。ソフトウェアはいまやあらゆるところにある。自動車も、旅客機も、原子炉も、銀行システムも株式取引システムも、カフェですらソフトウェアがコントロールしている。ソフトウェアのエラーは、人間や、会社や、経済さえ危険にさらしかねない。特許アプリケーションに問題があったら、何十年にもわたって会社に多大な損害を与えるかもしれない。警察官がとっさに下す判断が、本人ばかりか偶然居合わせた第三者の生死さえ分けることもある。

ペアを組むと品質が向上するのみならず、細部への注意力が改善する。プレッシャーやストレスがあったり、疲れているときには特にそうだ。こんど旅客機に乗るとき、もしコックピットにパイロットが一人しかいなかったらどんな気持ちになるか、想像してみてほしい。機長はこうアナウンスする。

副操縦士が体調不良のため、今回のフライトは一人で操縦することになりました。目的地の天候は不良で、昨日は病気の子供の看病で一睡もしていないのですが、一切問題はありません。どうだろう、これを聞いたら、非常脱出ドア近くの乗客は、あわてて非常ドアの開け方を確かめるんじゃないだろうか。

1 手を洗おう

新たに厳密な品質手順を導入しようとしてうまくいかなかった例は数多いが、そのなかでも悲惨なもののひとつが、一八〇〇年代半ばにウィーン総合病院であった出来事だ。センメルヴェイス・イグナーツは研究中に、手洗いと妊産婦の出産時における生存確率とに重大な関連があるのに気がついた。インターンと教師は死体解剖中に呼び出されて出産を手伝うことがよくあったが、このとき手を洗っていなかった。センメルヴェイスは手洗いを通常の作業パターンに組み込んで、母親を感染死から守ろうとした。だが彼の試みはうまくいかなかった。医師たちが問題を認めず、そんなバカバカしいことに時間を割いていられないと主張したためだ。

センメルヴェイスは執拗な批判にさらされ、精神に異常を来してしまった。一八六五年には鬱病になり、神経症の症状を訴えた。最後には精神科病院で、その年の八月十三日、四十七歳でこの世を去った。もちろんいまでは、悲惨なことに、彼が正しかったと誰もが知っている。厳格さと規律とが、医学界でたくさんの生命を救っている。彼の品質に対する注目は当時無視されたものの、現在のヘルスケアシステムでは標準となっているのだ。

自分の業界で「手を洗う」に当たることを、探し出して厳格に適用すべきだ。どんな品質手順を導入すれば、価値を高く維持しながら、チームの安全を守りつつ組織化できるだろうか？　パイロットにはチェックリストがある。レストランなら手洗いとヘアーネットだ。血液バンクでは徹底した質問状とシステマチックなスクリーニングを用いる。薬局チェーンは薬の使用上の注意書きを自動化した。食品業界は、消費期限だ。どんな手法、どんなプラクティス、どんな規律があれば、誇りを持って働けるだろうか？　言い換えれば、いったいどんなふうに仕事をするんだろう？

多くの人がメンローを訪れ、楽しげで不真面目な、悪ノリだらけの仕事場を目にする。こうした光景を見ると、僕たちが仕事人としての技量や品質について放任主義であるように思えるかもしれない。だが実際はその正反対なんだ。蓋を開ければ厳格さと規律とが存在しており、メンローのプロダクトが誇る比類ない品質を生み出している。

運営するのがデリカテッセンだろうが病院だろうが、旅客機でも消防署でも、自動車工場やサーカスや特許事務所、あるいはソフトウェア企業だったとしても、厳格さと規律が品質に与える影響は極めて重要だ。ベストを尽くして仕事を成し遂げたんだと、誇りを持って働けるようになるには、どうしたらいいのだろうか？

2 英雄は英雄的なリスクに頼り偉大なチームは規律に頼る

品質に寄与するすべてのプラクティスと一緒に、メンバーの士気が常に高まっていく様子をメンローでは見られる。士気向上は、よい仕事が認められ尊重される環境だからこそ起きる。

厳格さと規律は難しく、明日はちゃんとやると言うのはたやすい。明日は決して来ない――違いをもたらすのはすべて今日の行動だ。チーム全体が規律正しいルールに、全員が信じる厳格なやり方で従えば、効果は目に見える。厳格にやるのが困難であっても、士気は向上する。こうして厳格に行動するなかで、喜びの種がまかれるんだ。チームが労働の成果を享受するとき、みんな満足感にあふれ、士気は高まり、また同じようにやろうという気持ちになる。

僕たちの厳格さの一つの例が、自動化したユニットテストをテスト対象のコードより先に書くというルールだ。たいていのプログラマーはすぐにコードを書きたがる。書き上がれば出来映えに自己満足して、そのコードのために自動テストを書こうという気にはなかなかならないものだ。こういった習慣をやめてしまうのは簡単だろうが、僕たちがコードに期待する品質には極めて重大なものなのだ。テストコードを対象コードの前に書くという規律により、常に守れるようになるわけだ。

一九八〇年に僕が初めてアナーバーでプログラミングの仕事をしたのは、マニュファクチュアリングデータシステムズ（ＭＤＳＩ）という、飛ぶ鳥を落とす勢いのテクノロジーカンパニーだった。僕はまだミシガンの学生だったので、卒業するまでパートタイムとして働いた。ＭＤＳＩで僕は偉大な人びとに囲まれていた。ラリー・ペイジの母親のグロリアがプログラマーとして勤めていた。それにトーマス・ノールもいた。彼はその後フォトショップを開発する（そしてアドビが買い取ることになる）。

当時、業界はまだ若く、ＭＤＳＩではちょうどその夏から素晴らしいインターン受け入れ研修のプロセスを取り入れていた。そのとき僕が教わったコーディング標準の規律は、いまでも覚えている。なかでも画期的だったやり方は、いまではテスト駆動設計と呼ばれているものだ。単純に言えば、プログラマーはまずこれから書こうとしているコードの自動テストを書き、それからコードを書いて、最後にテストを実行してコードがパスするか確認する。

品質への影響はめざましかった。この厳格さのおかげで、くだらないヒューマンエラーは自動的に検出できる。まずそうなところを気に留めておく必要もない。これは自分の家のガレージにメカニックが住んでいるようなものだ。毎晩、寝ているあいだに疲れ知らずのメカニックが空気圧、ステアリングリンケージ、ブレーキライニング、オイルの状態、ガソリンタンク、エアフィルター、ウインドウ、電気系統をチェックし、ナットやボルトを締め直し、壊れていないか調べてくれる。これだけの手間がかかっていればきっと百万マイルだって走れるだろう。だがそれだけではない。もしも、その自動車で厳冬のツンドラを五十マイル走らなければいけないとしたらどうだろう。携帯電話の電波は届かず、一箇所でも故障が起きたらその場で凍死するかもしれない。あなたならどう感じるだろうか。

僕はＭＤＳＩのインターン受け入れプロセスを修了し、現場に配属された。現場の上司には、こう正式に言い渡された。テスト駆動設計のことは忘れろ、ここでは現実的な仕事をするんだ。僕がその手法のことを次に目にしたのは、ケント・ベックとマーチン・ファウラーが同じコンセプトをプログラミングの世界に再紹介した、二〇〇〇年出版の『リファクタリング』だ。

自動ユニットテストフレームワークの厳格な適用は、メンローでも最も強固な技術的な規律であり、僕たちが共有する信条のひとつでもある。新しく入ってきたプログラマーには、ペアのパートナーが教える。品質は高まり、士気は高まり、生産性も高まる。自信を持ってより速く進め、それまで動いていたものを壊すこともない。テストは、僕たちのミスを見つけるためにあるんだ。

ジンガーマンのデリカテッセンにも、独自のシステマチックな品質のテストがある。オーダーはすべて、やり取り一つひとつのなかで必ず客に確認するのだ。まずオーダーすると、オーダー係が内容を復唱して確認する。支払うときは、レジ係がオーダーの内容を読み上げる。テーブルに届けられたときにもまた読み上げ、間違いがないか確認する。ジンガーマンのすべての従業員が、これを毎回決して欠かさない。おかげで客がどれだけ店に好感を持つか想像できるだろうか？　料理の品質が変わるわけではないのに（そのためのプロセスは別にある）、客が最高レベルの体験をできるようにしているんだ。重大な品質の問題について、当たり前の答えは見逃しやすい。

3 小さな部分を正しくしてもシステム全体が動作するとは限らない

また別の古典的な問題、特にソフトウェアチームにとって重要な問題がある。一つのシステムを実現するのに、多くの人びとが各個に部品を作ってそれを組み立てる点だ。プロジェクトの終わり頃、たくさんの部品をつなぎ合わせるなかで、火花が飛び交い始める。こうした結合、インテグレーションはプロジェクト終盤の災厄だが、プロジェクト計画に含まれていた試しがない。技術を知らない経営陣は、彼らの大事な数百万ドルのミッションクリティカルプロジェクトで、いったい何が起きてるのか理解すらできない。

終盤での結合の問題を避けるため、メンローでは各自の作っているものが全体として動くかどうか、継続して結合し続けることで確認する。終盤で驚かされることはない。結合で問題があっても、対応する時間も予算も十分にあるタイミングで発見できる。結合を最後でしか行わないと、大炎上してチームも生き残れないことが多い。経営陣がプロジェクトを中止し、チームを解散してしまうんだ。以前にフォード・エベレストプロジェクトが四百万ドル費やしたあげく中止されたのは、内情を知っているわけではないが、結合が問題の一部だったであろうことは容易に想像がつく。僕たちの業界でもたくさんのプロジェクトが日の目を見ることなく中止され、毎年数百億ドルが無駄に費やされている。

舞台のミュージカルも同じ結合の問題を抱えている。公演初日に向けた何週間かのあいだ、オーケストラは楽曲を、役者は歌とセリフを練習する。ダンサーはダンスに集中し、大道具、照明係などの裏方はそれぞれの持ち場の細かな点を詰めていく。一人ひとりが自分の担当を完璧にこなしても、観客が目にするのは大混乱だ。熟練した監督はこのことをよく知っている。そこで小さな結合を早いうちから少しずつ進め、すべて舞台に揃わないと気づかないような点も取り上げ、直していくのだ。

チームワークと信頼関係が、チーム全体で協力して進める上では必要だし、それには規律とシステマチックな協調が不可欠だ。規律と厳格さを身に付けなければ、幾人かの英雄的努力でしか仕事をこなせない――だが組織が英雄と知識の塔に依存したとき何が起きるか、僕たちはもう知っている。

4 触れられる成果を頻繁に提供する

システムの弱点をテストし続ける最高の方法は、顧客と成果を共有することだ。テストと結合のプロセスに顧客にも参加してもらい、実際に試してもらいながら、開発の多くの段階で品質を最重視しているさまを目にしてもらえる。

毎週ショウ&テルのあとには、顧客にCDかDVDを持ち帰ってもらう。完全に結合済みのシステムを保存したもので、僕たちがどれだけ進んでいるかより詳しく調べてもらうんだ。これもまた、僕たちの結合がちゃんとできている証左となる。毎週提供しているのは、シンプルかつ実際的に僕たちの言葉を補強するためだ。パワーポイントも、進捗報告書も、ステージ完了判定委員のレビューも、動作するソフトウェアを渡すのには敵わない。ショウ&テルのときに毎回提供するというのが僕たちの規律だ。

家を建てたことがある人に聞いてみれば、建設中ほとんど毎日のように様子を見に行ったという話をしてくれる。多くの人は朝早く、そして夜にも見に行く。昼休みまで時間を捻出する人もいる。彼ら施主は、建築の専門家だろうか？　大工、左官、材木のエキスパートか？　もちろんそんなことはない。建設現場を見に行くのは、言葉や書いたものでは実際に家のなかを歩いてみる代わりにはならないからだ。ほぼ出来上がったキッチンで家族が集まる様子を思い描いたり、裏庭の池を見渡す窓からの風景を確かめたりできる。人間というものは、見て、感じて、触ってみて、お金を出して手に入れたものを確かめるのが好きだ。報告書を読んだり、パワーポイントのスライドを見たり、ガントチャートを眺めたりしたところで、建設途中の家に行って歩き回る代わりにも、開発中だが動作するソフトウェアに触れて感じる気持ちの代わりにもならない。

スポーツのチームには厳格さと規律をもたらすルーティンがある。最高のチームはそうしたルーティンを大切にし、身体だけでなく魂も傾ける。二流のチームは厳格なルーティンを表面的に扱って動作は従うものの、信じてはいない。その違いは順位に表れるし、フィールドでも、スタンドからでも感じ取れる。最高のなかでも最高のチームには、誇り、名誉、興奮、エネルギーがある。それは厳格さと規律の伝統から来るものであり、語り継がれる物語はそこから生まれてくる。

厳格さと規律、そこから得られる品質は、組織が定義する「『なぜ』あなたがいるのか」を強化する。この「なぜ」については、サイモン・シネックの著書『WHYから始めよ!』で詳しく説明されている。シネックが書いているように、ほとんどの組織は何をするのか、どうやってするのかは知っていても、なぜそれをするのか知らないでいる。あなたの会社の「なぜ」は、あなたの目的、ミッション、信じているものに直結するんだ。そうした品質のレベルに到達すれば、多くの組織が最終目標と信じているゴールを達成できるようになる。文化と組織が長く続くことだ。

持続可能な精神抜きで
持続可能な文化を作ることは望めない。

——デリック・ジェンセン
『Endgame, Vol. 1: The Problem of Civilization』

持続可能性と柔軟性

11章

今日、持続可能性について多く話されている。地球のエコロジー、エネルギー資源の保全、エコシステムの健全性、種の保存、歴史的建造物の保護、都心の活性化、敏感な生息地の保護などについて活発に議論している。

僕は持続可能性に関する新たな議題をあげたいと思う。僕たちのために働いてくれる人たちを持続することだ。

多くの従業員の典型的な休暇準備について考えてみよう。ノートPC……OK。携帯電話……OK。VPNソフトウェアの設定……OK。僕たちの家族、特に子供たちは、ビーチでノートPCを使っている姿や、ディナーのときにメールチェックしている姿を見る。こんなふうに家庭と仕事を一緒くたにして、家族にどんなメッセージを送っているのだろうか?

僕たちはメンローにおける喜びのビジネス価値をとても大事に思っている。こういう言い方をすると、人びとに喜びをもたらすと称する、自己満足で終わりがちな町おこしのようなものかと勘違いされることが多い。真実とはかけ離れている。僕たちは企業におけるビジネス価値というものを真剣に扱っている。数年続いていて何十万時間も費やしているプロジェクトに取りかかっているとき、これを軽々しく扱うのはバカげている。七年間続くプロジェクトの最初の二年でチームを燃やし尽くしてしまっても、チームは仕事には来るだろう——だが脳みそはついて来てくれない。

1 職場の柔軟さと考えられているほとんどのことは非人道的

メンローは、職場の柔軟性について、アルフレッド・P・スローン財団から七回表彰されている。ある年、僕たちはスローン賞で、全国で最高のスコアをもらった。これはファミリー・アンド・ワーク協会と米国人材マネジメント協会のパートナーシップによるWhen Work Worksによって行われた調査結果にもとづいている。ただ、スコアが高くて賞を何度も受けているにもかかわらず、僕たちは完全なフレックスタイムや遠隔勤務や在宅勤務を提供してはいない。では、なぜ僕たちの職場に柔軟性があると認められたのだろうか？

雇用主は、チームに社用携帯電話やノートPCやVPN接続を提供していれば柔軟だと信じていることが多い。でも彼らが実際に言っているのは、「休暇でも週七日、一日二十四時間仕事ができることを期待している」ということなのだ。毎日ずっと待機していて、どんな柔軟性があるのだろうか？会社から従業員に理髪店や食事や医者や歯医者や託児所を提供するのは、ひとたび出社したらずっと会社にいるよう期待しているのに決まっている。多くのリモートワーク協定では、実際に生産的な作業が行われているか常に判断する人事規則委員会とセットになっている。

ワークライフバランスはもはやこれまでだ。テーブルサッカー台や卓球台、ゲーム機やマッサージチェアやトレーニンググルームのあるオフィスを何度かぶらついてみるといい。これらの設備が実際どれくらい使われているかわかるだろう。最近、僕はすごいトレーニンググルームのある小さな会社を見学した。僕は、歩きながら、ジムはよく使われているのかガイドに尋ねた。彼はこう言った。「就業時間中のトレーニングはCEOのひんしゅくを買います。特にこの組織で出世したかったらやめておいたほうがよいのです」。どうりでトレーニンググルームが素晴らしく見えるわけだ。全部新品のまま使われていないのだから。

僕たちはチームの創造的な能力を余すところなく毎日ずっと必要としている。病気だったり、疲れていたり、休暇を待ち焦がれていたり、単に自宅の庭を手入れしたかったり、愛する人の面倒を見たかったら、仕事をしていても心はそこにない。僕が知る限り、百％の創造性を発揮してもらうためには、彼らの生活すべてに配慮するしかない。彼らは僕と会社からそうされるに値するのだ。キャリアの終わりに、家族から離れて仕事に時間を使ったことを嘆いてほしくない。世界に向けて届けた仕事の水準が低かったり、結局届けられなかったり、利用者から広く嫌われていたことに気づいて嘆いてほしくない。

スマートで良心的に働いて顧客のために最高の結果を生み出す人は、いつ働きいつ休むか知っているものだと、メンローの僕たちはわかっている。

以下はリサからだ。

数週間後に、夫と私は二か月の休暇をとります。そのあいだ、仕事のメールは読まないし返事もしない見込みです。これは私たちの文化では織り込み済みです。この準備のために、他のプロジェクトのマネージャーのエミリーとペアを組んでいます。ペアを組んでいるので、私が不在のあいだ、彼女がこのプロジェクトを引き継ぐ準備ができています。また顧客も、質問があれば、私の代わりに彼女に連絡するつもりでいます。プロジェクトマネージャー職は、メンローではペアを組む歴史があまりない役割の一つでした。しかしもはやそんなことはありません。私が休暇から戻ってきたら、このプロジェクトや他のプロジェクトで、プロジェクトマネージャーをペアで続けるよう計画しています。そうすれば、知識の塔をまた作ってしまうことを避けられるからです。いまや、私は自由に休暇を楽しむことができ、不在のあいだ仕事について考えることもありません。おかげで私はリフレッシュできるし、エネルギーを蓄えて仕事に戻ってこられるんです。メンローが私の休暇を本当に休暇にしてくれることに感謝します。

2 持続可能な仕事のペースを選択する

僕たちは週に四十時間働く。月曜日から金曜日までで、週末働くことは決してない。僕たちが四十時間を選んだのは、ほとんどの人にとって長期間持続できると信じているからだ。これなら、眠る時間も遊ぶ時間も、家族や仕事外の友人と過ごす時間も取れる。また、趣味の時間や、エクササイズの時間、社外のコミュニティ活動の時間も取れる。要するに、チームメンバーはバランスのよい人でいられるのだ。そういう人たちはイノベーターやクリエイターとして僕たちにとって価値がある。

長い一日はめったにない。通常、オフィスは午後六時には真っ暗になり、施錠される。僕たちは僕たちのペースで働く。十二分の休暇を与え、チームが燃え尽きるのを避けるのだ。何らかの理由で一日に長時間働く場合には、別の日に早く帰る選択もできるし、休暇の時間が減ることもない。僕たちのチームメンバーは許可を求めることなく自分たちでバランスを取る。毎週タイムシートを付け、労働時間を把握している。

社員は全員一年ごとに四週間の休暇が与えられる。休暇を貯めこんでいるメンローニアンがいるのは確かだが（有効期限はない）、チームメンバーの特定の誰かに依存していることはないので、休暇を取るのに障壁は存在しない。

以前に僕が雇われる側だったとき、休暇に許可が必要だと、スタッフは恐怖にもとづく罪悪感を感じてしまい、本来取るべき休暇より少なく申請してしまうものだと気づいた。僕の上司だったマネージャーは、家族と旅行するため休暇を申請しようとした僕をこう指導した。いいか、休暇は思うほど楽しいものじゃないぞ。彼はまた、当時の他のマネージャーと同様、長い休暇を取れば昇進に響くと宣言した。彼の指導に従わなくて本当によかったと思う。家族との旅行は素晴らしい思い出となった。

チームメンバーが長いあいだずっと同じプロジェクトに関わっているのに飽きたら、ごく簡単に、新しいプロジェクトへ移りたいと要求できる。普通は何事もなく、切り替えの願いはかなう。必要ならいつでも使える逃げ道があれば、どんな仕事を割り当てられてもあまりストレスにならないことはないのだ。

最後に、メンローには変わったストレス緩和剤がある。離職と呼ぶ人もいる。僕たちはサバティカル[*1]だと考えている。

*1…長期勤務者に対して付与される一か月〜一年の長期休暇。

3 プロセスよりも人を称える

ジェームズと僕は、よくチームメンバーにショックを与えている。メンローを辞めたいと思ったら、いつでも転職先を探す手助けをするよと周知するんだ。別に会社を追い出そうとしているわけではない。メンローの誰かが、何らかの理由で他の経験を望んだ場合、それを追求するよう勧めたいだけだ。これで望まない離職が減ると信じている。これはまた、一度会社を去って戻ってくるブーメランの人にも適している。彼らはエネルギーを蓄え、リフレッシュし、メンローがなぜ特別なのか理解を深めて戻ってくる。

ほとんどの人たちは低い離職率を健全な文化の印と考えているのではないかと思う。だが、僕たちはそうは思わない。高い離職率を望んでいるというわけではない（実際高くない）。だが、採用で過度に慎重になったり、手放すべき人を手放さないのが大事だとは思わない。また、何らかの理由で他に移ったり他のことをやりたがっている人を引き止めるのが有意義だとも思わない。こうした理由で、僕たちは離職をあまり気にしないのだ。離職率を計算するのは、辞めたりまた戻ってきたりする人のことを考えると、ややこしくなりそうだ。

ミシガンの伝説的なフットボールのコーチであるボー・シェンベックラーはかつてこう言っていた。大学のフットボールで一番大変なのは、毎年トップリーダーが卒業してしまうことで、そして一番よい点も、毎年トップリーダーが卒業してしまうことだと。僕たちのチームには、ほとんどの期間一緒に過ごしてきた人たちがたくさんいる。もし彼らがメンローを去ると決心したら、残りのみんなはとても悲しむことだろう。でも、新しい可能性を探すときだと決めたのであれば、僕たちは何よりまず行き先探しを手伝いたいと思う。

僕が知る最悪の文化は、誰も会社を辞めない文化だ。低い離職率は健全な文化の証ではない。鉄のカーテンがなくなる以前、東ベルリンを去る人は多くなかった。時期がきて、みんなで大鎚を手にとって、去る準備ができたのだ。皮肉なことに、離職率の低い文化では、一番高給取りの人は会社を辞めようとした人であることが多い。断れない条件を提示されて、そこに閉じ込められているのだ。そしてワナにはまったままでいる。高い給料でも感情が消え去ったりはしない。

最近、品質保証担当のクリスティが、メンローを辞めて西ミシガンのホップ農場で夏のあいだ働きたいという希望を出してきた。夏のあいだだけかもしれないし、ずっとなのかもしれない。辞めたあと彼女がどう感じるかはわからないし、僕たちや仕事を恋しく思うかどうかもわからない。これが彼女の夢であって、それを僕たちが思いとどまらせようとしたら、結局のところ何を守っているのだろう？　見果てぬ夢を抱いたまま、違う道を進んだらどうだっただろうと思い続けるチームメンバーに残ってほしいんだろうか？

他の方法がある。クリスティはしばらくメンローを去る。素晴らしい時間を過ごして、それからメンローに戻ろうと決めるかもしれない。彼女は何か新しく学ぶだろうし、きっとここでは学べないことだ。素晴らしい個人的な成長にも恵まれるだろう。うまくいけば、すっかりリフレッシュして準備もできてから、メンローに戻ってきたいと考えるだろう。僕たちはクリスティに戻って来てほしくはないのだろうか？　ドアはいつも開けておくべきだ。

このことはかつて僕が持っていたマネージャーとしての直感に反している。あなたも同じように感じるんじゃないだろうか。しかし関係性を柔軟に保てば、僕たちの強さも保たれる。

ある日、ハイテク人類学者のカリッサが僕のところにやって来た。そして、大きな会社に移るためメンローを辞めると知らせてくれた。自分の職務経歴を考えると、その種の経験をすることが重要だと感じたからだそうだ。新しい雇用主のところで四か月たったとき、彼女はメンローでの環境はもっと楽しかったと気づいた。彼女は退職届けを提出し、ガードマンに連れられて職場を去った（よく聞く習慣だ）。会社を辞めた翌日、彼女はメンローに戻ってきた。

4 オフィス不在

僕の経験では、人との関わりのある「生きた」会社では、全員が物理的に同じ場所で働く以外の選択肢はない。同じ場所にいて、周りの仲間の音が聞こえる。それこそが、イノベーションとコラボレーションの可能性をとてつもなく高めてくれる。いくら先進的なビデオ会議システムでも、チームの他の人と同じように物理的に同じ場所にいるのと同等にはならない。

遠隔地勤務を避けるのと同じ理由で、僕たちは一拠点で一つの部屋の会社にしている。もしオフショアチームがあったら、そのチームを僕たちの文化に適合させるにはどうすればいいんだろうと、疑問に思うかもしれない。グローバル経済では自然な質問だ。

僕たちは国際インターン二人との実験に成功し、メンローファミリーを拡張できた。マイケルとフェミは最近デンマークと北アイルランドの大学を卒業した。彼らは一年間メンローでインターンとして働き、親しい友人になっていた。僕たちのような従来と異なるビジネスの運営についても学んだ。ヨーロッパに戻る時期になり、二人はアーブデザインというソフトウェアコンサルティング会社の設立を決めた。アナーバーとメンローでの時間に敬意を払ってそうしたのだ。僕は彼らのメンターになると合意し、それに最初の顧客になる約束をした。

このオフショアの実験はとてもうまくいった。マイケルとフェミは僕たちのチームととてもうまく付き合っていたのだ。最初の顧客として、メンローはマイケルとフェミとは彼らがアナーバーで僕たちと一緒に働いていたときとまさに同じような関わり方をした。ペアをメンローのプログラマーと組み、画面共有の技術を使い、マイクやスピーカーを駆使した。二人は僕たちと一緒に働いた一年間で、やり方も文化も身に付けていた。チームメンバーのあいだで素晴らしい人間関係を形成すること、時差があるならお互いにとって無理のない範囲であることは重要な要素だ。

遠距離や時差を乗り越えて結婚が続いている人もいるが、決して簡単ではない。遠ざかるほど思いが募る。とはいえ限界があって、相手の大事な機微を見過ごすようになってしまう。僕は社会全体が思い違いをしているのではないかと思う。リモートワークは生産的で効果的であって、そもそも人間というのが共同体のなかにいるのが自然な生き物だという事実なんて関係ないのだと。同じ場所で実際に一緒に時間を過ごす以外に、共同体の一員たる方法はない。

賛否両論あるだろうし、たくさんの効果的な反例もある。僕はただ、遠隔地勤務を僕たちのプラクティスの一部にする方法について、僕に残された日々の一部を費やさないというだけだ。

通常は在宅勤務を許していないが、社員を守るためまれに例外とすることもある。病気の子供の介護のために自宅から仕事する必要があるときや、ひどい吹雪のときですら、僕たちは他の従業員と一緒に仕事をするのだが、やり方はあなたの想像と違うかもしれない。チームメンバーが自分たちの生活をしつつ、僕たちの毎日の仕事にも参加できるよう、いくつかの作戦を試してきた。最近の取り組みでは、二台のiPadでFaceTimeを使ってみた。一緒に働いているメンバーは、誰かが急にオフィスに来られなくなっても、お互いに姿を見て声を聞くことができた。デイリースタンドアップのときには、iPadをその場に持ち出した。

長いことメンローで働いているシニアソフトウェア開発者のケアリーが、両親のそばにいなければいけなくなった。彼女は物理的には社外にいるようになったが、それ以外の意味では仕事に来ていた。以下は彼女の言葉だ。

昨年、私の父親はガンと診断され、母は著しい不安を抱えていました。何日も何週間も仕事には行けませんでした。ありがたいことに、メンローは家族優先という哲学を持っています。行けなかった日について取り調べを受けることも決してありません。私はチームに状況を説明し、リモートペア作業をどう感じたか聞いてみました。みんな興味を持ちました。私は、週に何日働くのが最善なのかを把握するためにプロジェクトマネージャーと調整しました。ジェームズと会話し、私が抱えている問題、自分の考えを説明し、いまの状況は一時的なはずだと伝えました。一～二か月くらいで解消するだろうと期待していたのです。ジェームズは、これが当たり前な文化にはなってほしくないが、家族の危機については喜んでサポートすると言ってくれました。次の週は予定どおりに進めました。私たちはFaceTimeを使い、数週間、プログラマーとペアを組んで仕事できたのです。こうすることで、パートナーの声だけでなく、オフィスで何が起こっているのかもわかりました。私が戻ったとき、他のチームメンバーも私の声が聞けるのを楽しんでいると言ってくれました。私のほうも、チームメンバーが質問に来てくれるのがうれしかったのです。同じように、私が質問したいときは、パートナーがiPadをみんなの前に持って行って会話できるようにしてくれました。

チームがお互いを尊重し、人生の危機や個人的なニーズに対応するために一時的な解決策を考え出したのが、僕にはとても誇らしい。確かに、プロセスは重要だ。だが、人よりプロセスを選択する発想は、僕たちのコアバリューにはない。

5 始める準備ができている状態

持続可能性すべての背後にはもう一つ別の基本的な原則がある。これはピーター・ドラッカーが書籍『マネジメント』のなかで強調していたものだ。経営陣は柔軟な労働力を必要としている。柔軟性なしには持続可能性は手に入らない。柔軟性があれば、組織やそのなかの人を台無しにすることなく、新しい革新的なことに取り組む最高の機会が得られる。

ではどうやればビジネスの実践が柔軟になるのだろうか？　組織的に実行できるものだろうか？利益を上げつつ同じことを繰り返しできるようになるまでは、企業は本当の意味では成長しない。ピーター・ドラッカーはそのような考えを支持している。

ほとんどの企業は専門化により差別化している。つまり時間をかけて柔軟性を減らしているのだ。増やすのではなく。だがケント・ベックは、変化を抱擁すべきだと示唆している。

彼の『エクストリームプログラミング』では、「変化とうまく付き合え」とか「変化のなかで生きる方法を身に付けろ」とか「変化に耐えろ」とは言っていない。彼は「変化を抱擁せよ」と言っているのだ。僕たちは、自分たちが愛するものを抱擁する。なので、僕たちは変化を愛するよう学ばなければいけないし、柔軟性を受け入れる必要もある。また、カオスを生み出す柔軟性と、持続可能性を促進する柔軟性との違いも理解しなければいけない。

カオスな環境はとても柔軟だ。でも持続可能ではない。反対に、官僚主義は柔軟性を消してしまう。これが、メンローでは単純な構造を追求している理由だ。とても曖昧な状況に直面しても新たな取り組みを始められるのだ。

僕たちの単純な構造はチェスのようなものだ。ボードがあって、コマには種類があって、コマごとに数が違う。移動のルールもある。わかりやすい。でも、このようにとても単純で理解しやすい構造にもかかわらず、チェスは複雑なゲームだ。中盤になれば、膨大な数の指し手の選択肢がある。だがチェスの熟練者は、そのゲームに勝つために、よくわかっていて研究済みの初手を選ぶのだ。

ほとんどの会社は新しい取り組みを始める練習をしていない。新しいことを始めるのは難しく、そのせいで最高のアイデアがいくつも放り出されたままになっている。取り組みを始めても最初がうまくいかないと、軌道に戻すのは一日たつごとに困難になっていく。だから多くの企業は凝り固まって身動きが取れないのだ。新しい取り組みができないのは、始める方法を知らないせいなんだ。

僕たちはチェスのプレイヤーのようなものだ。僕たちのストーリーカードのシステムには、新しいプロジェクトで起こりそうなことをカードにしたスターターデッキがある。プロジェクトによってはいつでも役立つとは限らないし、これで十分というわけではない。だがこのスターターカードがあれば、ドメインや技術に関係なく、新しいプロジェクトをすばやく柔軟に始められる。

6 ビジョンが鍵

ジンガーマンのデリカテッセンは一九八二年にアナーバーの千三百平方フィートの店舗から始まった。一九九二年、創業者のポウル・サギノーとアリ・ワインツワイグは、起業家としての野心でうずうずしていた。フランチャイズ展開すべきだろうか？　いや、そうじゃない。ジンガーマンはユニークな存在にしたい。二人はそう考え、それから二年間かけてビジョン構築のプロセスを進めた。新たな始まりを描き、それを追求できた。味わい深い昔ながらの食品を経験豊富な専門のスタッフが提供するアナーバーの事業体。これがビジョンだ。

ジンガーマンはいまや年商四千万ドルの帝国だ。現在九つの事業を有し、全体として統一感のあるブランドを実現しながら個々のビジネスは独自性を持ち、差別化に成功している。事業には大きなデリカテッセン、コーヒー会社、パン工場、乳製品工場、レストラン、トレーニング会社、通信販売の会社が含まれている。

このプロセスでジンガーマンが学んだ最大の成果が、新しい取り組みを始める方法だ。大きくても小さくても関係ない。彼らはビジョンから始めた。ビジョンがなければ、新しいプロジェクトはない。話は以上だ。彼らのビジョンの作り方は、アリが初めて執筆した『A Lapsed Anarchist's Approach to Building a Great Business』でとても詳細に説明されている。彼らの会社の一つジントレインでは、ビジョン作りのプロセスを教える素晴らしいコースを開催している。

新しい取り組みを始めるときに繰り返し適用可能な、シンプルで有用な手法を持っていれば、スタート地点で引っかかるようなことにはならない。多くの場合、素晴らしいスタートを切ると勢いが生まれ、難しい時期を乗り越えて新しい取り組みを続けられる。

7 柔軟性

新しいプロジェクトや取り組みを始める方法を知っているだけでは足らない。チームは組織の柔軟性を常に伸ばし、活用していかなければいけない。さもないと、情熱あるビジョナリーが取り組みの最初の部分に関わるだけで、その先を進める人がいなくなってしまう。

メンローでは、柔軟性はあらゆるシステムに浸透している。いたるところで柔軟性を見かけるのだ。

スペース：柔軟性のない仕事場は新しい取り組みを失速させてしまう。新しい取り組みには、これまでと違うニーズがあるためだ。スペースを柔軟にしよう。施設管理の官僚的組織に邪魔をさせてはいけない。「許可を求める」という態度がチームにあってもいけない。ここまで見てきたように、チームは冗談半分で働く場所を変えたりする。あなたのチームも同じようにできるようにしよう。

個人：僕たちはペアを組むし、毎週入れ替える。毎週チームメンバーはそれぞれ柔軟性を発揮し、新しいパートナーの個性や仕事のスタイルにあわせていく。僕たちはこのシステムを信じているが、同時に一人ひとりみんな異なる。異なる人に毎週あわせ直すという経験から、メンバー一人ひとりの頭のなかには柔軟性に富む考え方が生まれる。週次の入れ替わりで、プロジェクトが変わったり、業界や技術が変わることもある。柔軟であるというのは、学ぶ準備ができているということだ。新しいことを学ぶ練習を続けているおかげで、僕たちは学習する組織になり、チームが心理的適応能力を持ち続けられる。

認知：人材紹介のボーナスを出していないおかげで、チームの柔軟性を消してしまうような、同一企業からの大量採用は発生しない。僕たちは地元の大学や人材プールだけをねらって採用活動をしているわけではない。おかげでさまざまな教授に教わったさまざまな人材が集まり、認知的な多様性が生まれている。幅広い年齢層の、多様な人生経験を持つ人たちが一緒に働くおかげで、僕たちは柔軟であり続けられる。

週間労働時間：個人のスケジュールの柔軟性やペア作業の継続のおかげで、パートタイムの人も受け入れられる。僕たちの柔軟性は他にあまり例を見ず、一部の会社でしか活用できない労働力でも対応できるんだ。たとえば授業期間中は週三日しか働けない学生もいる。パートタイムのメンバーが不在のとき、フルタイムのパートナーは他のメンローニアンとペアを組めばよい。

スケジュール調整はかなりトリッキーで、毎週行うプロセスのうち一番検討を要するプロセスの一つだ。でもこのスケジュール調整プロセスが、僕たちの組織の柔軟性の中心に位置しているのだ。

専門分野：ソフトウェア会社として、専門技術分野は何かとよく聞かれる。実のところ専門はないし、言い換えればすべて専門だ。さまざまな技術に習熟するおかげで、学びに対する柔軟性とオープンな姿勢が得られ、新しい技術領域でも恐れず挑戦していける。そして、僕たちはチームメンバーをデータベースやフロントエンドといった特定の技術領域の担当者にしたりはしない。特定の領域の担当者のため、次の仕事が見つかるまで忙しくさせておくために「仕事を作る」ようなこともしない。

役割：僕たちの一番大事なリソースは人であってスキルではないので、最良の人たちを維持するためなら何でもする。必要ならある人を他の役割に変えることもある。ときどき、チームの誰かが違う役割をやりたいと思うことがある。プログラマーがハイテク人類学者になったり、プロジェクトマネージャーがＱＡになったり、その他想像しうるどんな変更もありうる。会社を設立した当初、それぞれの役割の明確な定義を作りたかったので、僕たちはそうした変更に抵抗していた。いまでは僕たちのシステムにおいて、興味を持ったメンバーなら誰でも実験してみるほうが容易だと考えている。新しい役割を試してみて、もしうまくいかなかったら、いつでも元に戻れるのだ。これは変化に対する不安を軽減する助けにもなるし、柔軟なマインドセットを育む助けにもなる。

役割に対するこうした考え方で、チームはより柔軟になっていく。プロジェクトのある時点でハイテク人類学者が必要になったりプログラマーの作業が減ったりすることがあるし、その反対もある。僕たちのペアの作戦のおかげで、ある役割の経験者がパートナーとなれば、役割を変えたばかりの人とペアを組んで指導したり教えたりできる。

ツール：僕たちのツールのほとんどは単純で安価、たいていは紙ベースだ。これによって、安価なツールの実験を、許可を求めずにする能力が養われる。

僕たちのハイテク人類学者のプラクティスのうち重要なものとして、シンプルなプロトタイピングがある。ほとんどのプロトタイプは紙でできている。粘着テープを使ったり、空になったヨーグルト容器をデザインにあわせて切ったりすることもある。この単純で、安価で、すばやい（そして楽しい）プロトタイピング技術は、組織全体に広まる。僕たちはいつもシンプルで新しいものを試している。

反対に、何か常軌を逸した新しいアイデアを実験するのに多額の支出が必要な場合、僕たちはみんな緊張するし用心深くなる。

コンピューター：世の中の多くのチームは、僕たちもそうだが、コンピューター設備を標準化したいと考える。だがメンローでは、設備の多様性を認めている。すなわち、僕たちのシステムの一部はサポートが高額になるということだ。標準化によりメンテナンスを単純にできる。これはサウスウエスト航空が機体をボーイング737に揃えることで全体コストを下げているのと同じだ。だが、そうするとたった一種類のコンピューターや画面サイズ、CPUスピード、メモリー設定、OSバージョンではちゃんと動いても、他のコンピューターやソフトウェア設定では動かないようなソフトウェアを作ってしまうリスクにもなりえる。

毎週ペアを組み替えるので、コンピューターもだいたい毎週変わることになる。おかげで欠陥プログラムを「自分のマシンでは動いた」とは誰も主張しなくなる。ユーザーフレンドリーなソフトウェアを作ろうとするなら、同じように僕たちが使う設備も柔軟でなければいけないのだ。

8 柔軟性は必要に応じて使えるキャパシティーを生む

チームに機械的にキャパシティーを追加できないとなれば、予期しないビジネス上のニーズに際して、キャパシティーの追加の代わりに取れる選択肢は、残業しかない。採用は選択肢にはならない。ほとんどの組織では、そのタイミングにすばやく新人を投入するキャパシティーがないからだ。残業はバランスがとれていないことがほとんどだ。組織のある一部では残業し、他ではやることがほとんどない、ということになるかもしれない。これは不公平の感情を作り出してしまう。仕事が少なく定時で退社する人は、仕事の多い人が遅くまで残ってストレスを抱えているのを見て罪悪感を覚える。そのうち自分が残業する番がくると思ったところで、罪悪感は消えない。

ストレスが多いと品質が低下し始め、顧客サービスが悪化し始める。組織的な風紀の低下が忍び寄ってくる。そして自分たちの周りのことを仕方ないと思うようになる。僕たちはみんな、これと同じ状況をレストランで顧客側から経験している。テーブルの振り分けが少しおかしくて、担当のウェイトレスは仕事をさばききれず、一方で他のウェイトレスたちは暇でおしゃべりしていたりする。*2

長い付き合いのある顧客が電話をかけてきて、将来のプロダクトの方向性を決める重要な計画会議

＊2…米国ではウェイトレスがそれぞれ決まったテーブルを担当するのが一般的。

にうちのメンバーが参加できないかと聞いてきた。電話は木曜日の午後にかかってきた。そして一週間にわたる会議は来週月曜日の朝から始まるとのことだった。その種のミーティングによく出ているメンバーは、別の仕事があったり、休暇の予定だったりした。二人のプログラマー、トレーシーとキャロルが手を上げて、参加を志願してくれた。二人はその顧客の計画ゲームに参加していて、ショウ&テルを実施したり聞いたりしており、その会社のこともよく知っていたので、わずか一日前に連絡が来ても準備できていたのだ。二人は完璧にこなした。顧客はあとになって、こんな直前の依頼だったのに最高の「Aチーム」を寄越してくれてありがたいと伝えてきた。

世間では、いつも同じ人に同じ仕事をさせすぎるし、予期せぬニーズに備えてキャパシティーを作ることもしない。僕たちの世界では、キャパシティー作りの中心にはペア作業がある。チームメンバー一人ひとりに僕たちの信条が浸透していて、通常の毎日の役割から離れて新しい役割をこなす人のことをリーダーは心から信頼する。そうするとまた別の喜びが、人びととシステムとが見せる信頼から生まれるのだ。

僕たちはいつもキャパシティーを作り出す方法を探している。変化が起きたときに反応できるだけの柔軟性を持つために必要だし、そうした変化は実際いつも起きている。僕たちのチームが備えた柔軟性、そして変化を抱擁する意志があるおかげで、ほとんどのチームにとって思いもよらないようなことが実現できる。シンプルなスケーラビリティだ。

「遅れているソフトウェアプロジェクトへの要員追加は、
さらにプロジェクトを遅らせるだけだ」
ブルックスの法則

——フレデリック・P・ブルックス『人月の神話』

12章 スケーラビリティ

喜んで報告しよう。ブルックスの法則[*1]は打破できる。

ブルックスの法則はヒーロー依存のダメな文化のモットーだが、ソフトウェア業界にはいまでも蔓延している。法則が言わんとしているのは、新しい要員を受け入れるためのコストが、とりわけプロジェクトの後期では、数週間ないし数か月間にその人が貢献できる量をはるかに上回ってしまうということだ。

ブルックスはソフトウェアチームを念頭に置いていたが、この原則は新人を迎える構造的アプローチを持たないあらゆる規律や組織にもあてはまる。もしあなたが、新人に知識を伝達するシステマチックな手法を持たず、熟達と自律に迅速に導けないのなら、あなたにもブルックスの法則があてはまる。

多くの業界にブルックスの法則と同等の「真実」があって、誰もがこの真実は変えられないものと信じている。あくまで伝統に過ぎないとか、変化を待っているのだとは思わない。一八〇〇年代のウィーン総合病院でも、出産時の死亡率は高いのが真実であって、不可避だと信じられていたことだろう。オーヴィル・ライトは建造可能な最大の航空機は、二人乗りが限界だと考えていた。どんな定理でもそうだが、たった一つの反例さえあれば反証できるんだ。

スケーラビリティ[*2]はビジネス界においてとても重要なテーマだ。投資家やビジネスプランのコンペの審査員はいつも、アイデアがスケールするかどうか問うてくる。スケールできないなら、彼らにとっては無価値なアイデアだ。ビジネスがスケールしないということは、おそらく「システム」に欠陥

＊1…米国のソフトウェア技術者、フレデリック・フィリップス・ブルックス・ジュニアによって提唱された、プロジェクトマネジメントに関する法則。本章の扉（241ページ）を参照。

＊2…（特に機器やソフトウェアにおける）システムにおいての拡張性、拡張可能性のこと。利用者や仕事の増減に適応できる度合い。

がある。ブルックスの法則は断言している——いったんプロジェクトが開始したら、ソフトウェアチームはスケールできない。ブルックスが正当に告発しているのは、不適切に組織したシステムに依存する業界全体だ。当時（いまでもそうだが）ソフトウェアチームがスケールできなかったのは、ヒーローを前提としていたためであり、ヒーローをスケールするのは困難だ。ヒーローは忙しすぎて新たなヒーローを育てる時間がないので、スケールアップは不可能だ。それにスケールダウンでは、ヒーローはいなくなってしまい、もう代わりはいない。

メンローはブルックスの法則を何度も打ち破ってきており、もはや業界の歴史を思い出させる過去の遺物でしかない。僕たちのプロセス全体が法則を破るのに集中している。ペア作業、ペアの交代、自動ユニットテスト、コードの共同所有、ヒーローに頼らない採用、絶え間ない会話、オープンな作業環境、成果の見える化。こうしたすべてによって、ブルックスの法則は容易に乗り越えられる。このあとで説明するが、僕たちのシステムはいままで誰も考えていなかったことも簡単に実現してしまう。スケールダウンだ。

すべてのビジネスは、業績向上を目指すなかで、スケーラビリティの問題に直面している。ウォルマートは安売り店のスケーラビリティのためにＩＴ技術を模索した。マクドナルドは素材、メニュー、スタッフのプロセスを一貫させた。ジンガーマンは一つのビジネスから、十以上のビジネスを描いている。サウスウエスト航空は単一の機種、ボーイング７３７だけを標準にすることでスケーラビリティを実現した。

あなた自身の組織について、以下のような質問をしてほしい。

◎必要な才能を持った人を探すのが難しいか？
◎新しく採用した人に、数か月後には失望していることが多いか？
◎需要が低くなった領域に才能のある人を、需要が高い領域に柔軟に移せるか？
◎新しいチャンスに対して、できる人がいないという理由で抵抗するか？
◎人数を増やさずに新たなビジネスを増やしているか？
◎プロジェクトの速度が下がったとき、プロジェクトチームを忙しくしておくか？
◎こうした質問のことを考えると夜も眠れなくなるか？

スケーリングの練習1

ペア作業の仕組み、特に毎週ペアを交代するやり方にはまた別のメリットがある。スケーラビリティの必要性にかかわらず、練習する機会が得られるんだ。このコンセプトは航空業界からヒントを得た（コックピット・リソース・マネジメントと呼ばれている）。ペアを毎週交代していると、プロジェクトの人数が変わるわけではないのに、新しい要員を受け入れる練習ができる。また、年に四〜六名の国際インターンを受け入れているのも練習になっている。

四人のプログラマー（二組のペア）のプロジェクトで、毎週ペアを交代するとする。この四人のなかで、初めての組み合わせは三週間続くことになり、そのあとは前の組み合わせの繰り返しになる。数週間後、別のプロジェクトから一人呼んできて、代わりに元の四人のうち一人を別プロジェクトに移す。

新しいメンバーがただ働いているだけなら、どこがスケーラビリティの練習なのかと疑問に思うかもしれない。おそらくここが一番美しいポイントなんだ。働くのは練習のための手段だ。新メンバーがプロジェクトに参加すると、元からいたメンバーは新入りを軌道に乗せる練習をし、同時にカードの仕事もこなさなければいけない。同時に、チームの人数は変えないので、誰かがプロジェクトから出て行き、ある程度の知識と熟練が失われることになる。この過程で、チームは変化に対応し、スケールダウンを練習することになる。

ペアを組む、ペアを組み替える、参加する、離脱するという基本的なスタイルを続けながら、チームは実際のスケールに備えていく。

2 真のスケーラビリティは両方向に使える

ほとんどのビジネス専門家はスケーラビリティを成長拡大する方向にしか考えない。「スケールするか?」という質問は、スケールアップの意味しかない。うまく設計したシステムは拡大と縮小の両方向にスケールでき、どちらでも対応速度は同じだ。僕たちはそう信じている。

2-1 スケールアップ

顧客がメンローにやってきて、いま四人でやっているプロジェクトのスピードを二倍にしたいと頼んできたとしよう。これは僕たちの世界では、次のような意味にダイレクトに解釈される。つまり計画シートの大きさが二倍となり、ストーリーカードに使う時間も二倍になるということだ。人員配置計画でプロジェクトマネージャーがファクトリーフロアマネージャーと協力して、翌週四名のプログラマーを追加したいと言う。元からいる四名はおそらく同じプロジェクトに残り、翌週のスケールアップのために尽力することになる。そのプロジェクトで以前にローテーションで入っていたことのあるメンバーから、追加メンバーを探す。それ以外の追加メンバーを含めてチームに入れれば、出来上がりだ。ジャーン! 翌週にはこれまでの二倍のカードをアサインし、ほぼ二倍の仕事が完成することになる。

スペースもスケーリングに便利にできている。チームはテーブルを二つとコンピューターを二つ、何の苦労もなくプロジェクトの島にくっつけて、これで大きくなったチームも全員同じ席で働ける。そうすれば高速音声テクノロジーを用いて、知識の移転をさらに強化できる。基本的な計画づくりとコーディングのプラクティスはすべてのプロジェクトで共通しているので、新しいメンバーがプロジェクト独自の手法や個人依存の手法を学ぶことはない。チームの全員が共有した信条を持っていれば、プロジェクトの仕事の割り当てで軋轢が起きることもない。

メンロー・ワールドではこれは当たり前のことで、関わる人は誰も、顧客でさえ、スケールアップの妥当性を疑問には思わない。

2-2 スケールダウン

プロジェクトを縮小したい場合もある。顧客が予算を長持ちさせたくなったり、プロジェクトが進んで作業量が減る時期に達したりしたら、スケールダウンも同じ手順で行う。チームは知識の塔に依存していないし、開発者の誰にも「自分だけのコード」はないし、誰でもコードのすべての箇所を触ったことがあるし、他のプロジェクトに移った人も同じ部屋で声の届くところにいる。だからプロジェクトから知識が失われてしまうことはない。

プロジェクトを数か月のあいだ待機させてから、また元のスピードに戻すにはどうすればいいだろうか？　スケールダウンは、ゼロまで縮小できるんだろうか？　プロジェクトを数か月間一時休止してから再開したり、いったん完了したプロジェクトに新機能を追加したりすることも可能なのだろうか？　これらの問題は、ドキュメントと標準作業プロセスの問題に帰結する。自動ユニットテストが最初の土台となって、コードを変更したときの勘違いを検出してくれる。プログラマーのペアがプロジェクトに戻ると、間違いないつもりでコードを書くが、そこでユニットテストが一つでも失敗すれば、間違いがあったとわかる。こうして、過去にどう考えどんな判断をしたか、記憶がよみがえってくる。コードの共同所有も大きな役割を果たす。コードの一つの部分を時間の経過とともにたくさんの人が見て、調整してきた結果、人びとが意図を解釈した共有知を、体系的に表現したコードとなっている。最初に書いたヒーローにしか理解できない、入り組んだ表現ではない。

こうしたやり方はソフトウェア業界で一連の標準として始まりつつある。同じようなやり方は建築の業界でも進化した。リノベーションの作業者が比較的新しい家で作業をするときは、2×4の釘が十六インチ間隔で打ってあると考えて間違いない。また電気の配線はブレーカーにつながっていて（自動ユニットテストと同じだ）、適切な電流が流れるように保証しており、限界を超えて溶けたり焼けたりする心配はない。

3 スケーリングに対応するためゆとりを作り込む

こうした手法は夢みたいにうまくいく。もしも、すべてのプロジェクトを通じてスケールアップとスケールダウンの要望が完璧に釣り合い、休暇のスケジュールとぴったり合っていれば、だが。もしかしたらそういう世界もあるかもしれないが、ここ惑星メンローでは完璧にもぴったりにもならない。顧客のニーズに合わせてメンバーを増減できるゆとりを作り出すため、僕たちはシステムにバッファ要素を組み込んでいる。その要素となるのは、メンバーを増やしたり減らしたりしても大丈夫な国際プロジェクトや、一部の顧客と結んでいる特別な契約で、こちらの都合である程度スケールアップ、ダウンできる代わりに、料金を割り引いているプロジェクトだ。顧客のなかでも一番付き合いが長く、信頼も厚いところは、ビジネス的に有意義であればメンバーの増減を許している。

チームメンバーを増やしたいのに現メンローチームだけでは足らないときにも、難しいことはない。メンローと一緒に仕事をするのを気に入ってくれている人たちが集まった、健全な下請業者のコミュニティがある。メンローに仕事がないときは、彼らは別の仕事をしている。全体の人数を増やしたいときには、エクストリームインタビューをスケジュールして新たなフルタイム社員を雇用する。僕たちは、準備が整ったときにいつでも応募者に声をかけられる。そうした応募者はツアーや、講座、何らかのコミュニティをきっかけにして、僕たちと働くのに興味を持った人びとだ。

リーン生産の原則によれば工業エンジニアはゆとりをシステムに組み込み、ピーク時に対応できるようにする。これは面白い話だ。人間の扱い方よりも機械の扱い方をうまく学んでいることを意味してるんだ。多くのビジネスでは人間が常にほぼ百%で稼働するし、残業があれば百%を超えることもある。この狂騒の症状は、休暇中も働いたり、プロジェクトから一人欠けるだけで全体が停止してしまったり、残業が当たり前だったり、家でも仕事をするのが当然だったりだ。僕から見て、人間をまともに扱うやり方ではない。

ブルックスの法則は業界の他のところでは健在だ。伝統的なやり方で組織したチームにスケールアップの要望をすると、唯一の対応策は残業だ。プログラマーは週に四十〜五十時間働いていたのが、突然八十〜百時間になる。最初の一週間はまだいいが、プログラマーだって人間だ。疲れ果てたプログラマーは、新機能よりも品質の問題を作り出し始める。この時点で、地元の石材屋でプロジェクトの墓石が彫られ、墓地に穴が掘られ始める。またひとつ、お亡くなりになったプロジェクトを弔うメモリアルサービスが準備される。業界全体では一年に七百五十億ドルの損失にのぼると、スタンディッシュのカオスレポート[*3]は報告している。

より多くをこなすには、より多くの人がいる。極めてシンプルだ。

現在の構造で少なくとも百五十人まではスケールアップできる自信がある。一方で、より大人数、より多くのプロジェクト負荷に合わせて調整するには、現在のプラクティスを変え続ける必要がある

＊3…米国の調査機関であるスタンディッシュグループが行った、ソフトウェア開発に関する調査。

のも確かだ。十年ほど時間を巻き戻してみよう。成長に伴い、僕たちの文化を継続して維持し、強化し、拡張しながら、新たなレベルの人数とプロジェクト負荷に到達してきたんだ。

創業から二〇一三年に至るまでに、僕たちは三度にわたってスペースを三倍に広げてきた。チームの人数は十倍以上だ。スケールアップが可能であるこれ以上の証拠はないと思っている。二〇〇一年から二〇一一年にかけての十年間には、世界的な災害、戦争、経済危機があった。そうしたときには僕らのスケールダウンする能力が問われた。

よく言われることだが、現在のやり方は千人が一つのプロジェクトに携わる状況では通用しないだろう。多くの人は、千人でダメではスケーラブルとは言えないと考える。しかし千人が不可能だと言っているわけではない。千人になったときどういう形になるのか、どう変化すれば達成できるのか、単にまだ知らないと言っているだけだ。決してスケーラビリティの能力を否定するものではない。

第二次世界大戦中、ヘンリー・フォードがウィローラン工場を建ててB-24爆撃機を建造していたとき、一九四一年当初の建造スピードは一日一機だった。一九四四年にはフォードのチームはシステムとプロセスを改善しており、急げば一時間に一機建造できるようになっていた。プロセスにもとづく組織のスケーリングの追求には熟考を要し、ヒーローにもとづいてスケーリングするのは狂気の沙汰だ。

4 スケーラビリティとサステナビリティ(持続可能性)を結び付ける

スケールしたために品質を犠牲にしたら、スケールしたことになるのか?

スケールしたためにチームの士気がダメになり、意気やエネルギーが失われたら、スケールしたことになるのか?

スケールしたために人びとの生活を脅かすことになったら、スケールしたことになるのか?

スケールしたため、より強力な競合プロダクトに市場を奪われたら、スケールしたことになるのか?

スケールアップできたのに、スケールダウンができないなら、そもそも本当にスケールできると言えるのか?

僕たちの喜びの定義に従えば、スケールしつつ高品質のプロダクトを生み出せて、文化も維持できなくてはならないんだ。

5 喜びの計測

訪問したほとんどの人はこのやり方が素晴らしいと思う——コストのことを考えるまでは。そしてこのようなスケーリングのコストを、想像で普通のソフトウェア開発の少なくとも二倍になると見積もる。

正確なところ、彼らはコストをどう計測しているんだろうか？もしコードをタイプするスピードでコストを計測すれば、確かに僕たちは二倍くらいかかっているかもしれない。この業界に一人でも、タイプ速度が開発コストの主要因と信じているなら、コンピューターサイエンスの学部では学位認定にタイピングの履修が必須になっているはずだ。タイピング速度が入試科目になっていてもおかしくない。

メンローで僕たちはコストを最終的なプロダクトに対して計測する——喜びだ。僕たちが作ったプロダクトのエンドユーザーには僕たちに感謝してほしいし、作り上げたものを愛していると言ってほしい。たいていのソフトウェアチームには到底そこまでたどり着けない。喜びのような目に見えないものを計測できるんだろうか？　直接は無理かもしれないが、計測できるものもたくさんある。利用度合いや、長期的品質、市場シェア、顧客満足度、市場支配、エンドユーザーの感情（少なくとも聞くことはできる）、サポート問い合わせの少なさなどだ。こうした結果を毎回達成するよう、チームが責任を果たせるようになれば、喜びに到達できるのだ。

二つの自由のあり方がある。
間違っているのは、人は自由に好きなことをしてよい。
正しいのは、人はすべきことを自由にやってよい。

——チャールズ・キングスレー

13章 説明責任と結果

数年前、アトランタで自動車のオンライン販売とカタログ販売を扱っている会社に、メンローのプラクティスを教える機会があった。技術チーム全員とマネジメントチームが一部屋に集まった。丸一日だ。セッションのなかほどで、僕たちの説明責任に対する考え方を話し始めた。メンローでは、望む結果を得るための説明責任は、循環していなければいけないと信じている。参加する全員が説明責任を持つのだ。

CEOとして、僕がチームにコミットできる以上のコミットメントをチームから得ようと期待してはならないと思っている。信頼を築く単純なやり方だ。ここで言う信頼とは、恐怖に頼らずコミットメントが得られるという意味合いだ。そして僕たちの見積りのプラクティスを例として、詳細に説明し、どのように機能するのか教えた。僕がチームに対してコミットするのは、これから説明する見積りのシステムを教え、強化すること。さらに顧客がそのシステムを支持するよう保証することだ。

すでに説明したように、僕たちは週次で見積りセッションを行っている。ペアが、手をつけるストーリーカードを見積もる。僕たちの最初のコミットメントは、チームを脅したり丸め込んだりして見積りを変えさせようとは決してしないということだ。健全な議論はあってもよいが、プロジェクトマネージャーはペアの見積りを拒否できない。その頃にはすでに、部屋のなかに不快感がたまっているのを感じていた。顔の表情や、定まらない視線から、僕の話が彼らの神経を逆撫でしているのがわかった。

仕事が割り当てられたら、ペアにはきっちり見積りどおりの時間が与えられるという説明を続けた。ペアが十六時間必要と言ったら、作業に二日与えられるのだ。部屋は静まりかえった。

最後に、ペアが見積りどおりに終えられなかった場合について説明した。何も悪いことはないし、処罰もないし、評価を下げることもない。顧客には、余計にかかった時間も含めて請求するし、そのように支払ってくれることを期待する。ピンの落ちる音が聞こえるほどの静けさだ。

「私たちはチームを信頼します。そして見積りでも実作業でも最良の方法で仕事をすると信じます」

僕はそう言った。でも、予定どおりにいかないこともある。予想よりも難しいことがわかることもある。見積りの失敗から学び、次はもっとうまくやればいい。見積りの信頼システムでは、チームは悪いニュースはなるべく早く伝えるように依頼できる。

ペアが十六時間と見積もったカードの作業を二時間進めたところで、問題を発見し、見積りよりも時間がかかるとわかった。そんなとき、僕は彼らにプロジェクトマネージャーのところに行って情報を伝えるように頼む。プロジェクトマネージャーには、そんな情報を得たとき、学びを共有してくれたことに感謝するよう教えている。影響がその週の顧客へのデリバリー内容に影響を及ぼすようだったら、プロジェクトマネージャーは顧客にすぐ悪いニュースを伝え、この課題を扱ってほしいかを尋ねる。優先順位の低いカードが完了しないリスクをとってこのまま進めるか？　それとも、見積りが膨らんだカードを中断するか。

顧客とメンローの契約では、ストーリーカードとその見積りは、僕たちのプロセスの基本構成要素なのだ。二つを合わせることで、仕事を定義し、結果を得るための基本を得る。得られるのは望ましい見積りではなく、品質の高いソフトウェアプロダクトを得るのに必要な見積りだ。見積りは一貫している。見積りは正直である。作業を行う人たちが見積もり、僕たちは彼らを信頼する。それでも、見積りは見積りにすぎない。その時点での情報にもとづく最良の推測なのだ。

この頃になると、講義部屋の静けさは、まるで耳が聞こえなくなったようだった。明らかに、彼らの文化の不協和音をかき鳴らしてしまったのだ。説明責任に関する逆説的にも聞こえる説明をした結果として、避けられない質問が出るはずだ。それを待つために、一息ついた。想定以上の反応があった。マーケティング担当VPのジョーが立ち上がり、非難するように僕を指さした。

「たわごとだ！」決めつけるような口ぶりで彼は言った。

彼の会社には、本当の説明責任があると彼は言った。金曜日までに完了すると見積もって、金曜日に終わらなかったら、週末まで残って作業して、コミットメントを果たすのだ。週末が子供の誕生日だったとしても関係ない。誕生日はどうせ来年も来る。仕事は終わらせなければいけない。「これが説明責任だ」彼は、僕と他の参加者に向かって言い放った。

部屋は相変わらず静まりかえっていて、彼は僕を見下ろしていた。みんな、僕がどうやってこのやり取りに回答するのか、心配していたのだろう。彼は興奮していた。僕は、まあ落ち着いていた。

ジョーに、メンローが彼の考える説明責任のやり方に変えたとしたら、何が起こるだろう？と尋ねた。彼は数秒間考え込んだ。そして、彼の考えが変わるのが文字どおり目に見えた。彼の感情の全細胞が頭からつま先まですべて動いたようだった。さっきまでとはまったく違う口調で、ジョーは答えた。

「見積りを水増しするようになるでしょう」彼は言った。「プロジェクトマネージャーは水増しを見越して、見積りを削るようになるでしょう。チームは実際にやったことにウソをつくようになり、品質は下水に流されてしまう。突然、あらゆる種類のサポートが問題になる。士気の下がったチームは誰も信用しなくなる。メンローでも、我々がここで抱えているのと同じ問題を抱えることになる」

ジョーはその日、重要な教訓を学んだ。人間の本質に関わるものだ。人間は、公正であることについて判断する能力を生まれつき持っている。倫理に反する不公正を認識すれば反抗する。たいていはこっそりとだ。説明責任を取り巻く信頼とコミットメントなしには、説明責任が結果を生み出すことはない。

僕たちの世界では、ＣＥＯがシステムにコミットし、よいときも悪いときもシステムに寄り添う。プロジェクトマネージャーは自分たちの役割を深く理解しており、恐怖を広げるのが仕事ではないと知っている。チームは、正直が報われることを理解している。顧客も、果たすべき役割があることを理解している。

このシステムは、誰もが望む結果を生み出す。見積りから恐怖を取り除くことで、チームはよりアグレッシブに見積もるようになる。自分たちで設定したゴールに向かって仕事をしていることを知っているので、ペアは見積りを達成しようと頑張る。顧客は実際には、より多くの結果を短い納期で受け取ることになる。必要なのは、見積りはときどき間違うと認めることだ。さらに品質に妥協するのをやめれば、ほら、これでチームが夢見ていた結果が手に入った。僕たちのチームには、誇りある職人気質を生かすシステムがある。

予想できる構造で全員が説明責任を持てる 1

客先のCEOであるジェン・ベアードがオフィスに来たとき、ちょっといたずら気分で、僕たちの構造の弱点を探してみようと提案した。メンローのプログラマーのペアのところに、ジェンと僕は歩み寄り、彼らが担当しているシステムに変更を提案した。ジェンの会社が、僕たちに発注しているシステムだ。ペアはすぐさま反応した。新しいストーリーカードを取り出し、ジェンの新しいリクエストを書き留めようとした。そんなことをしている時間はないと言っても、ペアは聞かず、要求を書き留めた。書き終わると、彼らは、ジェンと僕に、リサのところにいってストーリーカードを手渡すように指示した。リサは、ジェンのプロジェクトのプロジェクトマネージャーだ。リサはストーリーカードに連番を振り、チームと一緒に見積もり、この週の計画に入れる方法がないか検討し始めた。

ジェンと僕とでシステムを妨害しようとしたが、できなかった。CEOと顧客が二人がかりになっているのに、説明責任の仕組みはびくともしなかった。僕たちのシステムは、恐怖、曖昧さ、脅迫などまったくなしに、説明責任を強制しサポートできる唯一のシステムだ。既存のシステムを無視したり回避したりして仕事を片付けようとしていれば、たいていの説明責任は崩壊してしまう。

僕たちの説明責任に関する最強のメカニズムは、ストーリーカード駆動の、五日間の繰り返しサイクルだ。二〇〇一年六月十二日から絶えることなく継続している。すべての顧客の仕事は、このサイクルで実行される。例外はない。一度もだ。二〇〇一年から、年あたり数万時間の労働時間を、毎年、景気のよい年も、悪い年も。五日間のサイクルは予想可能なパターンに従う。すべてのチームメンバーは、そのパターンを想定している。顧客も含めてだ。

構造化されたプロセスが理解しやすく使いやすかったら、使わない手はない。メンローの人間は（僕も含めて）、決して「出てきたこのタスクはとても重要だから、自分たちのプロセスを使う時間はない」とは言わない。プロセスを使わないほうが、結局長く時間がかかるのだ。

メンローでは、全員に僕たちのプロセスの説明責任がある。僕たちは、プロセスを信じている。僕たちは、それが品質の高い結果を生み出すことを知っている。

選択を通じた説明責任 2

メンローの初期に、東海岸の大規模な医薬関係のソフトウェアプロジェクトに取り組んだことがある。顧客は伝統的な予算システムを使っていて、プロジェクトに割り当てられた予算は、決められた日付までに使い切らなければいけなかった。十二月三十一日までに、三十万ドル使い切らなければいけない。一セント使いすぎてもいけないし、一セント使い足りなくてもいけない。一日も遅れてはいけない。僕たちのプロジェクトマネージャーが、プロジェクト全体の計画を立てた。顧客との計画レビューのテレビ会議の準備中、彼女は会議の前にいくつかレビューしてほしいと依頼をしてきた。

僕がレビューできたのは、テレビ会議が始まる五分前だった。僕はひと目見て、この計画ではマズいと宣言した。彼女の顔から血の気が引いた。ひと目見ただけで見つかるとは、何が問題だったんだろうと彼女は考えたのだろう。彼女のプロジェクト計画の問題は、プロジェクトの最終日の直前まで機能開発が続いていることだった。どんなプロジェクトでも、機能開発ではバグがつきものだ。トラブルシューティングを行うための時間を確保しておかなければいけない。

プロジェクト完了までに修正しなければいけないバグの数はどれくらいだと思うかと、彼女に尋ねた。プロジェクトはまだ始まってもいないので、わからないと答えた。僕は彼女に、数を推測するように頼んだ。半ば強制されて（テレビ会議の開始が近づいていた）、彼女は六という数を口にした。僕はカードを六枚つかんで、それぞれにバグ1からバグ6と書き込んだ。それから急いで起こりえるバグを見積もった。想像上の問題について、二時間から三十二時間という時間を割り当てた。僕は立ち去る前に、そのカードを計画に含めるように頼んだ。

会議が終わったあと彼女に聞いてみると、会議がとてもうまくいったということを伝えられた。顧客は、彼女が予測して、バグ修正を見積りに入れていたことに、びっくりしていた。問題が発生する前に問題を予測しようとするベンダーを見たのは初めてだと、彼らはとても感心していた。このレベルの説明責任が果たせることに、僕は喜びを感じる。

僕たちの計画ゲームは、説明責任と権限委譲のために素晴らしく設計されている。プロジェクトのスポンサーが計画に何か入れたいときは、折りたたまれたストーリーカードを計画シートの上に乗せる。計画に入れたくないときは、テーブルに置いておく。計画づくりの時間に、感情的になる必要はない。これを入れろ、あれを入れろと大声で騒ぐこともない。計画に入れたければ、計画シートに乗せる。予算が足りなくなったら、どれかを外さなければいけない。これまでの計画づくりの方法でありがちな、恐怖にもとづいた交渉はもう必要ない。誰も、「いいだろ、あと小さな一つくらい入れても大丈夫だよな。いいかい？」とは言わない。何か一つ入れたければ、何か一つ外さなければいけないと、誰もが理解しているからだ。計画作りは会話の場となる。遠回しなパワーゲームにはならない。

不明なことが残っていたり、見積りがうまくいかなかったりしたときは、計画シートの一部を割り当てて「予備」と書いておく。未知に対する健全で当然の不安感を置いておく余地を用意しておくのだ。こうしておけば、どちらの立場からも、不明な点が残っているのが明確にわかる。

3 説明責任の実行があなたの仕事だと見せる

毎週のショウ&テルの素晴らしいところは、顧客と一緒に完了したストーリーカードをウォークスルー[*1]できる点だ。まさに説明責任を発揮する場となるんだ。ショウ&テルは計画作りという概念的プロセスと、仕事の成果という現実のアウトプットとを結び付け、強力なフィードバックを提供する。さらに、説明責任が循環することも示せる。顧客は、前の週に完成した機能をどう使うのか僕たちに見せてくれる。ソフトウェアを使って顧客がどこに行きたいのか、僕たちはコントロールしない。僕たちはなされるがままだ。顧客ができ上がった機能を時間を割いて使ってみるのは、彼らが真剣に関心を持っている証拠でもあるのだ。

計画どおりに進まず、全部を完成できなかったときも、ショウ&テルでは明らかになる。僕たちのリソース制約の問題で、全部が完成できないこともある。顧客からの情報提供が遅れたために、何かが終わらないこともある。このような場合は、カードに赤いドットをつけ、誰が何の回答を待っているかを示す付箋紙をつける。こうしておくと、循環する説明責任の面白い側面が見える。説明された優先順位と、本当の優先順位は異なるということだ。顧客があるカードを重要だからと今週の計画に入れたとする。しかし、その件に関する質問に回答してくれなかった。カードが完成しなかった理由

＊1…開発したソフトウェアの品質向上のために、製作者が主体となって開催するレビュー会。

は明白だ。透明性の価値を重視しながら、とても民主的な方法で、顧客に説明責任を果たしてもらえる。

実績の実績 4

二〇〇九年、フロリダ州オーランドで開催された米国プロジェクトマネジメント協会の世界大会で、四百人ほどの前で講演する機会があった。ＰＭＩはプロジェクトマネジメントプロフェッショナル（ＰＭＰ）の認証団体だ。

実験をやってみることにした。ＰＭＩ認定のＰＭＰ資格を持っている人は手を挙げるように頼んだ。四百人の手があがった。次に、ＰＭＰ資格を受けるときに必要な、倫理・職務規程にサインした人は手を挙げるように頼んだ。再び、四百人の手が挙がった。

次に、全員に目を閉じるように言った。プロジェクトマネージャーは、ルールに従うのが得意だ。特に権威者からのルールにはよく従う。みんな、目を閉じた。そこで、担当しているプロジェクトで、実績報告をごまかしたことのある人は手を挙げるように頼んだ。これは、倫理・職務規程違反である。ゆっくりだが、四百人全員の手が挙がった。なんと。権威者の作り出した恐怖が、本当に正直な人たちに、非倫理的な行動をさせているのは明らかだった。

僕は米国プロジェクトマネジメント協会とプロジェクトマネジメントプロフェッショナルを深く尊敬している。本当の問題は、組織でも、目的でも、教育でもない。認定資格でもない。マネジメントが作り出す人工的な恐怖のなかで働いているだけで、能力ある人でも間違った行動を強いられてしまう。どんなに有能でも、プロフェッショナルでも、知識があっても、経験があっても抵抗できない。

僕から見て本当の問題は、プロフェッショナルが虚偽の実績を報告することだけではない。虚偽のデータは、正確な実際のデータとして扱われ、将来の計画づくりに使われるのだ。プロジェクトの予算が不適切である一番の理由の一つはこれだ。プロジェクト遂行中にも問題を引き起こしたり、コスト超過で、プロジェクトを中止に追い込んだりもする。

恐怖によらない説明責任のすごい利点は、虚偽の実績ではなく、実績の実績を得られることだ。実績とは、見積もった時間と比較して、実際にかかった時間のことだ。

メンローでは、詳細なタイムシートを記録している。顧客のプロジェクトに使われた時間は、週次のタイムシートに記録される。チームメンバーは、作業をしたストーリーカードに使った時間を記録する。正確なタイムシートは、月曜日の朝八時に、ファクトリーフロアマネージャーに提出される。すべての時間は、プロジェクト追跡のスプレッドシートに集められる。使った時間にもとづく顧客への週次の請求書を全員でレビューする。そして、それぞれの顧客に郵送し、コピーを保管する。このサイクルを五日間ごとに繰り返す。一年に五十二週だ。プロジェクトの一番最後になってから、使った時間の報告と請求書を受け取ってびっくりするようなことは、僕たちの顧客には起こらない。

正確な時間記録の利点は、まずペアが見積りの正確性についてのふりかえりに使えることだ。そうすることで、大幅な過大、過小見積りを防ぐことができる。次の利点は、すべてのプロジェクトから集約した情報には、すごい価値があるということだ。会社全体の過去からの実績データにより、将来のプロジェクトのサイズを適切に見積もれる。過去のプロジェクトにどれだけの時間が必要だったか、十五分単位の精度で正確なデータがある。新規プロジェクト検討時に過去のデータを調べ、比較できるプロジェクトを探す。比較プロジェクトのデータを見れば、新規プロジェクトにどれだけの作業が必要となるか、信頼性のある見積りが得られる。

正確なデータのせいで、僕たちの営業プロセスが混乱することもある。たいていは、僕たちより低価格の競合他社との比較になるからだ。過去の経験から、僕たちの競合は、どれだけの時間がかかるかまったく理解していない。実績の実績を記録していないからだ。もっと安い競合を選択した顧客の多くが、あとになって僕たちの当初の見積りがどれだけ正確だったかを知って驚くそうだ。高くつく手痛い教訓となった場合もある。そんな失敗をしたあとで、二度と最安値の競合を選択したりはしないと僕に電話をしてきたCEOもいる。

何に時間を使ったのか記録することに関して、本当に下手くそな組織が多い。時間を記録されるのは侮辱だと考えるプロフェッショナルもいるようだ。何か隠したいんじゃないかとも思える。一緒に仕事をしている組織は、僕たちのプロジェクトチームに彼らのメンバーを一人送り込んでいる。彼にも、他のメンバーと同じようにタイムシートを埋めるように求めた。彼の実績の実績も必要だからだ。

彼にとっては、これまで働いてきて、初めての正確なタイムシートだったことがわかった。あとで彼に聞いたところ、彼らの組織のボスはタイムシートを常に合計四十時間で記録することを要求していたそうだ。長くても短くてもいけない。この要求自体が倫理にもとるものだ。さらにその会社では、プロジェクトを完遂するのに必要な実際の時間を認識することすら拒否している。彼らの時間データは、将来の計画作りにはまったく役に立たない。

5 チームに完了できるチャンスを与えて、結果を得よう

従業員にやる気を出させるための十の方法とかいう題材の本は山ほどある。素晴らしい上司、短い通勤時間。楽しい職場環境が挙がっていることもある。

チームが長いあいだやる気を持続する方法として僕が納得しているのは、仕事で意義ある仕事を成し遂げることだ。始めるだけでなく、話すだけでなく、誰かに依頼するわけでなく、実際に仕事を終わらせる、完了させる、完成させる。そして、届けること。タスクが簡単だろうが難しかろうが関係ない。どれだけ時間がかかったかも関係ない。完成させると、エンドルフィンが出る。自然な脳内麻薬だけど、中毒的だ。完成。本当に完成。価値があり、その価値を認めてもらえる成果を生み出した、大変な日々を思い出し、喜びにつながる。

仕事に対する割り込みは、本当にいろんなところから来るようになった。電話、メール、通りがかりのボスの「調子はどう?」、前日のコミットメントを無視して優先順位を決める会議、想定外の緊急事態。どれも、一日の計画の邪魔となる。僕たちは、みんなマルチタスクが得意だと信じたがっている。

何もかもが曖昧な環境では、優先順位の対立や競合がいつも発生する。会社の方向性、部門がその方向性にどう整合するか、個人の役割はどうあるべきか、多くの人はだいたいは理解している。でも月曜日になり、いざ仕事を始めようとしたとたんに、避けられない質問がやってくる。「今日は何をすればいいんだろう?」

上司が通りがかって「いま何やってるの?」と聞かれたら、競合する優先順位のなかで、どれかひとつを適当に選んで答えなければいけない。上司がまたやってこないように、ちょっと難しめのやつを選ぶ。上司に、自分はうまく担当できていると思い込ませるのが大事だ。ちょっと教訓めいた話を聞いてやれば、すぐに立ち去ってくれる。上司は、部下が何をやるべきかなんてちっとも気にしてはいない。曖昧なゴールと組織の活動に関連する何かをやっていることさえわかればよいのだ。

上司の割り込みをかろうじて避けられたのに、たった十四分後に電話が鳴って台無しになる。こんどは予定外の会議だ。緊急事態に引っ張り出され、一日中バタバタすることになる。自分で気づく暇もなく、何も完了できないまま、一日は終わってしまう。

オフィスに来てみて、次にやるべきことが何かわからない。スタッフメンバーにとってこれほど気が減入る経験はない。自己管理できる人という高慢な条件が書いている求人広告が多いのは、これが理由だろう。働く人は、何を期待されているかを知る権利がある。それが明確であればあるほど、やりとげたときの喜びは大きくなる。

カードを押しピンで留めてある僕たちのシンプルなウォールボードは、チームの誰でも構造がわかる。自分たちが担当のカードがどんなプロセスでボード上にやってきたのか、チーム全員が知っている。そのため顧客の関心がある仕事をしているのだと自信を持てる。ウォールボードのさらに自由な点は、どの仕事を誰が担当しているか、誰でもわかるところだ。人が望んでいる暗黙的な公平性がここにある。誰にも見える形で。

作業認可ボードに貼られた糸は、時計のように日々下がっていくので、スケジュールの遅れにすぐ気づける。糸の上側に「黄色のドット」があれば、当初の計画より遅れている部分がすぐわかる。糸の下側に、「オレンジのドット」か「緑のドット」があったら、計画より先行している部分もわかる。どちらもただの情報に過ぎない。「遅れ」が問題だとも、「先行」がいいことだとも僕たちは考えない。上側に黄色のドットがあっても、ペアが恐れることはない。彼らの説明責任は、プロジェクトマネージャーに遅れがどれくらいになりそうか知らせることだけだ。それにより、正しいビジネスの判断がなされる。品質問題を起こさないよい仕事をするという説明責任もある。単体テストを書かなかったり、壊れたテストを直さなかったり、終わってないのに終わったと言ったり、ずるをしたりしないという説明責任だ。

あるペアが先行していて、別のペアが遅れているなら、先行しているペアが遅れているペアを助ける。チームは、持続可能な週四十時間のペースで働いているので、クリティカルパスに長居は無用だ。リラックスして、他のペアが頑張るのに任せればいい。メンローでは、すべてのカードの共同所有を信じるチームを作り上げた。カードを完了できなかったペアをバカにしても、楽しいことは何もないのだ。

全部を早く終えられることもある。顧客は、こんなこともときどきはあると知っているので、チームがやることがなくなったときのために、準備のできたストーリーカードをいくつか選んである。あるる大きなプロジェクトでは、いつも早期完了するので、予備のカードまでなくなってしまったことがある。プロジェクトマネージャーは、顧客と相談して、もっと優先順位付けをやってもらうよう依頼しなければいけなかった。

これまでの組織のマネジメントだったら大喜びしそうな状況だが、僕たちのチームはそうではなかった。むしろとても困惑していた。見積りの方法がどこか壊れている。恐怖が知らないうちに入り込んで、すべてのペアの見積りを高めにしているのではないか。みんなで話して、数週間後には通常の状態に戻った。

6 自由さの報酬

メンローのシンプルで曖昧さのないシステムは、どの顧客でも、大きいプロジェクトでも小さいプロジェクトでも、毎週繰り返される。インデックスカードに手書きで要求を集め、時間を見積り、計画し、実行して結果を見せる。顧客の命令だったり、顧客が特殊だったとしても、このプロセスを放棄するような特例はない。僕たちのプロセスの評価基準はこうだ。難しい状況になったとき、プロセスに従おうとするか、それともプロセスから逃げようとするか。僕たちのチームが僕たちのプロセスに説明責任を持つのは、何を差し置いても、チームが望む自由さをプロセスが与えてくれるからだ。僕たちの構造では、チームは安全性と、自己コントロールを実感できる。こんなシステムだったら、みんな説明責任を持ちたくなると思わないかい？

計画ゲームのプロセスは、顧客もよく理解している。計画ゲームで承認された仕事の分しか請求されないと知っている。計画作りに顧客が参加しなかったら、プロジェクトは止まる。顧客にちゃんと参加してほしいと要求するためにプロジェクトを止めているわけではない。顧客が承認していない仕事を進めることに、僕たちは意味を見いだせないからだ。

数億円のコストのかかるミッションクリティカルなプロジェクトの運営に、毎週二〜四時間一緒に時間を作ってくれる顧客は、どうやったら見つかるんだと尋ねてくる人は多い。まったくの驚きだ。プロジェクトがそんなに重要なら、尋ねなければいけない質問は、重要なプロジェクトに時間と活動を割きたくないという人なんているんですか？だ。僕たちの構造化されたプロセスが一番違うのは、毎週の顧客との数時間の打ち合わせが、顧客をミッションクリティカルな作業についての非常に生産的で、曖昧さのない議論に呼び込めるというところなのだ。

メンローニアンが全力を出して働けるのは、チームが一片の曖昧さもなく、チームに期待されていることを理解しているからだ。顧客は、プロジェクトを気にかけ、プロジェクトの計画に参画して、作業してほしいカードを選択する。チームは、レーンに並んでいるのは顧客が選んだカードだと知っている。五日以内には、顧客がショウ&テルでレビューするためにやって来ることも。一番大事なのは、メンローの人たちは仕事を完成させるための自由さが与えられているのを知っていることだ。官僚主義に邪魔されることはない。

この構造のなかで働いている人びとには、もう一つ大事な、満足感とエネルギーを与えてくれる要素がある。自分にできる最高の仕事をできるチャンスだ。

信頼、説明責任、結果……これらのすべてが喜びをもたらす。

「個にして全」

「全部入り、おひとつですね！」

——ゼンマスター（禅導師）、アナーバーの有名ホットドッグ店ル・ドッグでの注文

アライメント ——向きを揃える

14章

僕はずっと、いつか会社を作るんだと思っていたが、実現するのが四十三歳の誕生日を過ぎてからになるとは思いもしなかった。僕はその日に備えて、ビジネスをどう運営するかについて学んできた。コンピューターサイエンスの学位と能力だけでは、僕が実現したいビジネスは維持できないとわかっていたんだ。キャリアを積み重ねるなかで、小さな企業を探していろいろな役割を果たしてスタートアップの有意義な経験をしつつ、愛する仕事も続けてきた。

いくつもの企業で働きながら勉強してきたものの、ひとつだけわからないパズルのピースが残った。マーケティングだ。マーケティングはいつも、黒魔術のように見えてならなかった。僕が一緒に働いたことのある高給取りのマーケティングの名人は、貴重なシードマネー[*1]を何万ドルも広告キャンペーンにつぎ込んでいたが、少なくとも僕にはとても混乱した使い方に見えた。それで僕は何でも聞くようにした。メッセージ、アートワーク、同行した展示会、小冊子、会社を代表する話し方、計測について、などなどだ。マーケティングの天才から得られた唯一の答えは、僕がマーケティングを理解してないというものだった。

僕たちがメンローを立ち上げてほどなく、僕がマーケティングを理解したいと熱望しているのを知った人が数枚のＣＤをくれた。タイトルは『市場を独占支配せよ』だ。マディソン街の元経営者は、オープニングの言葉で僕を引き込んだ。「君がマーケティングについて知っていることは、すべて間違っている！」それなら知ってる。それに、そう教えてくれた天才はこれで二人目だ。ＣＤには素晴らしいレッスンがいくつもあった。なかでも僕に大きな影響を与えたのは次のような指摘だった。「世

＊1…ベンチャーやビジネス創設のために投入される着手金。

界があなたの会社に対して抱く認識と、あなたの内部の実態とを、同じ向きに揃えなさい」
そんなマーケティングキャンペーンを僕は見たことがなかった。そのメッセージは僕を自由にしてくれた。誰にも、何についてもウソをつく必要がないんだから。世界に届けるメッセージは顧客に届けるメッセージと同じにできる（同じにすべきだ）。同じメッセージはチームにも、コミュニティにも、ツアー客にも、採用面接に来る人にも、新人にも、雑誌編集者にも、そして会社と接点を持ったすべての人にも、届けられるんだ。

ビジネスの本質は三つの側面で定義できる。世界が会社をどう見るか。なかで働くチームの現実。リーダーシップを発揮する人物のハート。この三つは同期できていないことが多すぎるし、それぞれ異なる価値とプラクティスに依拠してさえいる。

内部の認識と外部からの認識が揃っていなければいけないし、ずれてもできるだけ早く揃えなければいけない。訪問客はよく、自分の会社の内情は絶対世間に知らせられないと言う。とてつもなく悲しい話だと思う。内部の文化を見られたくないのは、内部の現実が大したことないからだ。見かけ倒しはやがて会社の息の根を止めてしまう。シニシズムが文化を席巻し、最高の人たち、すなわち本当に会社のことを気にかける人たちは、退職する。対照的に、システム全体の向きが揃っていて、崩れてもまた揃うように直していれば、均衡状態がどう変化しようがシステム自体が自力で立て直せるんだ。

自分の文化に賭ける 1

ビジネスの取引に関する伝統で、メンローの最初期から続いているものがある。CFOのボブ・シムズが確立し、「レバレッジ・プレイ」と呼ばれている。これは顧客に請求する金額の最大五十%を、顧客企業の株式に引き換えるか、あるいは僕たちが手伝って市場に出そうとしているプロダクトのロイヤリティで支払ってもらうというものだ。両方採用することもある。

この簡単な作戦は、僕たちの喜びのミッションとぴったり揃っている。レバレッジ・プレイは僕たちの公式声明だ。顧客が市場にプロダクトを出し、それがねらいどおりのユーザーに広く受け入れられ、喜んでもらう、そのことを僕たちは支援すると言明しているんだ。僕たちが自分のミッション、目的、実現する能力を本当に信じているのなら、それがもたらす成果に賭けるのも当然ではないだろうか？　これまでの歴史のなかで二十回以上にわたり、そうした投資をしてきた。とてもうまくいったのが二回あったし、何回かはそれなりのリターンが得られた。事業が消滅しリターンがゼロになってしまったことも、少なくとも三回ある。他はいまも継続中だ。会社にあるレバレッジ・プレイ・ボードは、よくあるベンチャーキャピタルやエンジェルの投資ポートフォリオに似ている。また、これまでの仕事から得ているロイヤリティは、年商の十五%に達している。

二〇一一年二月、ジェフ・ウイリアムズから電話がかかってきた。アキュリサイトメーターズのCEOだが、重要な顧客であり、長年レバレッジ・プレイ・モデルでやってきた関係でもある。電話の内容は、ベクトン・ディッキンソンがアキュリを買収するという話だった。買収金額は二億ドルだ。数か月後、レバレッジ・プレイから得ていたアキュリの株式のおかげで、我が社は一回の支払額としては史上最高金額を受け取ることになった。僕たちはチームみんなでお祝いディナーに行き、メンローの従業員一人ひとりに小切手を手渡した。会社からもらう小切手としては、みんなにとってもこれまでにない最高金額だった。創業メンバーにとってとても満足な、幸せな瞬間だった。

品質保証担当でハイテク人類学者でもあるトレーシーが、たまたま横に座っていた。僕は我慢できなくなり、ボーナスが家族にとってよいものになるかと聞いてみた。彼女は言葉少なに顔を背けた。翌朝、僕はトレーシーをつかまえてもう一回聞いてみた。こうした結果が得られてよかったかどうか、僕たちがチームにとってよいことをしているかどうか知りたいのだと。また彼女は顔をそらしてしまった。僕は謝り、もうこれ以上聞かないと言った。大丈夫、そう彼女は言っていったん言葉を切った。とても大事なことを言おうとしているのがわかった。

トレーシーより……

ディナーのときリッチはまだ知らなかったけれど、ちょうどチームが私を昇進させてくれたところでした。メンローでは昇進のために、マネージャーにおもねったり、残業したり、ヒーローと認められたり、会社を辞めると脅したりしません（他の会社では見たことがあります）。自分で獲得するんです。実際には、同僚が昇進に見合うかを判断します。私は、私の努力に価値があると仲間たちが認めてくれて、昇進に値すると考えてくれたことが――あの、何て言ったらいいのか、まだわかりません――名誉に思います。

誤解しないでください。ボーナスにも本当にびっくりしました。メンローに大金が入るのは知ってましたけど、私たちまでこんなにもらえるとはまったく思っていませんでした。ですがボーナスの興奮は一瞬です。毎日一緒に働いている人たちが――私にとっては家族の延長のようなみんなが――昇進させてくれたんです。私を。このために生きているんだと思います。毎日勝ちえようとし続けてきたんです。私にとって、一番意義深い昇進です。

喜びです。

こうした話を聞くと、すべてが揃っている意味――創業者、チーム、顧客が同じ向きに揃い、そこからどれだけの力が生み出されているのかを再認識し、身の引き締まる思いがする。金銭的な報酬をわけ合うことで考えが揃えば十分だと僕は思い、そのお金が僕たちやその家族にどんな影響を与えるのか知りたいと考えていた。だがトレーシーが語ってくれた話のほうがはるかに力強い。彼女のおかげで僕は、日々彼女がチームと共有している信条のほうがお金よりずっと大事だと気づけたんだ。彼女の人生はチームメイトに強く影響を受けている。ＣＥＯからもらえるボーナスなんて目じゃないんだ。

2 価値は現場にある 壁には飾れない

メンローを訪問した人は、僕たちの大事にする価値が現場で息づいているのを目の当たりにする。オープンさや透明性を目にし、コラボレーションのエネルギーとノイズを耳にする。デイリースタンドアップに参加すれば僕らの民主制も体験できる。

会社の人間のなかだけで価値を存在させるのは不可能だ。契約やビジネス上の合意のなかにも組み込む必要がある。かたや喜びの賛歌を歌い上げながら、後ろでは顧客に対し一方的な取引をするなんてことはできない。これまで何度も、契約書の条項が平等で、両者をともに益しているという言葉をもらってきた。契約というものは、顧客とであれ、従業員や下請業者とであれ、自分がどちらの立場にいても安心して署名できるようであるべきだ。僕たちが顧客から契約書を受け取ると、たいてい完全に一方的になっているものだ。こちら側を守れるように条項を増やすのは、なかなか難しく手間のかかる仕事になる。二つの企業が新たに関係を築いていこうというのに、これほど無駄でダメなやり方はない。僕たちのゴールは「テクノロジーにまつわる世界中の人の苦しみを取り除く」だが、いつも使う契約書もこれにのっとらせてもらう。ビジネス取引を法務のいざこざから始めたくはない。逆に、契約があまりに一方的だったり、喜びとかけ離れた条項だったりすれば、ビジネスを断ってきた。多くの提案依頼書（RFP）もそうだ。これまで何度も、受注側を小さな箱に閉じ込め、非現実的なことにコミットさせようとする会社を見てきた。僕たちはRFPを丁重にお断りすることが多い。RFPプロセスというのは要するに、最も価格の低い受注者を見つけるためのものだ。我が社はたいてい最もコストの低い受注者になる。いままで見てきた経験では、低価格のベンダーはRFPの仕様どおりにソフトウェアを作るものの、出来上がったソフトウェアは想定ユーザーに使えないような代物になる。お金を節約するにはずいぶんと高くつくやり方だ。我が社なら、価格は競合より高いものの、でき上がったソフトウェアは本当に利用されるし、利用回数当たりのコスト（これがソフトウェアの真の価値だと信じている）は非常に低くなる。僕たちが顧客に約束する内容は、僕たち個人と組織の誇りと揃っていなければいけない。

僕たちの価値は大きな、戦略的ビジネス判断や取引だけに登場するわけではない。小さなところでも価値を重んじるようにしているんだ。僕がよく覚えているのは、月曜日にツアーにやってきたある訪問客だ。その月曜の前日には年に一度の大規模なパーティがあった。三百人以上がこの場所に来てお祝いをしたんだ。僕はスタンドアップで、前日のパーティの後片付けをしてくれた掃除スタッフに、大騒ぎをして散らかした部屋を丁寧に徹底的にきれいにしてくれたことを感謝しようと言った。スタンドアップが終わって二分もしないうちにジェフが募金を募り、たちまち三百ドル集めた。

自発的かつ偶発的な行為を通じて表現した親切に、訪問客は感動した。ごく当たり前となった僕たちのコアとなる価値が、外部の目によってハイライトされた瞬間だったんだと思う。スタンドアップの呼びかけにジェフは応え、リーダーを務めた。掃除スタッフがいつも以上に頑張ってくれ、元どおりきれいな執務スペースになり、要求を上回る成果を出してくれたのを見て、チームは心を動かされた。あらためて考えてみると、掃除スタッフもきっと僕たちの文化を、僕たち自身がするのと同じくらい大事にしてくれたのだろう。僕たちの大家さんであるマッキンリーもまた、僕たちの文化を重んじながら、スタッフを管理し、選んだのだと思う。仕事を依頼している業者までもが僕たちの文化に揃えようとしてくれるのは、正しい道を歩んでいる証拠だと言える。

またプレスに対しても、他の会社では見られないくらいオープンにしている。メンローでは全員が価値とミッションを同じくしているので、プレスが写真や記事のために来社したときには、誰でもCEOとまったく同じように対応できるんだ。そのため、ライターが一日か二日オフィスに来て、ただじっと観察するというのも珍しくない。外の人が見ていてもチームはいつもどおりだ。あるとき、雑誌記者が二日間来て観察しているとき、トレーシーのフィードバックランチがあった。

あなた自身の会社で考えてみてほしい。外部の人間を――とりわけ報道関係者を――一番機密性の高いミーティングに参加させるだろうか？　予算の検討、雇用や配属の問題をオープンに聞かせられるだろうか？　無理だと思うなら、他社から隠したいプラクティスや価値が存在しているということだ。あなたの文化に対する世界からの認識と、内部の実態であるプラクティスや価値とが揃っていないということだ。だから隠したくなる。文化を隠すのではなく、文化を変えよう。

価値はまた、コミュニティとのやり取りにも広がっていく。いまオフィスがあるのは賑やかなダウンタウンで、大学のキャンパスも近く、エネルギーに溢れている場所だ。そして地元の大学で教えたり講演したり、会社のスペースをコミュニティグループに利用してもらったり、NPOに役員として参加したりしている。そして大学の学長、総長、学部長などを招いて、彼ら自身が追求する喜びについて話してもらうのも珍しくない。

僕たちはさらに、個人としても会社としてもコミュニティに関わっている。僕は普通の日の朝には近所のコーヒーショップに行き、そこで二時間ほど時間を過ごす。そうすると、さまざまなコミュニティの人がごく気軽に会いに来てくれる。僕はまた、週に何時間かメンタリングのセッションをやっていて、学生や起業家と話す時間を、やはりあちこちのコーヒーショップで持っている。価値はメンローが毎年恒例としているホリデイパーティにも表れている。チームメンバー、顧客、友だち、家族、ファンといった人たちが集まってきて、お互いを惑星メンローに住むメンロー星人の一員として認め合うんだ。

揃うことの効果 3

揃っていることからは、面白い効果が得られる。まず、営業のプロが必要ない。いつも正しい種類の顧客がやってきて、そうでない顧客は来ない。コミュニティが僕らの営業部隊となっているんだ。たくさんの人たちがメンローにやってきたり、チームメンバーと知り合いだったり、プロダクトを使っていたりするなかで僕らの文化を知る。そうした人は、別の誰かがソフトウェアで困っていそうだと思うと、僕たちのことを紹介する。しかもちょっとした教育までしているらしい。新しい顧客は、初対面なのに僕たちについてよく知っていることが多い。

採用活動も変わってくる。コミュニティが採用チームにもなる。素晴らしい教授の知り合いが地元の大学にも大きな大学にもいて、よい関係性を築いてきているおかげで、学生のなかでも向いている人を一本釣りしてくれるのだ。オークランド大学のある教授は、一回ツアーに参加しただけなのに、僕たちのやり方を中心としたコンピューターサイエンスのカリキュラムを作ってしまった。教授は僕を上級プロジェクトクラスの審査員として招いた。教授のクラスを受講している学生はみんな、メンローをヒーローとして特別視しているのがすぐにわかった。同じことがＵＣバークレーでもあった。僕の親友であり助教授でもあるパット・リードが僕をサンフランシスコのイベントに誘った。イベントには彼女の学生が何人も参加していたのだが、彼女が僕と会社を紹介する様子はすっかりヒーロー扱いだった。同じような出来事があちこちであったおかげで、職務経歴書があらゆるところから、募集もかけないのに送られてくる。

僕たちのために働いてくれる営業やマーケティングの人数は、これまでに関わったり参加してきたコミュニティと同じ規模だけある。こんな小さな会社がこれだけ注目されるというのは、普通にはありえない。広告業者を利用していたら、いまのようにプレスに登場することはできなかった。皮肉なことに、僕は広告関連のイベントにスピーカーとして招待され、僕たちの成功の秘密について話したことがある。僕にできた最高のアドバイスは何だったか？　電話が鳴ったらすぐに取り、自分の物語を話せるようにしよう。自分の物語が話せないなら、それは外部の認識と内部の実態が揃っていないせいだ。揃えよう——そして世界に伝えよう。

喜びに満ちた文化からは世界の耳目を集める物語が生まれる。そうした物語を逃さずに何度も語っていると、文化そのものを強化することにもなる。外部の世界は内部を見たがって、根掘り葉掘り聞き出す。すると彼らは、彼ら自身の喜びを目指す旅を始めるんだ。

共有した信条とそこから生まれる物語には優れた力がある。その物語を語れるというのも重要だ。僕たちの作り上げた喜びの文化とそこで成し遂げた物事は、とても誇らしい。とはいえまだまだ終わりではない。これからも実験と、新たな挑戦が続く——そして問題を一つひとつ解決していくんだ。

「第八番　成功とは、よりよい問題を得られるということ。問題がなくなることはないけど」

――アリ・ワインツワイグ、ジンガーマン共同創業者『12 Natural Laws of Business: A Lapsed Anarchist's Guide to Building a Great Business』

15章 問題

本書をここまで進めてきて、いまさら問題の話？

そう、僕たちにも問題はある。実のところ、ジェームズと僕はよく言っている。僕たちも、他のところと同じ問題を全部抱えていると。ちょっと誇張はあるかもしれない。問題を知らせる電話が鳴り止まなかったりはしない。実際、問題の電話はめったにない。でも、問題をそもそも起こらなくすることは、僕たちのゴールではない。問題がまったくないとしたら、実験をするのをやめ、成長をやめ、学ぶことをやめたということだ。たくさん間違えるのをやめたということだ。

どんな問題の話をしているのかって？　みんな知っている問題だ。文化に馴染めない新入社員、うわさ話、まとまらない契約、ペアパートナーと機能の実装哲学が合わない、ペアパートナーが速すぎる、ペアパートナーが遅すぎる、会話を全部仕切ってしまうメンバー、気になることがあっても喋ってくれないメンバー、社歴が長いというだけで昇給すべきだと考えている人、昇給すべきなのに僕たちのフィードバックシステムから漏れてしまっている人。

メンローは完璧ではない。僕たちのコードには、バグがある。僕たちのデザインにイライラしているユーザーもいる。僕たちのプロセスは、すべてのプロジェクトのすべてのフェーズで洗練されているわけではない。僕たちの学習曲線は、願っているほどいつもスムーズなわけではない。僕たちの採用のやり方は、よい人を見逃している。マッチしない人を採用して、必要以上に時間を使うこともある。チーム内の人間関係が悪化することもある。チームの期待ほどのパフォーマンスを出せない人について、陰口を言うだけで、直接伝えないこともある。聞く人の感情を考慮せずに、直接的すぎる表現を使ってしまうことがある。自分の役割を果たすのが困難なだけかもしれないのに。大きなオープンスペースでみんな会話をしているはずなのに、有害なうわさ話が蔓延することもある。そう、僕たちは人間なのだ。どうかお許しを。

メンローが違うのは、こんな問題が起こったとき、全員がそれが問題だと知っていることと、解決のために何かせずにいられないということだろう。問題とはマネジメントが対処するものだとは思われていない。偉い人が問題解決を提案するまで、チームが待っていたりもしない。チームは自信を持って、自分で問題を追跡する（ほとんどの場合はね）。

あと言っておきたいのは、メンローが抱える問題の数は、他と変わらないだろうが、問題のサイズはだいぶ小さいだろうということだ。これが、ものすごく大きな違いとなる。問題を見つけたら、小さいうちに問題を解決する。僕たちはみんな、自信を感じる。

メンローでの実際の問題 1

まだシステマチックかつ効率的に解決できていない問題を言ってみろと言われたら、すぐにいくつか思いつく。まずは、伝染病だ。インフルエンザのシーズンになると、メンローニアンは、ばたばたとやられる。テーブルに殺菌ジェルを置いているけれど、それでもかかる。オープンなワークスペースとペア作業の最大の弱点のひとつだ。それから、皿洗い機の問題がある。大きな共有スペースの問題として、誰が皿洗い機に皿を入れて、洗って、取り出すかという問題がある。真面目な話だ。家庭と同じように、仕方なくやってくれる人が決まっていて、他の人は手を出さずに待っている。昔、「メンローの母」という役割があったこともある。彼女は素晴らしかった。でも、継続可能でプロフェッショナルな解決方法ではなかった。

チームをより強くするために、いくつかの重要なエリアで、実験を続けなければいけない問題がある。いまメンローで気になっている問題エリアを挙げてみよう。

昇進……全員がハッピーになれるシステムを見いだせてはいない。まだ、いきあたりばったりすぎる。僕の職歴で経験したなかでは、一番マシだが、十分ではない。素晴らしいところは、この問題をチームが決意を持って解決しようとしているところだ。文句を言っているだけじゃない。僕たちのレビューは、フィードバックを望むチームメンバーから構成されるピアレビュー（査読）だ。現時点では、五つのレベル（アソシエイト、コンサルタント、シニアコンサルタント、プリンシパル、シニアプリンシパル）ごとに、三つの給与グレードがある。問題は、ある人をどう昇進（たとえばアソシエイト3からコンサルタント1へ）させたらよいかというところだ。チームはラーニングランチ会を企画して、僕たちの努力に一貫性をもたらす最良の方法を探している。年に一回、人事部が標準レビューをやるみたいな、バカげたことはしたくないのだ。

成長……成長するにつれて、システム、プラクティスを変更し、適応しなければいけない。コーチングについて言えば、時間の使い方も変えなければいけない。僕たちが小規模なときだったら生き残るはずのない神話が、いまのサイズだと生き延びているのに気づくこともある。あるとき、あるチームメンバーのした質問が、僕が回答すべき内容だった。彼女の同僚は、彼女に僕に会って聞いてみるように勧めた。「リッチと喋るなんて無理よ。ＣＥＯなのよ」。何てこった！ 成長の問題の一つに、新入りのメンバーは、古参のメンバーと同じように声を上げてよいと思わなくなる点がある。組織が間違ったほうに行っていると感じたときに上げる声の強さは、新人も古参も変わらないのに。

距離……僕たちのシステムは、顧客が近くにいるときに、ものすごくうまくいく。でも、遠く離れた場所にいる顧客とは、そこまでうまくいかない。距離の離れた顧客とは最低月に一回、実際に会って会議をすることにしている。僕たちと顧客の移動の負荷を最低限にするため、会議の場所は、僕たちのオフィスと顧客のところと交代交代にしている。それぞれのチームの出張は、年に六回で済む。電子会議を使う方法の実験も続けている。いまのところのお気に入りは、Googleハングアウトだ。

チームに合った靴……靴屋の息子はいつも裸足、という古いことわざを聞いたことがあるだろう。メンローのビジネスをサポートするためのテクニカルな作業はたくさんある。ウェブサイトの構築、再構築、改善などだ。iPhoneやiPadのアプリのデザインを簡単にすばやく進められるような、プロトタイピングツールを自分で作ろうかというアイデアもある。このような内部のテクニカルプロジェクトを動かす才能は、チームからやってくる。でもこのやり方は、メンローではずっと難しかった。内部プロジェクトはある意味待機プロジェクトであり、顧客からの有償のプロジェクトを受託したら、そちらにメンバーを優先しなければいけない、という考え方に僕たちは慣れきっている。内部プロジェクトは、二級市民扱いなんだ。いくつか実験してみたが、まだこの問題を解決しきれていない。

メンローでの緊急事態とは 2

前にも書いたが、最後に顧客の緊急事態が発生したのは二〇〇四年のことだった。臓器移植のための情報システムを開発していた。ある土曜日、登録している患者向けに臓器が提供可能になった。ところがその患者の情報は、システムのなかに閉じ込められていた。データがあるのはわかっている、でも医者には取り出せなかったのだ。データの取り出し方を探そうとして、僕たちのオフィスや病院に狂ったように電話をかけた。結局、自宅にいた僕たちのプログラマーの一人につながった。データを手作業で取り出し、大失敗になりかけた日を救い、患者を救った。この経験で僕たちは震え上がり、緊急事態のために、プログラマーの呼び出しシステムを配備しようかとも考えた。だが恐怖は長続きしなかった。その後十年にわたって、同じレベルの緊急事態は起こっていない。そのためこの問題にも立ち返っていないし、解決しようともしていない。

もう少し普通の警戒が必要となるのは、ビジネスの状態やフローに影響を与える重大事象が発生したときだ。複数のプロジェクトが終わりそうなときに、僕たちのシステムが次の顧客を見つけられないときなどだ。二〇〇八年の大不況に直面したとき、まさにそんな状況になった。僕たちはあらゆる手を尽くして、止まってしまった顧客のプロジェクトを再開させようとした。ブレインストーミングをして、自分たちが長期に縛られることのない、賢い価格モデル戦略を考えた。そして納期不定オプションを発明した。週次に使う予算を、僕たちのリソースの空き具合で決めてよいと合意してくれれば、二十五％値引きするというものだ。手空きの人が多ければ、プロジェクトにアサインして、週次の予算を増やす。他のプロジェクトに人が必要なら、そちらに人をアサインして、週次の予算を減らす。主要顧客のうちの数社が、このモデルを採用した。個々の顧客からの売上は減るものの、リソースの活用を平準化することで、難しい時期にも、全員に仕事がある状態を保つことができた。

厳しい経済状況のあいだ、これまでは一緒にやろうとは思いもしなかった顧客と働くチャンスも得た。ある顧客は、犬のアジリティー競技[*1]を行っている会社のオーナーだった。彼女は、自身の顧客とビジネスのために、国中のアジリティー競技のデータを管理する必要があった。どんなプロジェクトになるかわからなかったし、どんな関係になるかもわからなかった。でも、結果として、それまでの顧客だった大企業と同じように、素晴らしい関係を築くことができた。

＊1……人と犬がペアになって行う障害物競走。

経済の状況がまるで蛇口をひねるみたいに急回復したときも、緊急事態は起こる。二〇一一年四月、ちょうど第2四半期に入ったところだった。二〇〇八年の初めからずっと地道に営業してきたある顧客が突然、プロジェクトをいくつも推進したいと言い出したのだ。待つことはできない、とも。お金を使うことを躊躇していた大企業が、青信号になったとたんに、すべての技術プロジェクトを刷新して、お金をいますぐに使おうとした、といった印象だ。

プロジェクトの初期はハイテク人類学中心になることが多いため、プロジェクトを同時に始めるには人が足りなかった。すぐに、プログラマー、プロジェクトマネージャー、QAから人を選び、ハイテク人類学者とタイトルをつけてからチームにして、仕事に送り出した。人を雇う判断もすばやく下した。ある午後、たまたま会社に来ていたプログラマーの奥さんを雇っちゃったこともある。クレイジーで、エネルギーに満ちた時間だった。チームが急加速ですばやく対応するのを見るのは、エキサイティングだった。もちろん、スピードを上げるときも、僕たちのペア作業のやり方は、品質を保つのに役立っていた。チームが、新しく入ってくる人のよい先生となるべく努力してくれたこと、新しく入ってくれた人がよい生徒として振る舞ってくれたことを、僕はとても誇りに思っている。

こんな危機的な状況を、「よい問題」と呼ぶ人もいる。どう思うかって? よい問題がよい問題なのは、最初の数分だけさ。あとは、解決するまで、普通の問題と一緒だ。

批評者の役割3

どんなリーダーにも大事な批評者がいる。すべてのレトリック、ストーリーをよく聞いてくれた上で、電信柱くらい巨大で明白な議論の穴を指摘し、検討も説明も足らないのを思い知らせてくれる人たちだ。何か自分のやろうとしていること、もしくはやったことが、間違っていたり、誰かに迷惑をかけたり、文化と合っていなかったりしたら、手遅れになる前になるべく早く知らせてほしいと願っている。そして、そうしてくれると信頼している。CEOとして、僕たちのような強い文化を持つ小さな会社のCEOだとしても、僕は、真実をちょっと隠されていると感じる。「ボス」に何か伝えるときは、内容を選んでしまう。これは人間の性質でもある。こうした閉鎖的な情報に対抗する最初の方法は、CEOも他の社員と同じようにオープンスペースにテーブルを据えることだ。それでも、周囲で話していることしか聞けない。

僕には正直な批評者が必要だ。幸運なことに、何人かチームにいる。ほとんどの読者のみなさんとは違って、僕のチームには僕の家族がいる。妻のキャロルと娘たちは全員メンローで働いている。家族はためらわずに、オブラートに包まれていないフィードバックを返してくれる。でも、そんなフィードバックをくれるのは家族だけじゃない。いまのビジネスパートナーであるジェームズとボブの二人、以前のパートナーであり友人でもあるトムは、いつもフィードバックをくれる。

さらに、チームメンバーの何人かも素晴らしいフィードバックを返してくれる。批評しても報復されたりしないと知っているからだ。以前、僕たちのスペースにスタートアップ会社を呼び、インキュベーターになろうとしたことがある。スタートアップ会社を支援すれば、メンローの顧客になると考えたのだ。大きくなればソフトウェアチームが必要になるだろうからだ。メンローの成長のためにも、素晴らしい次のステップに思えたが、ケアリー、ロブ、ジェフはそう考えなかった。彼らは、会議の最中に僕にそう知らせてくれた。僕のプレゼンテーションの質疑応答の時間に、彼らは懸念点を挙げ、質問した。彼らの懸念には根拠がないように思えたし、僕の素晴らしい新しいアイデアを受け入れてくれないのに、ちょっと腹を立てた。チーム全員がいる前でやらなくてもいいじゃないか。会議中に懸念を払拭しようとベストは尽くしたが、彼らがアイデアを買っていないのは明らかだった。彼らは、僕たちが完全にコントロールできない実験が、僕たちの文化に悪影響を与えるのではないかと懸念していた。同じスペースにいたからって、新しい会社が僕たちと同じ信条を持つとは限らないからだ。僕たちは実験として、一社だけインキュベーターをやってみた。結局、彼らのほうが正しかった。彼らが恐れるほど悪いわけではないが、僕が望むほどよいわけでもなかった。素晴らしいのは、彼らが僕に反対するのに躊躇がなかったところだ。みんなにいい教訓になった。僕も含めて。

信頼で結ばれた環境では、批評は流れ続け、船が航路から外れそうなときに、進路を正してくれる。正直な批評者がいるというのは、そのときにはそう思えなかったとしても、よい問題だ。

まとめ——喜びのなかへ

16章

数年前AAAライフ・インシュランスのITチームに一連のトレーニングコースを実施したことがある。三回に分けて、計七十五名が参加した。三番目のグループが受講する頃には、メンローのクレイジーなやり方についての陰口が蔓延しているのに気づいた。三番目の講義が終わる頃、生の感情があふれてくるのに僕は気がついた。そこで、目の前にいたAAAのIT部門の人に、何が起こっているのかを尋ねてみた。

「マネジメントが、何で私たちにこんな講義を受けさせているのかわからないんです。私たちの時間も無駄にしているし、会社のお金も無駄です」

なぜ時間の無駄と思うのかを尋ねてみた。彼らのマネジメントは、彼らがメンローのように働くことなんて絶対に許さない、という答えが返ってきた。「そういうことなら」僕は声に出しながら考えを巡らせた。彼らが講義に送り込まれたのはなぜだろう。彼らにもわからないのに？

「マネジメントに実際に尋ねたことは？」僕は質問した。

「えっと、尋ねたことはありません」

「じゃあ、実際に尋ねてみてください」僕は、強く要望した。

「僕が許可します。尋ねてください。問題になったら、僕のせいにしてください。ここでやっているようなやり方で働きたいと。熱意とエネルギーに、マネジメントはびっくりしますよ。マネジメントは、どうやったらいいかわからないでしょう。そうだったとしたら、このクラスに参加するように伝えてください」

「誰に尋ねるんです？」

「CEO、CFO、マーケティング本部長や人事部長、役員チームの誰でもです。このクラスに参加しなければいけないと伝えてください」僕はそう言った。僕に何か失うものがあったか？　僕たちのセッションに参加した従業員が興奮して、精力的に職場での喜びの可能性に取り組もうとしている。何年ものあいだ、職場に喜びなどなかったかもしれないのだ。

「絶対参加なんかしないよ」彼らは、あきらめたように言った。「丸一日参加するなんてありえない。仕事の話でも、丸一日も使ってくれないのに」

「実際に尋ねてください」僕は命令した。「その要求は、僕のせいですから」

二週間もたたないうちに、AAAライフ・インシュランスのマネジメントチーム全員がメンローに集まった。そして、まったく同じ八時間のクラスを受講した。研修の終わりに感想を尋ねてみた。「素晴らしかった。でも、うちの技術チームは、こんなやり方では絶対にやりたがらない」

じゃーん！　してやったり。

数週間もかからずに、彼らは自分たちを隔てていた壁を壊し始めた。

AAAライフ・インシュランスのような会社にとって、僕たちの喜びのスタイルの文化に移行していくのは簡単ではない。懐疑的な人はもちろんいる。でも、熱意、エネルギーそしてオーナーシップを、すべての場所で見つけられるようになった。

どんな組織にも見えない壁がある。誰も壁をテストしていない。テストしてみれば、壁は朝霧のように消えてしまう。

1 あなたのWHYを見つけよう

どんな組織にもビジョンが必要だ。組織がある理由、組織の目的、組織のWHYだ。あなた自身のWHYとはあなた自身の心の歌から現れ、行動と決断の原動力となる、心からの願いや望みだ。サイモン・シネックの『WHYから始めよ！』のビデオを見て、本を読んでみよう。

あなたの願いは成功にまつわるものだと説得しようとする人もいるだろう。「成功」したら幸福になれるとあなたは考えるかもしれない。ところが、『幸福優位7つの法則』の著者のショーン・エイカーによれば、成功の方程式を逆に捉えている人が多いとのことだ。幸福になると、成功するのだ。喜びを達成できれば成功すると、僕は言った。喜びは、幸福よりも深く、意味のあることだ。どうしたら喜びを感じられるか、あなたの心は知っている。心の声を聞こう。

ビジョンを書き下す 2

落ち着ける時間を一時間とろう。コンピューターやタブレットを使ってもいいし、ペンと紙でもいい。五年後の、素晴らしい一日を書き出してみよう。特定の日を選ぼう。その日に、あなたの人生にどんなことが起こるかを書き下そう。

書き出しはこう。

二〇??年六月一日、今日は……

では、書き始めよう。たっぷりと具体的に記述する。個人のことと世界のこと、両方を書く。自分のことだけではダメだ。自分自身のことと、自分が世界で作り出すのを助けている喜びの結果を書く。個人的なゴールと仕事のゴールの両方についても書こう。

自分で書いたことにびっくりすると思う。頭ではなく心で書いたものだからだ。あなたがほしいものではなく、あなたが感じたいものが書かれているからだ。

自分の場合、自分がどれだけ家族と一緒にいたいと思っているかを理解することになった。僕たちが自分で作った仕事を通じて、家族に関わってほしい、サポートしてほしいと望んでいる。また、メンローニアンには、プロフェッショナルとしての成長、財務的な成長を目指せるようにしたいとも思っていることがわかった。そして、コミュニティと世界に対して僕たちが果たす役割と責任について、僕が思い描くイメージもわかった。

僕の書いたものの一部をお見せしよう……

二〇一八年五月一日、今日僕はインク（Inc.）誌主催のトップ・スモールワークプレイス・カンファレンスの講演をまとめている。キーノートスピーカーとして招待された。テーマは、近々刊行予定の三番目の本、『インスパイヤード：起業家精神の喜び』から選ぶ予定だ。

メンローリトリート[*1]の準備にも時間を使う。メンローリトリートは、*Joy, Inc.* を出版した二〇一三年から続いている伝統だ。一週間続くリトリートでは、メンローで一番素晴らしいイノベーションを生み出すきっかけとなってきた。世界中でよく知られるようになったメンローの文化をより細かく経験するためにも、リトリートはいい機会となっている。

ジェームズも参加する。ジェームズとリッチは、ずっと親友である。数多くのビジネ

＊1…日常から離れたストレスのない環境でのんびりと過ごし、心身のバランスを整えるワーク。

ス上の実験を経ながら、ビジネスの関係を深めていっている。世界から見れば実験はクレイジーかもしれないが、どれも何とかうまくいきそうだ。リッチとジェームズのゴルフのハンディは、シングルになっている。

メンローグループの企業の年間売上は、六千万ドルを超える。株式公開はしていないが、逆レバレッジ・プレイ・モデル（メンローのチームメンバーは収入の最大五十％までを、働いているプロジェクトに投資できる）により、アナーバーに十二人を超える数百万ドル級の資産家が生まれた。彼らは財務的には独立を達成しているのに、驚くことに会社にとどまっている。

メンローの地元の従業員は三百五十人を超えるくらいだ。ただ、売上高や従業員数から想像できるより、はるかに深くコミュニティに関わっている。アナーバーで最も成功した起業家は、メンローにルーツを持つ人が何人もいる。メンローで働いたこともある人もいる。メンローとパートナーとして働いていた人もいる。有名になったレバレッジ・プレイ・モデルを使ったのだ。リッチ、ボブ、ジェームズが直接メンタリングをした人もいる。

メンローは非営利組織とも深く関わっている。ボードメンバーに一人もメンローニアンがいないコミュニティは、ほとんどない。メンローのメンバーが理事長を務めているコミュニティも多い。コミュニティの非営利のイベントではメンローがトップのスポンサーとなっている。福祉部門、幼児教育、芸術と、幅広い分野に関わっている。地元の学校で、百人を超えるメンローのメンバーがメンターとしてボランティアをしている。デトロイトのコーナーストーンスクール[*2]では、毎年二十人の生徒をメンローニアンがスポンサーしている。

メンローでは、千人目のインターンが卒業を迎えようとしている。メンローのインターンシッププログラムは、国中のコミュニティカレッジや大学から、次世代のテクノロジーとデザインのリーダーを育成するモデルだと賞賛されている。

今年のリトリートは、ミシガン北部の美しいエルク湖のほとりにあるリッチとキャロルの別荘で行われる。仕事と娯楽の楽しいミックスになるだろう。リッチは、リトリートの後一週間はそのままとどまり、キャロル、娘たちとその夫たち、そして四人の孫と過ごす。来年は、もう二人増えて、もっと忙しくなるだろう。

振り返ってみると、毎年、自分のビジョンに近づいてきた。僕が作りたい会社を作る過程は、この手紙に書いたような喜びをもたらしてくれた。あなたの手紙には、何が書いてあるだろう?

＊2…カナダのオンタリオ州トロント市にある留学生向けの学校。

小さくシンプルな実験をやってみよう 3

職場での喜びの探求に飛び込むのに、シンプルな実験でチームを驚かすことから始めてみよう。いくつかの例を見せよう。どれもコストはかからない。

どこに座ってる？……来訪者のほとんどは、壁、オフィス、キュービクル、ドアがない空間を目にして、奇妙に思うと同時に居心地が悪いと感じるようだ。以前に書いたように、僕は部屋で他のみんなと一緒に座っている。このようなマネジメントの実験は、信頼を築くのに役立つ。大人であるチームを、ちゃんと大人として扱っているおかげで、そうした信頼が得られるんだ。

座る場所を変えるのは、すぐに試せるシンプルな実験だ。もしあなたがリーダーで、あなた専用のオフィスに閉じ込められていたり、いろいろなオフィスのワナに引っかかってしまっているなら、オフィスを会議室にしてしまえばいい。小さなテーブルを持って、チームメンバーのいるところに行こう。テーブルをどこに置くかはチームに決めてもらう。どこに動かしてもいいし、許可も必要ないと伝えよう。そしてかつてのあなたのオフィスであった、新しい会議室の外にサインアップシートを置いて、誰でも早い者勝ちで自由に使えるとチームに伝えよう。さらに、チームに会議室の名前をつけてもらおう。

本当にプライベートな会話が必要になったら、いつでも自分で会議室を予約できる。でも、そんな会話がほとんど必要ないことに、あなたは驚くことになると予言しておこう。プライベートな会話がそんなにたくさん必要なら、チームにはおそらくもっと深刻な問題を抱えており、そちらに注意を向けたほうがいい。

僕の忠告を覚えているだろうか。あなたが求める劇的な変化を達成するには、全員が変化する必要がある。自分も例外ではない。起こりうる最悪のことは何だろうか？

デイリースタンドアップミーティングを一週間やってみる……4章に戻って、メンローがデイリースタンドアップミーティングをどうやっているか読み直してほしい。デイリースタンドアップを一週間やってみよう。タイマーを買って、おかしなトークンを選んで（7章で紹介したバイキングのかぶとのようなもの）、おバカな伝統をいくつか作ってみよう。いまある文化のなかで楽しいものを見つけて、一緒に混ぜよう。会社のロゴに楽しいシンボルが含まれているかもしれない。ちょっといたずらしてから、ミーティングに混ぜ込もう。昔働いていた会社では、毎年のクロッケー大会[*3]を誇りにしていた。本気の競技だった。クロッケーの木槌をトークンにしてもいい。

見学にどうぞ……読者のみなさんには、僕が持っていなかった利点がある。メンローがあるのだ。

＊3…芝生のコートで行われる、イギリス発祥の球技。

見学にきて、質問して、写真を撮ってほしい。見学はいつでも歓迎だ。アナーバーに来ることがあったら、ふらっと立ち寄ってほしい。誰かが案内してくれるだろう。

4 簡単ではないが、それだけの価値はある

簡単な変化は続かないし、意味もない。あなたは喜びを選んだ。それは困難な旅の始まりだと、理解してほしい。おそらく、エベレスト登山と同じくらい困難な旅だ。人間の行動を変えることは、経験するなかで最も困難な努力のひとつだ。そして、おそらく、最も実り多いものだ。嵐、クレバス、後戻り、失望を経験するだろう。他の人と一緒にやらなければいけない。くじけたり、失敗したときに、助けてもらうために。

エベレスト登山について読んだことがあるなら、驚くべき忍耐と困難からなる旅であることを知っているだろう。エベレスト登山は、まずベースキャンプまで登るところから始まる、そう書いてあったのを覚えている。モチベーションを高める本を読み、仲間を見つけられるカンファレンスに参加し、勇気づけてくれる講演者の話を聞こう。これが、ベースキャンプの到着に相当すると思う。

ベースキャンプから最初の行程は、山の三分の一の高さまで登って、環境に慣れることだ。組織の旅なら、最初のいくつかの実験に相当するだろう。たくさんの失敗を重ねることになる。それでも、

そのような旅についての、耐久性、酸素欠乏、チームワークそして個人の意志などについて他に代えがたい知識を得ることになる。

エベレストでの次の行程では、三分の二まで登ることになる。この時点では、より団結したチームとして働けるようになっている。僕にとっては、インターフェイスシステムズ社でJava工場を作ったことに相当すると思う。登ることに、だいぶ上手になってきた頃だ。落とし穴にはまることもあるが、チームとして切り抜けてきた。個人の意志は関係なくなる。チームスピリットと信頼が重要だ。

そして、想像を絶するかもしれないが、エベレストの三分の二の高さまでの登山の次は、ベースキャンプまで下って戻ることになる。僕にとっては、旅のこの行程はチーム作りではなかった。チームの作り方を学ぶ行程だったんだ。この二つには大きな差がある。この行程では、チームを作るのに必要なリーダーシップとパターンを固めていくことになる。僕の旅では、インターフェイスシステムズ社がカリフォルニアの会社に買収され、二〇〇一年四月に閉鎖されることが決まったことに相当するだろうか。

そして、やっと頂上へ挑む準備が整った。喜びにあふれた仕事場という頂上に挑むためにメンローソフトウェアファクトリーを作ったのが、僕の旅だ。山を、ゆっくりと、注意深く、思慮深く登る。頂上に到達できたら、世界最高の気分を味わえる。貴重な数分間を使って、眺望を楽しみ、旗を立てて、チームの写真を撮るだろう。

この時点では、僕たちは自分たちを組織登山家だと思っている。他の人もそう思っているだろう。

もはや学ぶために山に登ることを学んでいるのではない。あなたが登山家だから、山に登っているのだ。新しい技術、機材、チームメンバーについて学び続け、自分の限界を知り、より難しい山に挑もうとするだろう。でも、もう、山に登ることに価値はあるかと問うことはない。山を下ることは後退に見えるかもしれない。でも、下ることは旅の終わりを認識することでもある。本当の登山家は、下山も旅の一部であることを知っている。

ベースキャンプまで戻ってきたら、物語を語る。お互いに、そして世界に。あなたが学んだことを、他の人も学びたがるだろう。自分で登山するわけではないかもしれないが、英雄的な成果に勇気をもらえる。なかには、そんな旅をいったい誰がしたがるんだろうと考える人もいる。テレビで見るだけで十分で、危険と不快感に頭を横に振っている人もいる。彼らには、あなたがまた登山しようと思う理由は理解できない。

ネパールへの旅を計画し始める数少ない、あなたのような人もいる。チームの旗を立てることを夢見ながら、練習を始める。頂上に到達する喜びを想像しながら。

仕事での喜びの旅は、個人的なものだし、そうあるべきだ。あなたに喜びをもたらしてくれる仕事、組織を求める。毎日の終わりには、心地よい疲れを感じ、ちょっとだけあなたの生活がよくなったと感じられる。そうやっているうちに、あなたが夢見た人にだんだん変容していく。あなたの心を揺さぶるものに触れ、他の人をあなたの炎に引きつけていく。あなたの最も近くにいる人が、あなたが変わったことに気がつく。

喜びが見えるようになる。喜びを感じるようになる。チーム全体で喜びに触れられそうになる。全員が、それぞれの形で、あなたと同じものを感じている。そして、自分の文化、価値、ミッションについて自信を持って話せるようになる。統一された目的があり、目的を達成する道がある。もはや不可能はないように見える。

旅の終わりに、世界が変わるのを目の当たりにする。あなたが触れる顧客、届けるプロダクトやサービス、一緒にやるコミュニティ、物語を語るのを助けてくれる人たち、みんなも喜びの一部となる。あなたのようになりたいと思い、あなたと一緒にやりたいと思う。そして、あなたの成し遂げたことを、どうやったら成し遂げられるかを尋ねるのだ。

なによりも、あなたに喜びがありますように。

「不満は、進歩の第一歩」

——トーマス・A・エジソン

『Light up the World』

エピローグ——ひらめき

一八七九年十月二十一日、メンローパークのニュージャージーラボで、トーマス・エジソンは白熱電球を点灯させた。電球をつくったのはエジソンが最初ではなかった。彼が最初に作ったのは、長持ちして実用に耐える電球だ。

エジソンは一番になれるかは気にしていなかった。エジソンはチームと一緒にコツコツと努力を重ね、広く受け入れられ、誰もが喜んで使う実用的な電球を作り上げた。明かりをもたらす信頼性の高いシステム全体を作り上げたかったのだ。電球を作ること自体はそんなに難しくもないし、エジソンはそんなに興味を持たなかった。世界にシステマチックに明かりをもたらし、それを継続可能にすること。それは、まったく違うチームと文化が必要だった。小さなラボで、一人の人間とチームが世界を変えた。百三十年たったいまでも、僕たちはその変化を感じられる。

トーマス・エジソンも、米国の偉大なイノベーター、ヘンリー・フォードもミシガン出身で（エジソンはオハイオ生まれだが、生まれてまもなくミシガン州ポートヒューロンに移り、そこで育てられた）、二人は親友だった。一九二九年十月二十一日、白熱電球五十周年記念のイベントで、エジソンは親友のフォードの隣に座っていた。ミシガン州ディアボーンエジソン・インスティテュートという名の歴史公園が作られ、エジソンは有名な最初の白熱電球を復元した。

エジソン・インスティテュートを作るとき、ヘンリー・フォードは、歴史的な場所を失われる前に保存しておきたいと考えた。エジソンと彼のチームに敬意を払うため、フォードのチームは、廃墟になりかけていたメンローパークのニュージャージーラボから、歴史的な遺物を収集した。レンガをすべて集めて、番号を付け、列車に乗せた。建物の下の土も一緒に。それから、ミシガン南東の屋外博物館まで運び、そこで再建した。屋外博物館は、グリーンフィールドビレッジと呼ばれることになる。

ミシガン州南東で育った子供は誰でも、夏のあいだに一回はグリーンフィールドビレッジを訪れる。もちろん僕も訪れた。グリーンフィールドビレッジは、僕たちの国の起業家的イノベーションと発明の象徴である。フォードは、ビルや歴史的な製品を将来の世代のために収集した。ウイリアム・プレッツァーが、『Working at Inventing: Thomas A. Edison and the Menlo Park Experience』で記したとおり、フォードのゴールは、過去を記録するだけでなく未来を形作る博物館を作ることだった。過去を使って来場者、特に若い来場者を勇気づけ、彼ら自身を発明へ勇気づけるのだ。

個人的に、ヘンリー・フォードに感謝している。彼のビジョンは、僕の役に立った。子供の頃、再建されたメンローパークラボに歩み入ると、いつでも鳥肌がたった。八歳の頃、このラボで実際何が発明されたかを理解してはいなかった。でも、何かラボが訴えていることを感じるところがあったのだ。こんなエキサイティングな環境で働きたい。何をするのか？　そのときはわからなかった。

二十歳になり、ミシガン大学のコンピューターサイエンスの学生だった頃の夢、楽しく、エネルギーに満ちた、才能にあふれるソフトウェアチームを作りたいという夢を思い返して、僕はメンローパークで子供の頃に感じた感覚を追い求めていたということに気づいた。そんなエネルギーを自分でも持ちたかったし、一緒にやる人にも持っていてほしかった。二十年以上たって、インターフェイスシステムズ社でツアーを行っているとき、子供の頃の夢を思い出すようになった。それから、ツアーを行うときに、ここで見ているものは、エジソンのメンローパークラボで起こったこととすごく似ているんですよ、と話のネタにするようになった。八歳の子供が歴史を見たときの考えを、そのまま言っていただけなのだ。正直、そのときには、それが本当かどうかは自分でもわかっていなかった。

二〇〇一年、四人の仲間で会社を作る話をしていたとき、エジソンのエネルギーについて再び考え始めた。場所とのつながりに、僕の心は高鳴った。でも今回は、エジソンとメンローパークを、ただの話のタネにしたくはなかった。これから作っていく会社と文化の中心に据えたかったのだ。メンローパークは、会社の名前に取り込んだ。ウェブサイト、名刺、パンフレットには、すべてメンローの名前が載ることになる。エジソンの物語が、僕たちの文化の一部になるだろう。

僕は子供の頃の夢想を追いかけてただけなんだろうか？　確認するには、メンローがどういう道筋をたどったのか調査する必要がある。子供の頃夢見たように、素晴らしいものだっただろうか。もう一度、僕は読書を始めた。二冊の本に注意を引かれた。ウイリアム・S・プレッツァー著『Working at Inventing: Thomas A. Edison and the Menlo Park Experience』とポール・イスラエル著『Edision: A Life of Invention』だ。二冊を読み進め、メンローパークの発明工場で実際に何が起こったかを知るにつれ、僕たちの旅とそっくりな点ばかりで驚いた。ポール・イスラエルとビル・プレッツァーの二人に実際に会えたのは幸運だった。いまでは、二人とも親友だ。二人は、エジソンがメンローパークで経験した魔法について歴史的な知識を持っており、僕もその知識を役立てられるようになった。会社の名前にメンローパークの名前をもらったのは素晴らしかった。しかも、とても力強い。エネルギー、仲間意識、スペース、プロセス、結果。すべてが僕たちのラボにも明らかに揃っている。僕のなかにいる八歳の少年は、これ以上ない喜びにふるえている。

図12：仕事での喜び

お勧めの先生たち

喜びへの旅に出るにあたって、まずは学ぶ人に戻らなければいけない。僕の見つけた最高の方法は、本を手に取り、心揺さぶられる話に耳を傾けることだ。僕の推薦図書が、そんな本であるとは思わないでおいてほしい。著者と読者の関係は、とても個人的な物だ。話す人と聞く人の関係のように。自分が心揺さぶられる本を探してほしい。

メンロー図書館

メンローには、なかなかの図書館がある。幅広い分野の本が集まっている。デザイン、設計、起業、ソフトウェア開発、組織開発、チームワーク、歴史などだ。チームメンバーが面白そうな本を見つけたら、ほしいと言う。そうしたら会社が発注する。質問はなしだ。

メンローでブームになった本があったら、まとめて発注するようになる。レンシオーニの『あなたのチームは、機能してますか?』と『Getting Naked』が、一番多く発注した人気の二冊だ。ドナルド・ノーマンの『誰のためのデザイン?』と、アラン・クーパー『コンピュータは、難しすぎて使えない！』は、たくさんある。ジェフ・デグラフとキャサリン・ローレンスによる『Creativity at Work』と、パインとギルモアによる『経験経済』は、ずっと人気だ。個人的なお気に入りは、『Zingerman's Guide to Giving Great Service』をはじめとするジンガーマンのチームによる本全部だ。アリ・ワインツワイグの最近の『Weinzweig's Guide to Good Leading』シリーズもよい。

貸し出し方針はシンプルだ。本を持って帰って、必要な時間だけ手元に置いておいてよい。必要なくなったら、返してくれればいい。図書館の貸し出し方針は、アナーバーのコミュニティにも適用される。ときどき、会社の外の人が、メンローのメンバーが喜びそうな本を持ってきてくれる。潤沢思考の自然な結果だと思っている。

本がものすごく役に立つと思ったら、ラーニングランチの勉強会を開くよう勧めている。みんなで本からより多くの価値を引き出すことができる。もちろん発表者もだ。

お気に入りを少し挙げておこう……

◎ＷＨＹから始めよ！――インスパイア型リーダーはここが違う（サイモン・シネック著、日本経済新聞社）

◎Bury My Heart at Conference Room B (Stan Slap)

◎アイデアは交差点から生まれる――イノベーションを量産する「メディチ・エフェクト」の起こし方（フランス・ヨハンソン著、ＣＣＣメディアハウス）

◎成功は〝ランダム〟にやってくる――チャンスの瞬間「クリック・モーメント」のつかみ方（フランス・ヨハンソン著、CCCメディアハウス）
◎Zingerman's Guide to Giving Great Service: Treating Your Customers Like Royalty (Ari Weinzweig)
◎A Lapsed Anarchist's Approach to Building a Great Business [Zingerman's Guide to Good Leading] (Ari Weinzweig)
◎A Lapsed Anarchist's Approach to Being a Better Leader [Zingerman's Guide to Good Leading] (Ari Weinzweig)
◎ハイ・コンセプト「新しいこと」を考え出す人の時代（ダニエル・ピンク著、三笠書房）
◎ティッピング・ポイント――いかにして「小さな変化」が「大きな変化」を生み出すか（マルコム・グラッドウェル著、飛鳥新社）
◎第1感「最初の2秒」の「なんとなく」が正しい（マルコム・グラッドウェル著、光文社）
◎ダイアローグスマート　肝心なときに本音で話し合える対話の技術（ケリー・パターソン、ジョセフ・グレニー、ロン・マクミラン、アル・スウィツラー著、幻冬舎ルネッサンス）
◎言いたいことが、なぜ言えないのか？――意見の対立から成功を導く対話術（ケリー・パターソン、ジョセフ・グレニー、ロン・マクミラン、アル・スウィツラー著、トランスワールドジャパン）

◎インフルエンサーたちの伝えて動かす技術　６つのレバレッジポイントが人と組織を大きく変える！（ケリー・パターソン著、ＰＨＰ研究所）
◎あなたのチームは、機能してますか？（パトリック・レンシオーニ著、翔泳社）
◎Getting Naked (Patrick Lencioni)
◎誰のためのデザイン？　増補・改訂版――認知科学者のデザイン原論（Ｄ・Ａ・ノーマン著、新曜社）
◎コンピュータは、むずかしすぎて使えない！（アラン・クーパー著、翔泳社）
◎ＸＰエクストリーム・プログラミング入門――ソフトウェア開発の究極の手法（ケント・ベック著、ピアソン・エデュケーション）
◎エクストリームプログラミング（ケント・ベック、シンシア・アンドレス著、オーム社）
◎ＸＰエクストリーム・プログラミング実行計画（The XP Series）（ケント・ベック、マーチン・ファウラー著、ピアソン・エデュケーション）
◎新装版　リファクタリング――既存のコードを安全に改善する（OBJECT TECHNOLOGY SERIES）（マーチン・ファウラー著、オーム社）
◎A Company of Leaders (Gretchen Spreitzer, Robert Quinn)
◎Building The Bridge As You Walk on It (Robert Quinn)
◎ディープ・チェンジ　組織変革のための自己変革（ロバート・Ｅ・クイン著、海と月社）

◎Creativity at Work（Jeff DeGraff, Katherine Lawrence）
◎［新訳］経験経済 脱コモディティ化のマーケティング戦略（B・J・パインⅡ、J・H・ギルモア著、ダイヤモンド社）
◎学習する組織――システム思考で未来を創造する（ピーター・M・センゲ著、英治出版）
◎Innovate Like Edison（Michael Gelb、Sarah Miller Caldicott）
◎発想する会社！――世界最高のデザイン・ファームIDEOに学ぶイノベーションの技法（トム・ケリー著、早川書房）
◎イノベーションの達人！――発想する会社をつくる10の人材（トム・ケリー、ジョナサン・リットマン著、早川書房）
◎IDEO Method Cards（IDEO）
◎What Clients Love（Harry Beckwith）
◎The Death of Competition（James F. Moore）
◎キャズムVer.2 増補改訂版　新商品をブレイクさせる「超」マーケティング理論（ジェフリー・ムーア著、翔泳社）
◎イノベーションの普及（エベレット・ロジャーズ著、翔泳社）
◎プロジェクトマネジメント知識体系ガイド（PMBOKガイド）第5版（A Guide to the Project Management Body of Knowledge）（Project Management Institute著、Project

Management Institute）

◎その仕事は利益につながっていますか？——経営数字の「見える化」が社員を変える（ジャック・スタック著、ダイヤモンド社）

◎マネジメント——課題・責任・実践（P・F・ドラッカー著、ダイヤモンド社）

◎イノベーションのジレンマ——技術革新が巨大企業を滅ぼすとき（クレイトン・クリステンセン著、翔泳社）

◎はじめの一歩を踏み出そう——成功する人たちの起業術（マイケル・E・ガーバー著、世界文化社）

◎ハイエスト・ゴール——スタンフォード大学で教える創造性トレーニング（マイケル・レイ著、日本経済新聞社）

◎セムラーイズム　全員参加の経営革命（リカルド・セムラー著、ソフトバンククリエイティブ）

◎独自性の発見（ジャック・トラウト、スティーブ・リヴキン著、海と月社）

◎大失敗！——成功企業が陥った戦略ミステイクの教訓（ジャック・トラウト著、ダイヤモンド社）

◎まず、ルールを破れ——すぐれたマネジャーはここが違う（マーカス・バッキンガム、カート・コフマン著、日本経済新聞社）

◎Small Giants［スモール・ジャイアンツ］ 事業拡大以上の価値を見出した14の企業（ボー・バーリンガム著、アメリカン・ブック&シネマ）

◎Working at Inventing: Thomas A. Edison and the Menlo Park Experience (William S. Pretzer)

◎Edison: A Life of Invention (Paul Israel)

◎オブジェクト指向における再利用のためのデザインパターン（エリック・ガンマ、ラルフ・ジョンソン、リチャード・ヘルム、ジョン・ブリシディース著、ソフトバンククリエイティブ）

◎トヨタ経営大全3 問題解決 上・下（ジェフリー・K・ライカー、ジェームズ・K・フランツ著、日経BP社）

TED TALKS

◎サイモン・シネック「優れたリーダーはどうやって行動を促すか」（https://www.ted.com/talks/simon_sinek_how_great_leaders_inspire_action?language=ja）

◎ショーン・エイカー「幸福と成功の意外な関係」（https://www.ted.com/talks/shawn_achor_the_happy_secret_to_better_work?language=ja）

◎バンカー・ロイ「裸足の大学から学べること」(https://www.ted.com/talks/bunker_roy?language=ja)

推薦者あとがき

本を読むのは、何かを得たいからだと思う。私自身、多くの経営に関する勇気や希望を本から得てきた。少しでも真似できればと思い、少しずつでも実際の経営に取り入れてきた。ドラッカーからは「経営とは顧客を創造すること」と教わり、例えば4年前に陣痛タクシーという妊婦向けサービスの導入の決断につながった。稲盛和夫からは「物事の本質を追求し人間として何が正しいかで判断するのが経営」と教わり、度の過ぎた顧客の要求に対抗すべく、都内で最初に車内防犯カメラを装備した。

いま、タクシー業界はIT化の大波に飲み込まれようとしている。アプリによる劇的な利便性の向上を武器に、米国発のライドシェア企業が世界に拡大、東京でも事業が始まった。黒船襲来！　我々日本交通は、オペレーション力という「刀」を腰に差したまま、アプリという「鉄砲」を手に、現在進行形で文明開化を進めている最中である。まず隗より始めよ。昨年、日本交通の社長を知識賢治というプロ経営者に託し、JapanTaxiという「全国タクシー」アプリ運営子会社の社長に就任した。ITベンチャー社長1年目、新しい挑戦に悩みは尽きず……いまこそ本にすがるときだ！

この本、『Joy, Inc.』から、私は以下のようなことを学んだ。

◎文化が一番大事。すばやくたくさん失敗しよう!
◎見える化・情報の共有化が文化の背骨、構造的な仕掛けを作る。
◎社員も顧客も文化を第一に選び、品位と配慮を持って文化を信じきる。

このように書くと凡庸に聞こえてしまう。言うは易し。実践しなければ『Joy, Inc.』を読んだ時間が無駄になる。早速、以下のことを自分の会社JapanTaxiで実践してみようと思っている。

◎2章の「オフィス警察はいらない」をヒントにレイアウト変更をしよう。長らく変えていないチームがあるのだ。
◎「デイリースタンドアップ」のように、毎朝十時から、立って簡単なミーティングをしてみよう。まずは五分。いきなり全員、というのは気がひけるので、取締役四人から始めてみたい。
◎毎週、いや二週に一度でもよいので、開発途中の機能などの報告会を行い、例えばタクシーアプリの新機能ならそれを実際に使うタクシー顧客や乗務員を早くから巻き込む。いまはほぼ完成してから見せているが、4章の「ショウ&テル」や7章の「オフィスに顧客を呼ぶ」、10章の「触れられる成果を頻繁に提供する」を真似てみよう。
◎採用プロセスには、実際の仕事に丸一日従事してもらおう。確かに、一〜二時間の面接では、正直、相手のことがよくわからない。

◎自分なしでチームが成長するのを見守る。我慢強く。8章から学んだ。
◎やるべき仕事を紙のカードで視覚的に進捗管理する。いまはまさに「カオス」だから、9章の「書き出す」を実践するのだ。

それにしても『Joy, Inc.』は正直な本だ。格好つけていない。IT企業なのに、紙に手書き・セロテープで貼って進捗管理。リモートワークは信じない。仕切りのない大部屋でワイワイガヤガヤ！　でも私は、そこに凄みを感じる。実践してきた自信からだろう。格好ではなく、実績。結果なんだ、ビジネスは。同時に、Googleやピーター・ティールの本にはない「ちょっと頑張れば手が届く」親しみやすさがある。頭がよいだけでなく苦労してきた人格者なんだろう、創業者のリチャード氏は。

ここまで書いてハッと気づいた。この本が語っているのは、最近流行りのソフトウェア開発手法である、アジャイルのことだと。完全に経営書だと思って読んでいた。つまりそのくらい、アジャイルの思想は経営そのものなのだろう。アジャイル経営。素晴らしい。実践しますよ。

私が目指すのは、まずはJapanTaxi社員五十人の喜び。次に日本交通七千人、そしてタクシー業界四十万人の喜び。

みなさんは、『Joy, Inc.』から学んで、誰を喜ばせますか？

Japan Taxi 株式会社代表取締役社長、日本交通株式会社取締役会長
川鍋一朗

本書に寄せて

そのとき、リチャード・シェリダンは間違った本を書き終えようとしていた。

私は最新の草稿を読み、彼の本が死んでしまうのを食い止めるべく、お願いだから方向転換してほしいと伝えた。その時点までに書きためた文章を全部書き直すような難しいことではなかったが、彼が世界に伝えようとしているメッセージという観点では重大な方向転換だった。

彼が書いているつもりになっていた本は『Joy, Inc.』だ。しかし、いままさに送り出されようとしていたものは、「Change, Inc.」と呼ばれるべきものだった。それはきっといい本だし、大事な本だけれど、『Joy, Inc.』ではない。世界に必要とされている本ではない。私がリッチを知る範囲において、彼が自分の会社について書けるはずのことども、違っている。読者のみなさんが読むべき本でもない。彼だけが書ける内容にもなっていない。端的に言えば、ビジネス文化の本のなかで歴史的に一番重要な一冊を書こうとはしていなかった。

私は彼に、立場をはっきりさせるときだと伝えた。

喜び（Joy）のためだ。

同じことをしてしまうビジネス書は枚挙に暇がない。曖昧な言葉を使い、どっちともとれるように書き、弁解する。責任を回避し、あなたから希望を奪う。現状とは大きく異なるやり方に期待を持たせる。この本もそうしたビジネス書の類になるところだった。正直に言うと、私の力が及ぶ限り、そんな結果を起こさないつもりでいた。なぜなら、それでは極めて重要なメッセージを世界に届けられないからだ。世界が熱望し、必要とするメッセージをだ。このメッセージが届けられるのは、才能のせいか、経験、情熱のせいかわからないが、唯一リチャード・シェリダンだけだ。

読者に喜びというものを語り、さんざん期待させ、どうすれば喜びに到達できるか教えようというのは、大変な約束だ。文化を変える手助けをするとは誰もが約束する。そんなことはとっくの昔から、三十年以上みんな書いてきた。私はメンローでありたい。私は喜びがほしい。私はリッチに言った。「読者が望む目標を選べるように曖昧に書いておくなんてことは、しちゃダメだと思う」。そんなメッセージは不必要に普遍的になる。お金の稼ぎ方や、成果を出す方法！　そんなテーマは誰にでも書ける。しかし正面から「喜び」について本を書きます、なんて約束したり、宣言する勇気のある人はいない。むしろ、やりたがらない学者風情の人ばかりでうんざりする。

子供の頃、あるテレビ番組をよく観ていた。毎回、父親が仕事を終えて帰宅するところから始まる。手には高級なスーツケース。ごきげんな口笛を吹きながら帰ってくる。ありがちな室内劇が展開されるものの、父親が実際に「会社の仕事」で何をしているのか、触れることはない。残念な仕事の詳細に立ち入って雰囲気を悪くしたい脚本家などいないのだ。それゆえに、五十年代のテレビ番組のメッセージは奇妙なほど曖昧になっている。仕事とは、スーツと帽子の着用が必要な場所で行われ、毎日終わると口笛を吹きたくなる、よくわからない活動なのだ。

一方、私の父親が仕事について描いた絵はまったく異なる。私と父親はテレビ番組を反対側から見ていたようなものだ。私たちの回りにいる人たちといえば、職場ではホコリや染みや糊が衣服につかないよう、厚手のエプロンと手袋をしていた。父親や周りの人たちが、すかした中折れ帽をかぶっているところなんて見たことないし、仕事から帰ってきたことを家に口笛で知らせるようなこともなかった。魚の缶詰工場で働く近所のおばさんが、レースで飾られた居間にスキップしながら入ってくるなんてことは、まったくありえなかった。おばさんは仕事から帰ってくるとキッチンへ直行し、手についた魚の悪臭をできるだけ洗い流さなければいけなかった。

私たちに与えられた環境では、みんないつも背中が痛いと文句を言いつつ、愚かでケチな上司から与えられる退屈でつまらない仕事に不満を漏らしていた。みんな仕事が嫌いだった。話題といえばそれだけだ。それをネタにジョークを言い、替え歌を作る。シティ・スリッカーズという映画のセリフを借りれば「こんな仕事しかないなら、中国にでも行ってしまえばよかった」と言いたいくらいだ。

そんなふうだったから、二十年後のある日、自分が口笛を吹きながら家を出ていたことに気づいたときの驚きは想像していただけると思う。まさに仕事に向かっているときにだ。私はいまやっていることが大好きだ。スーツも着てないし中折れ帽もかぶっていないが、どうも仕事から喜びを得る方法を見つけてしまったようだ。何てことだ。

働き始めた頃、仕事上で得られる満足というのは、目の前の仕事より、キャリアを持っているという事実によって得られるものだと考えていたが、それは間違いだった。数年がたって、お互いに依存しつつもぶつかり合う顧客と従業員、そこからあふれてくる無限の要求を何とかこなせそうな、素晴らしいプロダクトを初めて作った。しかしそのあとで、そこでは自分自身が満足できるような働き方はできないことを学んだ。これは何か違う。もっともっと理解し難い何かだ。プロフェッショナルと言われるような職種の仕事をする、または「キャンパス」と呼ばれるハイテクの企業のビルで仕事をする、そして、袋いっぱいの宝石を掘り出す。そんなことをしても、帰宅途中の道でスキップしながら口笛を吹くような状況に必ずたどり着くわけではない。喜びはプロダクトやサービスから自然と湧き出てくるものではない。別のところにある。でも、どこに？

そして私はリチャード・シェリダンと出会った。四十年前、リッチはソフトウェア開発の領域に足を踏み入れた。ソフトウェアを作るのは最高にイカしていると思っていた。だが私と同じように、彼もまた顧客というものは（いくらプロダクトがよくできていて、気の利いたガジェットになっていても）開発の途中で気が変わり、会議での悲惨な非難の応酬、罵り合いになると学んだ。プログラマーたちは不在中に知識の空白ができるのを恐れて、一日休む勇気も失い、そんなことはあってはならないのだが、休暇も取らなくなった。最初のうちクリスマスのイルミネーションで彩られたなだらかな下り坂をゆったりと進んでいたが、いまは険しい谷間の道を満たされない期待とともにたどっている。この谷には来たことがある。今回こそは何とか避けようとしていたのだが。どこで間違った？　いまならまだどうにかして、スキップしながら口笛を吹く、いつもの場所に戻ることができるだろうか。

リッチは答えを持っていた。私が対人関係のトレーニングを苦労して作り上げているあいだに、彼は喜びについて研究し、会社で実践し、そこから得た知見のすべてをこの本にしたためた。私は彼の職場を訪れ、彼の言葉に熱心に聞き入った。人が熱心にものづくりをし、協調し、顧客と話し、チームでブレインストーミングし、厳しい期限とプロダクトの要件をクリアする。すべてに情熱と能力を感じさせる。

リッチのところで学んだことを職場でも実践しようと試み始めてから数か月がたったある日、もうすぐ新しい本を出すというメールをもらった。主題はどうやって組織の文化を作るかで、喜びに満ちた職場の作り方にも触れる予定だという。どんな種類の組織でも、望んだとおりに実現できるというのがメッセージの中心になる。文化について意志を持つのが大事だと伝えたい。彼はそう語った。

何だと？　リッチはおかしくなってしまったのか？　そこで私は次の返答を送った。

リッチ、君の本に必要なのは一つのメッセージだ。もしその本を『Joy, Inc.』と呼ぼうとしているなら、どんな組織文化でも変えられるとか、そのやり方はこれだよ、なんて語ることは不可能だ。あなたの組織を変えることをサポートします、なんてことは誰でも約束している。私個人としては、タイトルにつけられたとおり、喜びについて知りたい。私がこの目で直接見たような。

私はさらに続けた。

君の声は、実践知に裏打ちされた希望の声だ。マイクのためにも、人に喜びの文化を探しなさいとしつこく伝えなければいけない。君は謙虚すぎるから、人がどんなものでも選べるように書こうとする。喜びのため、誰かが立ち上がらなければならないのだ。君自身が求めているものについて考えてほしい。文化の変革について述べた他の本と同じ曖昧な言葉を使わないでほしい。「喜びこそが目的であり、ここにはそれを得る方法が書いてある」なんていう姿勢からは離れてほしい。そんなことをすればメッセージが弱まり、読者に疑念を抱かせ、タイトルに疑問符を付けられてしまう。

私の激励はうまく届いたようだ。『Joy, Inc.』は、あなたが読むべき本に仕上がった。『Joy, Inc.』は、立場が明白になった。職場に喜びを持たせるために。

おっと時間がきたようだ。

ケリー・パターソン
バイタルスマーツ社共同創業者
『Crucial Conversations』*1『Crucial Confrontations』*2『Change Anything』*3の著者であり伝道者

*1…日本語訳：ダイアローグスマート 肝心なときに本音で話し合える対話の技術

*2…日本語訳：言いにくいことを上手に伝えるスマート対話術

*3…日本語訳：仕事・お金・依存症・ダイエット・人間関係 自分を見違えるほど変える技術 チェンジ・エニシング

訳者あとがき

本書は、Richard Sheridan著『Joy, Inc.: How We Built a Workplace People Love』(ISBN : 978-1-59184-587-4) の全訳です。日本語版の刊行に際してメンロー・イノベーションズ社から提供をうけた写真を新たに追加しています。

刊行に際しては、多くのみなさまに多大なご協力をいただきました。

株式会社ソラコムの玉川憲さんにはまえがきを、日本交通の川鍋一朗さんにはあとがきをお寄せいただきました。社長業でご多忙の中まことにありがとうございます。

新井剛さん、今給黎隆さん、円城寺康人さん、倉貫義人さん、木塚あゆみさん、田口昌宏さん、竹葉美沙さん、田中宏幸さん、松元健さん、矢島卓さん、山口鉄平さん、山田悦朗さんには翻訳レビューにご協力いただきました。

みなさまのおかげで読みやすいものになったと思います。

林原さんをはじめとして翔泳社のみなさまには企画段階から発売まで数多くのアドバイスや励ましをいただきました。

二〇一六年十二月 訳者一同

■著者紹介

リチャード・シェリダン（Richard Sheridan）

米国のソフトウェア開発会社、「メンロー・イノベーション社」CEO兼共同創業者。自身が経営するメンロー社は、職場の柔軟性におけるビジネス・エクセレンス部門にて、アルフレッド・P・スローン賞を7年連続で獲得。また、Inc.誌による「独創的な小さな会社25」や、WorldBlu主催の「世界で最も民主的な職場リスト」に選出されるなど、多くの国際的な賞を受賞している。メルセデスベンツ、ナイキ、3Mなど大企業のビジネス会議にも頻繁に招聘され、講演している。米国ミシガン州アナーバー出身。

■訳者紹介

原田騎郎（はらだ きろう）

株式会社アトラクタ代表アジャイルコーチ、ドメインモデラ、サプライチェーンコンサルタント。認定スクラムプロフェッショナル。外資系消費財メーカーの研究開発を経て、2004 年よりスクラムによる開発を実践。ソフトウェアのユーザーの業務、ソフトウェア開発・運用の業務の両方を、より楽により安全にする改善に取り組んでいる。スプリントゴールを達成して、レビューをすばやく完了し、明るいうちにビールを飲みながら振り返りできるのが、スプリントの成功だと思っている。なかなか成功しない。スクラムは難しい。

安井力（やすい つとむ）

アジャイルコーチ、コンサルティング、ファシリテーターを中心に、開発者、翻訳者、ペットの柴犬の相手などをしています。ゲームを使ったワークショップのデザインと提供が得意です。好きなものはアジャイル開発、テスト駆動開発（TDD）とPython、指輪物語と日曜大工です。柴犬はきなこ（5歳♀）、その娘のくるみ（2歳♀）の2人で、仕事に疲れたときに癒やされたり、仕事中に絡まれて癒やしたりしています。きなこが好きなのは人間と寝ることで、誰かベッドに入るとすっ飛んできます。くるみが好きなのはきなこ母さんとベッドの下です。犬と奥さんのおかげで元気に働いています。

https://jp.linkedin.com/in/yattom

吉羽龍太郎（よしば りゅうたろう）

クラウドコンピューティング、DevOps、インフラ構築自動化、アジャイル開発、組織改革を中心にオンサイトでのコンサルティングとトレーニングを提供。認定スクラムプロフェッショナル（CSP）／認定スクラムマスター（CSM）／認定スクラムプロダクトオーナー（CSPO）。Developers Summit 2016ベストスピーカー（1位）。著書に『Amazon Web Services企業導入ガイド』（マイナビ）、『SCRUM BOOT CAMP THE BOOK』（翔泳社）、『サーバ／インフラエンジニア養成読本 DevOps編』『Chef実践入門』（技術評論社）、『CakePHPで学ぶ継続的インテグレーション』（インプレス）、訳書に『カンバン仕事術』（オライリー・ジャパン）、『Software in 30 Days』（KADOKAWA／アスキー・メディアワークス）など。

Twitter: @ryuzee

http://www.ryuzee.com/

永瀬美穂（ながせ みほ）

アジャイルコーチ。産業技術大学院大学特任准教授。受託開発の現場でWebアプリケーションエンジニア、プロジェクトマネージャーとしての経験を重ね、2009年頃より所属組織でのアジャイルの導入と実践を通じ組織マネジメントを行う。現在は企業へのアジャイル導入支援やコーチングをしながら、産業技術大学院大学のほか筑波大学や琉球大学等で非常勤講師としてアジャイル開発を教え、産学二足のわらじを履いている。2011年よりScrum Gathering Tokyoの実行委員としてスクラムの普及促進に寄与している。認定スクラムプロフェッショナル（CSP）かつプロジェクト・マネジメント・プロフェッショナル（PMP）。共著書に「SCRUM BOOT CAMP THE BOOK」（翔泳社）。

http://about.me/miho

川口恭伸（かわぐち やすのぶ）

楽天株式会社アジャイルコーチ。金沢大学経済学部卒、北陸先端科学技術大学院大学情報科学研究科修了。その後14年間、株式会社QUICKに在籍し、プロダクト開発や社内向けツールの開発を行う。日本へのスクラムの布教活動として、ジム・コプリエン、ジェフ・パットン、ジェフ・サザーランドらの来日を支援する。2011年よりアギレルゴコンサルティング株式会社を経て、2012年より現職。スクラムギャザリング東京、楽天テクノロジーカンファレンス実行委員。監訳書に『Fearless Change』（丸善出版）、『ユーザーストーリーマッピング』（オライリー・ジャパン）、共訳書に『Software in 30 Days』（KADOKAWA／アスキー・メディアワークス）、『How to Change the World ～チェンジ・マネジメント3.0～』（達人出版会）がある。

装丁＆本文デザイン	tobufune
DTP	川月現大（風工舎）

ジョイ・インク

役職も部署もない全員主役のマネジメント

2016年12月19日　初版第1刷発行
2021年12月　5日　初版第2刷発行

著者	リチャード・シェリダン
訳者	原田《はらだ》 騎郎《きろう》、安井《やすい》 力《つとむ》、吉羽《よしば》 龍太郎《りゅうたろう》、永瀬《ながせ》 美穂《みほ》、川口《かわぐち》 恭伸《やすのぶ》
発行人	佐々木 幹夫
発行所	株式会社 翔泳社（https://www.shoeisha.co.jp）
印刷・製本	株式会社 加藤文明社印刷所

※本書へのお問い合わせについては、iiページに記載の内容をお読みください。

※造本には細心の注意を払っておりますが、万一、落丁（ページの抜け）や乱丁（ページの順序違い）がございましたら、お取り替えいたします。03-5362-3705までご連絡ください。

ISBN 978-4-7981-4878-6　　Printed in Japan